W0056547

UTB 2600

**Eine Arbeitsgemeinschaft der Verlage**

Beltz Verlag Weinheim · Basel
Böhlau Verlag Köln · Weimar · Wien
Wilhelm Fink Verlag München
A. Francke Verlag Tübingen und Basel
Haupt Verlag Bern · Stuttgart · Wien
Lucius & Lucius Verlagsgesellschaft Stuttgart
Mohr Siebeck Tübingen
C. F. Müller Verlag Heidelberg
Ernst Reinhardt Verlag München und Basel
Ferdinand Schöningh Verlag Paderborn · München · Wien · Zürich
Eugen Ulmer Verlag Stuttgart
UVK Verlagsgesellschaft Konstanz
Vandenhoeck & Ruprecht Göttingen
Verlag Recht und Wirtschaft Heidelberg
VS Verlag für Sozialwissenschaften Wiesbaden
WUV Facultas Wien

Michael Roth(Hg.)

# Leitfaden Theologiestudium

Vandenhoeck & Ruprecht

Dr. theol. Michael Roth (geb. 1968) ist Privatdozent für Systematische Theologie an der Evang.-Theol. Fakultät der Universität Bonn.

Bibliografische Information Der Deutschen Bibliothek

Die Deutsche Bibliothek verzeichnet diese Publikation in der Deutschen Nationalbibliografie; detaillierte bibliografische Daten sind im Internet über <http://dnb.ddb.de> abrufbar.

ISBN 3-8252-2600-X (UTB)
ISBN 3-525-03607-8 (Vandenhoeck & Ruprecht)

© 2004 Vandenhoeck & Ruprecht, Göttingen / www.v-r.de
Alle Rechte vorbehalten. Das Werk und seine Teile sind urheberrechtlich geschützt. Jede Verwertung in anderen als den gesetzlich zugelassenen Fällen bedarf der vorherigen schriftlichen Einwilligung des Verlages. Hinweis zu § 52a UrhG: Weder das Werk noch seine Teile dürfen ohne vorherige schriftliche Einwilligung des Verlages öffentlich zugänglich gemacht werden. Dies gilt auch bei einer entsprechenden Nutzung für Lehr- und Unterrichtszwecke.
Printed in Germany.

Umschlaggestaltung: Atelier Reichart, Stuttgart
Satz: Satzspiegel, Nörten-Hardenberg
Druck und Bindung: Hubert & Co., Göttingen

ISBN 3-8252-2600-X (**UTB Bestellnummer**)

# Inhalt

# Vorwort

Bei den Autoren der einzelnen Beiträge wie bei dem Verlag möchte ich mich bedanken für die gute Zusammenarbeit, bei Christina Kreßner M. A. für die vielfältige Hilfe bei der herausgeberischen Tätigkeit. Es ist unser gemeinsamer Wunsch, dass der vorliegende »Leitfaden Theologie-studium« den Leserinnen und Lesern diejenige erste Orientierung bietet, die sie für ein möglichst gewinnbringendes Studium der Theologie be-nötigen.

Bonn, im September 2004                                              Michael Roth

# Einleitung

## Von Michael Roth

Was kommt auf mich zu im Theologiestudium? Um welche Fragen dreht sich diese Wissenschaft? Bietet das Theologiestudium den angemessenen Raum, meinen eigenen Fragestellungen nachzugehen? Wie kann ich mein Studium möglichst gewinnbringend aufbauen? Diesen Fragen widmet sich der vorliegende »Leitfaden Theologiestudium« und wendet sich damit an Studienanfänger und Abiturienten, die einen ersten Einblick in das Studium der Theologie gewinnen wollen.

Wer sich heute für das Theologiestudium entscheidet, sollte sich bewusst sein, dass er sich damit in einer Tradition bewegt, die älter als das Christentum ist. Der Begriff Theologie entstammt nicht der Bibel, sondern der griechischen Antike und bedeutet seinem ursprünglichen Wortsinn nach »Reden von Gott«, das zuerst mündliche, später auch schriftlich fixierte Singen und Sagen von Göttergeschichten. In dieser Weise hat Platon den Begriff Theologie – allerdings kritisch – verwendet. Anders als Platon bezeichnet Aristoteles mit dem Begriff Theologie nicht den Vortrag von Göttergeschichten, sondern die philosophische Frage nach Gott, die gerade die Unwahrheit der in den Mythen bezeugten Rede von Gott durch das vernünftige Denken aufzeigen will. Das Christentum hat den Begriff »Theologie« aufgenommen und benutzt ihn als Bezeichnung für das *Durchdenken des christlichen Glaubens*. Damit ist es beiden Momenten des Theologiebegriffes verpflichtet: dem Bezug auf die Geschichte einerseits und der vernünftigen Rechenschaft andererseits.

Seit der Gründung von Universitäten im Mittelalter gehört dieses Durchdenken des christlichen Glaubens, die Theologie (neben Medizin, Jurisprudenz und Philosophie), zu dem festen Bestand der universitären Disziplinen. Kannten das Mittelalter und die Reformation nur »die« Theologie (freilich mit verschiedenen Arbeitsschritten), so haben sich in der Neuzeit in der Theologie unterschiedliche Disziplinen etabliert. Dieser Differenzierungsprozess, dem auch andere Wissenschaften unterliegen, schreitet zwar stetig voran, doch lassen sich fünf klassische Disziplinen unterscheiden, die zum festen Bestandteil jeder theologischen Fakultät gehören: Alttestamentliche Wissenschaft, Neutestamentliche Wissenschaft, Kirchengeschichte, Praktische Theologie/Religionspädagogik und Systematische Theologie.

Dieser Leitfaden widmet sich diesen unterschiedlichen theologischen Disziplinen, die jeweils von einem Fachvertreter vorgestellt werden. Zusätzlich wird auch die Religionswissenschaft behandelt, die zwar keine theologische Disziplin ist, deren Studium aber von immer mehr Prüfungsordnungen vorgeschrieben wird.

Die einzelnen Kapitel sind jeweils gleich aufgebaut: In einem ersten Teil wird das Fach vorgestellt, indem seine Entstehung, sein Proprium, seine Stellung im Gesamtzusammenhang der Theologie, seine Fragerichtungen, seine interne Gliederung und seine Methoden und Arbeitsweisen in den Blick genommen werden. Damit soll ein erstes Verständnis für das jeweilige Fach geweckt werden. In einem zweiten Teil wird eine praktische Anleitung gegeben, die helfen soll, das jeweilige Fach möglichst effektiv zu studieren. Der dritte Teil führt die wichtigste Fachliteratur auf (Fachzeitschriften, Lexika, Nachschlagewerke etc.) und stellt Bücher vor, die zur Anschaffung und Lektüre empfohlen werden.

# Alttestamentliche Wissenschaft

## Von Karin Schöpflin

## I. Was ist alttestamentliche Wissenschaft?

### 1. Entstehung des Faches

#### 1.1 Text und Umfang des AT

Der Begriff »Altes Testament« (AT) beschreibt den Gegenstand und die Wissenschaft, die sich mit ihm befasst, von einem christlichen Standpunkt aus: Ein »Altes« Testament gibt es nur in Beziehung zum »Neuen« Testament. Hergeleitet ist diese Bezeichnung aus einer Bemerkung des Paulus in 2 Kor 3,14, wo er die Schrift, die den Israeliten verschlossen geblieben sei, weil sie sich erst durch Christus erschließe, als »Altes Testament« bezeichnet.

Um einen möglichen negativen Beigeschmack des Adjektivs »alt« im Sinne von »veraltet«, »überholt« zu vermeiden, sprechen manche auch vom »Ersten Testament«. Mit Rücksicht darauf, dass die Schriften des AT – soweit sie in hebräischer Sprache vorliegen – Heilige Schrift auch der jüdischen Glaubensgemeinschaft sind, hat sich auch die Bezeichnung »Hebräische Bibel« eingebürgert, bisweilen verwendet man stattdessen auch den jüdischen Terminus »Tanach«. Alle diese Begriffe haben sich bislang gegenüber dem »AT« jedoch nicht durchgesetzt.

Für die Urchristen und die Gemeinden der frühen Kirche war zunächst allein das Alte Testament Heilige Schrift, bis die neutestamentlichen Bücher entstanden und zu einem verbindlichen Glaubensdokument zusammengefasst waren.

Schon frühzeitig in der Geschichte der christlichen Kirche kam es zu einer Auseinandersetzung über die Frage, ob das AT Bestandteil der christlichen Heiligen Schriften sein solle oder nicht. Mitte des 2. Jahrhunderts entwickelte Marcion einen eigenen Kanon, der nur aus zehn gereinigten paulinischen Briefen und dem Lukasevangelium bestand, und verwarf das AT, weil es nicht den Gott des Evangeliums und Jesus Christus bezeuge, sondern lediglich einen Furcht erregenden Schöpfergott. Die römische Gemeinde lehnte Marcions Lehre ab und exkommunizierte ihn 144 n. Chr. In christlicher Tradition bildet das Alte Testament seither unumstritten den ersten Teil des zweiteiligen Kanons heiliger Schriften, dessen zweiter Teil das Neue Testament ist. Die von Marcion aufgeworfene Grundsatzfrage ist jedoch bis in die Gegenwart immer wieder einmal gestellt worden.

Die frühe Kirche hat das AT nicht in der hebräischen Originalsprache, sondern in der ältesten griechischen Übersetzung, der so genannten »Septuaginta«, übernommen. Erst im Zeitalter der Reformation erfolgte eine Rückbesinnung auf den hebräischen Urtext. Da die Reformatoren das AT aus dem Hebräischen übersetzten, besitzen in den Kirchen der Reformation lediglich die ursprünglich Hebräisch verfassten Bücher des AT kanonischen Rang. Die Schriften, die die Septuaginta zusätzlich zu den aus dem Hebräischen übersetzten, nach heutiger Zählung 39 Büchern enthält, heißen im röm.-kath. Sprachgebrauch »Deuterokanonen«, im evangelischen Bereich nennt man sie »Apokryphen« und stellt sie seit der ersten Gesamtausgabe von Luthers Bibelübersetzung von 1534 als gesonderten Teil zwischen AT und NT. Abgesehen davon bietet die Septuaginta eine abweichende Anordnung und Benennung der Bücher und Kanonteile, welche auch die seit dem frühen Mittelalter im christlichen Abendland benutzte lateinische Bibelübersetzung, die so genannte »Vulgata« übernommen hatte. Die neuzeitliche alttestamentliche Wissenschaft beschäftigt sich schwerpunktmäßig mit der Hebräischen Bibel, doch finden in jüngerer Zeit auch im evangelischen Bereich die Apokryphen zunehmend Beachtung.

## 1.2 Geschichte seiner Auslegung

Im weitesten Sinne liegen die ersten Ansätze zur Auslegung und Kommentierung des AT schon im AT selbst, nämlich überall dort, wo in jüngeren Textpassagen oder Schriften ältere aufgegriffen und (um)gedeutet werden. Deutlichstes Beispiel sind hier die Chronikbücher, die auf die Samuel- und Königebücher zurückgreifen. Früheste Kommentierungen als gesonderte Schriften finden sich bereits in – teils fragmentarischen – Funden aus Qumran (Habakuk-Kommentar, 1 QpHab). Jüdische und christliche Auslegung laufen nebeneinander her. Jüdische Auslegungstradition beginnt mit dem Talmud, der in gewisser Weise eine Fortsetzung des AT analog zum christlichen NT bildet und sich vornehmlich den gesetzlichen Teilen des AT widmet, setzt sich fort in der philologischen Arbeit der Masoreten, die das System der Punktierung des hebräischen Konsonantentextes entwickelten, und den Sprach- und Sacherklärungen Raschis (1040–1105), Ibn Esras (1092– 1167) oder David Kimchis (1160–1235), die bis heute in den »Rabbinerbibeln« abgedruckt werden. Schon früh entwickelten sich Schriftauslegungsregeln wie der Schluss vom Kleinen auf das Größere oder der Analogieschluss von einer Schriftstelle auf eine andere.

Christliche Auslegung des AT beginnt im neutestamentlichen Schrifttum – man denke nur an die Antithesen in der Bergpredigt Jesu (Mt 5,21–46), die Reflexionszitate im Matthäusevangelium (z. B. Mt 4,14–16) oder Schriftauslegungen in den Briefen des Paulus (vgl. etwa Gal 4,21 ff. als Beispiel einer frühen allegorischen Auslegung).

Christliche Auslegung des AT bleibt über Jahrhunderte bis ins Zeitalter der Aufklärung eng mit der des NT verbunden. Man bestimmte das Verhältnis der beiden Kanonteile als Weissagung/Verheißung und Erfüllung oder als Gesetz und Evangelium. Die unausgesprochene, da als selbstverständlich geltende, Voraussetzung war die Annahme der göttlichen Inspiriertheit der Schrift: Weil Gott den biblischen Schriftstellern sein Wort in die Feder diktiert hat, sind Widersprüche innerhalb der Bibel grundsätzlich ausgeschlossen. Dementsprechend harmonisieren die Ausleger Widersprüche und suchen das für die Authentizität wichtige Alter der Schriften bzw. den traditionell postulierten Verfasser zu beweisen. So gilt z. B. Mose traditionell als Verfasser der Tora bzw. des Pentateuch (im hebräischen Kanon sind die ersten fünf Bücher unter der Überschrift »Tora« zusammengefasst; in der Wissenschaft verwendet man den Begriff »Pentateuch« für die Schriften Gen, Ex, Lev, Num, Dtn), was sich noch in den Buchtiteln »1. Mose«, »2. Mose« usw. in der Lutherübersetzung widerspiegelt.

Das AT nimmt breiten Raum in den Arbeiten der Reformatoren ein: So ist der größere Teil der Vorlesungen Luthers atl. Büchern gewidmet; auch in seinen theologischen Schriften legte Luther immer wieder auch atl. Texte aus. Calvin schließlich verfasste Kommentare zum gesamten

AT. Das Verständnis des AT bleibt jedoch letztlich an das NT gebunden: So schreibt Luther in der Kirchenpostille aus dem Jahr 1522: »Denn das gantz allte testament hatt nitt anderß ynn sich denn Christum, wie er vom Euangelio gepredigt ist. Drumb sehen wyr, wie die Apostelln auß der schrifft tzeugniß furen und beweren damit allis, was von Christo tzu predigen und tzu glewben ist« (WA 10 I,1; 80,7 f.). Allerdings äußern die reformatorischen Bibelausleger unbefangen auch kritische Beobachtungen. So meinte Luther, Jesaja und Jeremia hätten ihre Bücher nicht selbst herausgegeben, sondern Schreiber hätten aus ihren Reden exzerpiert. Und Calvin betrachtete Josua und Samuel nicht als Verfasser der gleichnamigen Bücher; vielmehr hätten obere Priester wie Eleasar die Schriften zusammengestellt, die dann in der Bundeslade gesammelt wurden. Diese Ansätze zu einer Bibelkritik in der Reformation wurden zunächst nicht weiter verfolgt, weil in der Epoche der Orthodoxie die Inspirationslehre Oberhand gewann.

## 1.3 Entstehung der alttestamentlichen Wissenschaft

Die Anfänge atl. Wissenschaft im Sinne einer kritischen und historischen Wissenschaft liegen im Zeitalter des Rationalismus, der seine Wurzeln im englischen Deismus des 17. Jahrhunderts hat. Ein erster Wegbereiter einer kritischen atl. Wissenschaft ist Baruch de Spinoza (1632–1677). Er führt Stellen aus dem Pentateuch an, die beweisen, dass Mose nicht als dessen Verfasser in Frage kommt. Spinoza nimmt vielmehr an, dass die Tora ebenso wie das Josuabuch ein großes Werk aus der Feder Esras darstellt. Richard Simon (1638–1712) vertrat u. a. die These, dass der Pentateuch nach und nach durch die Tätigkeit öffentlicher Schreiber entstanden sei, die zugleich als Redner dem Volk Weisung gaben. Erst nach dem Exil seien deren Schriften gesammelt und zum Pentateuch zusammengestellt worden.

Jean Astruc (1684–1766) galt als Entdecker der so genannten »Quellentheorie«: Er stellt fest, dass in der *Genesis* verschiedene Bezeichnungen Gottes vorkommen, nämlich *ᵃᵉlohîm*, »Gott«, oder *Yahweh*, der Eigenname des Gottes Israels. Aufgrund des Kriteriums der Gottesbezeichnungen unterscheidet Astruc zwei verschiedene Schriften, so genannte »Quellen«, die in der *Genesis* miteinander verwoben worden sind.

Den entscheidenden Durchbruch leitete Johann Salomo Semler (1725–1791) ein. Er behandelt die Bibel wie weltliche antike Literatur und schließt somit – ganz im Sinne der Aufklärung, die den Gedanken der göttlichen Inspiration aufgab – jede Art der göttlichen Mitwirkung bei ihrer Entstehung aus. Etwa zeitgleich gibt G.E. Lessing 1774–1778 die sieben *Fragmente eines Ungenannten*, hinter denen sich H.S. Reimarus verbirgt, heraus. Die Fragmente 3 und 4 kritisieren das AT u. a. wegen der Unglaubwürdigkeit des Berichtes vom Durchzug durch das Schilfmeer (Ex 14). Eine einflussreiche ästhetische Würdigung des AT findet sich bei J. G. Herder.

Waren AT und NT bisher im Rahmen christlicher Schriftauslegung gemeinsam und als Einheit behandelt worden, wobei das AT in Bezug auf das NT interpretiert wurde, wurden jetzt zwei getrennte Wissenschaftszweige daraus, die man als »Bibelwissenschaft« zusammenfasst. Diese Loslösung der atl. von der ntl. Exegese bedeutet streng genommen, das AT zunächst bewusst als ein nicht-christliches Buch wahrzunehmen. Der Ausleger versucht, gewissermaßen die christliche Brille abzulegen (soweit es eben gelingen kann, von einer eigenen Befindlichkeit abzusehen). Dies ließ bisweilen die alten Vorbehalte gegen das AT als nicht-christliche Schriftensammlung im Zusammenhang christlicher Theologie wieder aufflammen.

Als Begründer der atl. Einleitungswissenschaft, die zunächst das Herzstück atl. Wissenschaft bildet, gilt Johann Gottfried Eichhorn (1752–1827). Er veröffentlichte in drei Bänden die erste Einleitung, die dem historisch-kritischen Prinzip verpflichtet ist. Erstmals erscheint hier der bis heute für eine »Einleitung« charakteristische Aufbau: Text- und Kanongeschichte bilden gemeinsam die »allgemeine Einleitung«, in der »speziellen Einleitung« werden die Einzelbücher analysiert und jedes auf seine Entstehungsgeschichte befragt. Eichhorn griff u. a. die Beobachtungen Astrucs auf und führte eine entsprechende Quellenscheidung für die *Genesis* durch. Ein unbekannter Redaktor habe bald die eine, bald die andere Urkunde genutzt, je nach dem, wo er den vollständigeren Bericht fand. Mit den Arbeiten Eichhorns war der Grundstein gelegt für ein Entstehungsmodell der *Genesis* bzw. des Pentateuch, das unter der Bezeichnung »Ältere Urkundenhypothese« in die Forschungsgeschichte einging.

Ausgehend von Eichhorns Theorie konzentrierte sich atl. Forschung im 19. Jahrhundert zunächst vor allem auf die Frage der Entstehung des Pentateuch. Man verfeinerte die Theorie, entwickelte alternative Modelle, modifizierte und kombinierte sie, bis dieser Problembereich durch Julius Wellhausen (1844–1918) mit der so genannten »Neueren Urkundenhypothese« zu einem vorläufigen Abschluss geführt wurde. Dieses Entstehungsmodell des Pentateuch setzte sich nahezu allgemein durch und blieb bis in die 70er Jahre des 20. Jahrhunderts bestimmend, als die Diskussion neu aufgerollt wurde. Auch die übrigen Kanonteile und Einzelschriften wurden seit dem ausgehenden 18. Jahrhundert historisch-kritisch untersucht. Das Spektrum der Fragestellungen und Zugänge erweiterte sich zusehends – eine Entwicklung, die nachzuzeichnen in diesem Rahmen zu weit führen würde.

Die im Zeitalter des Rationalismus wurzelnde historisch-kritische Erforschung des AT wurde lange Zeit ausschließlich von protestantischen Gelehrten, schwerpunktmäßig im deutschsprachigen Raum, geleistet. Die historisch-kritische Methode ist in der röm.-kath. Bibelauslegung erst seit dem Zweiten Vatikanischen Konzil (1962–1965) voll akzeptiert. Die allmähliche Öffnung gegenüber der historisch-kritischen Bibelwissenschaft spiegelt sich in zwei Enzyklika, *Providentissimus Deus* (1893) und *Divino afflante Spiritu* (1943). Indem die altorientalischen Hintergründe in die Auslegung einbezogen und außerdem eingeräumt wurde, dass biblische Autoren Vorlagen verwendet haben konnten, näherte man sich der kritischen Schriftauslegung.

## Quellen

L. Goldschmidt, Der babylonische Talmud hebräisch und deutsch, Bd. I–IX, Den Haag 1925–1936. – B. de Spinoza, Tractatus theologico-politicus, 1670. – R. Simon, Histoire critique du Vieux Testament, 1678. – J. Astruc, Conjectures sur les mémoires dont il paroit que Moyse s'est servi, pour composer le livre de la Genèse, 1753. – J. S. Semler, Abhandlung von freier Untersuchung des Canon, 1771–1775. – Ders., Apparatus ad liberalem Veteris Testamenti interpretationem, 1773. – J. G. Herder, Älteste Urkunde des Menschengeschlechts, 1774–1776. – Ders., Vom Geist der hebräischen Poesie, 1782–1783. – J. G. Eichhorn, Einleitung ins Alte Testament, Leipzig 1780–1783, Göttingen ⁴1823/24. – J. Wellhausen, Prolegomena zur Geschichte Israels, (1878) 1883. – Ders., Die Composition des Hexateuchs und die historischen Bücher des AT, 1885.

Literatur

E. ZENGER, Das Erste Testament. Die jüdische Bibel und die Christen, Düsseldorf ⁵1995. – G. STEMBERGER, Art. »Schriftauslegung I. Judentum«, in: TRE 30 (1999), 442–457. – H.-J. KRAUS, Geschichte der historisch-kritischen Erforschung des Alten Testaments, Neukirchen-Vluyn ⁴1988. – R. SMEND, Deutsche Alttestamentler in drei Jahrhunderten, Göttingen 1989. Vgl. ferner die Art. »Bibelwissenschaft«, »Einleitung«, »Schriftauslegung« sowie zu den namentlich genannten Gelehrten in TRE und RGG.

## 2. Proprium des Faches

Die Schriften des AT bilden Grundlage und Mittelpunkt des Faches. Im Vordergrund stehen dabei der hebräische Text und Kanon; die griechische Übersetzung (Septuaginta) und die Apokryphen bzw. die so genannte zwischentestamentliche Literatur (Werke jüdischer Herkunft, die ca. zwischen 200 v. Chr. und 100 n. Chr. entstanden sind, also Schriften aus Qumran ebenso wie z. B. die Henochbücher, die Testamente der zwölf Patriarchen, das Jubiläenbuch, aber auch die Schriften des Flavius Josephus) treten hinzu. Atl. Wissenschaft geht es einerseits darum, den hebräischen (bzw. bei der Septuaginta den griechischen) Text in kritischen Ausgaben zugänglich zu machen. Diesen Text will atl. Wissenschaft in allen seinen Facetten erklären und auslegen. Dazu gehört zunächst philologische Arbeit, etwa das Erkunden von Wortbedeutungen oder das Klären grammatischer Fragen. Um der Bedeutung der Schriften auf die Spur zu kommen, benötigt man zudem Sacherklärungen, d. h. Informationen über die damalige Lebenswelt, angefangen bei Geografie und Klima, über Tier- und Pflanzenwelt bis hin zu politischen und sozialen Strukturen, Wirtschaft, Kult und Kultur. Dies schließt vielfach die Betrachtung der Umwelt Israels ein, so dass Archäologie, Ägyptologie, Orientalistik und für die Spätzeit auch Klassische Philologie als »Hilfswissenschaften« herangezogen werden. Dies gilt auch für die Rekonstruktion der historischen Abläufe im damaligen Palästina und seinen Nachbarstaaten. So sucht man, die Entstehungsbedingungen der Texte zu ermitteln und sie damit zeitlich einzuordnen. Ein zentrales Anliegen ist es zudem, die Entstehungsgeschichte der Texte aus diesen selbst zu rekonstruieren. Im Idealfall ergibt sich etwas wie eine Literaturgeschichte des AT. Mit Hilfe der atl. Schriften und weiterer außerbiblischer Zeugnisse gewinnt atl. Wissenschaft zugleich ein Bild des alten Israel, seiner politischen, sozialen und religiösen Geschichte und seiner Geistes- und Glaubensgeschichte. Hauptanliegen atl. Exegese ist es, die Schriften je für sich und als kanonische Sammlung in ihren Kontexten wahrzunehmen, um so zunächst das historische Verständnis der Texte zu sichern: Wie haben damalige Verfasser und/oder Bearbeiter die Texte gemeint und wie hat ihre Leserschaft sie verstanden?

## 3. Stellung des Faches im Gesamtzusammenhang der Theologie

Alt- und neutestamentliche Wissenschaften bilden zusammen aufgrund ihrer Kombination die christliche Bibelwissenschaft, die sich mit den beiden Glaubensurkunden des Christentums befasst. Da das AT dem NT zeitlich voraus geht und zunächst allein als Heilige Schrift Jesu und seiner Jünger sowie der Urchristenheit (einschließlich der Verfasser der NT-Schriften) fungierte, setzt das NT vielfach Vertrautheit mit dem AT voraus. Ntl. Passagen greifen nicht allein ausdrücklich auf das AT zurück, indem sie es etwa zitieren; sie nehmen auch atl. Traditionen auf, die sie bisweilen weiterführen oder umdeuten. So wird z. B. erst einsichtig, warum Mose und Elia bei der Verklärung Jesu (Mt 17,3 par.) erscheinen, wenn man ihre Bedeutung innerhalb des AT kennt. Oder die Aussage Jesu »Ich bin der gute Hirte« (Joh 10) muss auch vor dem Hintergrund des Hirtenbildes im AT (z. B. Ez 34, Ps 23) gelesen werden. Sich im AT gut auszukennen, hilft also nicht nur, das NT besser zu verstehen, sondern auch manche Streitpunkte innerhalb der frühen Kirche, allen voran die Frage, inwieweit Bestimmungen der mosaischen Ritualgesetzgebung (Speisevorschriften, Beschneidung) auch für Heidenchristen verbindlich sein sollen.

Von hier aus führt eine Linie in die Kirchen- und Dogmengeschichte, sofern atl. Texte immer gemeinsam mit dem NT als Schriftbelege bei der Herausbildung und Entwicklung kirchlicher Dogmen eine Rolle gespielt haben (z. B. Gen 2 und 3 in der Erbsündenlehre) und in der dogmatischen und ethischen Diskussion bis heute spielen. Kirchengeschichte

und Systematische Theologie spiegeln auch christliche Auslegungsgeschichte des AT in ihren Wandlungen. Ein einfaches Beispiel bildet die
Begründung des Bildersturms mit dem atl. Bilderverbot Ex 20,4/Dtn 5,8.

Da das AT als hebräischer Kanon zugleich Glaubensurkunde des Judentums ist, bildet es selbstverständlich auch die Grundlage jüdischer
Glaubenslehre und -praxis. Atl. Wissenschaft berührt sich mit der Judaistik, insofern sich diese mit dem Judentum in allen seinen Aspekten –
eben auch mit jüdischer Schriftauslegung befasst. Traditionelle und zeit-
genössische jüdische Auslegung der Hebräischen Bibel wird zunehmend
wahrgenommen und kann als Bereicherung der christlichen Wahrnehmung und bisweilen als Korrektiv dienen.

Praktisch-theologische Disziplinen behandeln auch, wie atl. Texte
heute vermittelt werden können. So stellen atl. Perikopen als Predigttexte
eine besondere Herausforderung dar. In Gottesdienst und Glaubenspra-
xis nehmen unter den atl. Texten die Psalmen den höchsten Stellenwert
ein. Als Gebetstexte erhalten die Psalmen in der Seelsorgepraxis ebenso
Bedeutung wie manche atl. Geschichte. Im Bereich der Religionspädagogik geht es um die Vermittlung biblischer Texte in Schulunterricht, kirchlicher Jugendarbeit und Erwachsenenbildung.

Innerhalb der Religionswissenschaft spielt das AT einerseits eine Rolle
innerhalb der Religionsgeschichte des Alten Orients, andererseits besitzt
das AT als Wurzel der jüdischen Religion sowie des Christentums Relevanz bis in die Gegenwart.

Literatur

G. Dalman, Arbeit und Sitte in Palästina, Bd. I–VII, Gütersloh 1928–1942,
Nachdr. Hildesheim 1964. – K. Galling (Hg.), Biblisches Reallexikon, HAT I, 1,
Tübingen ²1977 (BRL). – O. Keel, Die Welt der altorientalischen Bildsymbolik
und das Alte Testament. Am Beispiel der Psalmen, Göttingen ⁵1996.

## 4. Fragerichtung des Faches

Atl. Wissenschaft befragt ihren Gegenstand, das atl. Schriftenkorpus, unter verschiedenen Aspekten. Zunächst geht es um eine Rekonstruktion
des hebräischen Textes, die eng verflochten ist mit der Geschichte des

Textes in seiner hebräischsprachigen Überlieferung sowie in den alten Übersetzungen. Dabei tritt das Problem auf, welchen Text, welche Textstufe es zu rekonstruieren gilt. Inwieweit kann man überhaupt einen Urtext wiederherstellen, wenn die ältesten erhaltenen Handschriften zeitlich von der vermuteten Entstehungszeit der jeweiligen Schrift weit entfernt sind? Bleibt er ein unerreichbares Ideal? Lässt sich lediglich der kanonisierte Text verantwortlich rekonstruieren? Diese Fragen sind nicht zuletzt durch die Funde von Qumran (1947), die mittlerweile veröffentlicht und allgemein zugänglich sind, verschärft worden, da sich unterschiedliche Texttraditionen herauskristallisieren, deren Verhältnis zueinander es zu klären gilt.

Hinzu kommt die Frage nach der literarischen Entstehung des AT. Denn die Schriften des AT als Sammlung sind nicht in einem Zuge entstanden, und ebenso wenig stammen die einzelnen Bücher aus der Feder eines einzigen, namentlich bekannten Verfassers, der auch zeitlich problemlos einzuordnen wäre. Vielmehr erlebten die meisten Texte bis zu ihrer Kanonisierung ein kontinuierliches Wachstum, das sich über Jahrzehnte oder gar Jahrhunderte erstreckte: Ein ältester Kern wurde weiter überliefert und dabei mit kurzen Erklärungen, aber auch ausführlicheren Kommentaren und Auslegungen versehen, die die Tradenten hinzufügten, um sich die überkommenen Texte anzueignen, sie aus ihrer eigenen Zeit heraus zu verstehen und dementsprechend zu aktualisieren. Diesen oftmals komplizierten Entstehungsprozess will die atl. Wissenschaft rekonstruieren. Sie tut dies auf historisch-kritischem Wege – atl. Wissenschaft und historisch-kritische Methode gehören forschungsgeschichtlich und im Prinzip bis in die gegenwärtige Forschung hinein zusammen, auch wenn man indessen weitere Methoden (zusätzlich) verwendet, um sich biblischem Schrifttum anzunähern.

Damit verbunden ist die Frage nach der historischen Einordnung der Schriften bzw. der Stufen ihrer Entstehung. Eine solche Datierung kann nur erfolgen auch aufgrund der Kenntnis der historisch-politischen, sozialen und kultischen Bedingungen, auf die die Texte mehr oder minder deutlich verweisen oder anspielen. Daraus ergibt sich eine weitere Fragestellung, die in den letzten Jahren zunehmend Bedeutung gewonnen hat: Inwieweit spiegeln atl. Schriften historische Wirklichkeit des alten Israel? Oder anders gefragt: Sind atl. Texte historische Dokumente bzw. darf man sie als historische Quellen lesen? Um dies zu klären, bedarf es der Überprüfung der biblischen Darstellung anhand außerbiblischer Zeugnisse, die sowohl als literarische Dokumente (z. B. Inschriften, Gegenstand der »Epigraphik«) als auch als archäologische Funde mannigfaltiger Art (von Kleinfunden wie Siegeln, die meist Schrift und Bild miteinander kombinieren, über Keramik bis zur Ausgrabung von Siedlungen und Ortslagen) aus der altorientalischen und hellenistischen Umwelt vorliegen. Die Erweiterung des Quellenmaterials durch neuere Funde im 20. Jahrhundert, die verfeinerten wissenschaftlichen Methoden der Archäologie und eine nüchternere Auswertung dieser Materialien, die nicht allein eine Bestätigung biblischer Berichte anstrebt, haben in jüngster Zeit zu der Überzeugung geführt, dass atl. Texte nur bedingt als historische Dokumente lesbar sind und dass es sich immer auch um bewusst stilisierte Darstellungen handelt, die die Ereignisse, die sie widerspiegeln, in erster Linie theologisch deuten wollen. Somit gewinnen religionsgeschichtliche und theologische Fragestellungen an Bedeutung bei der Auslegung der Schriften: Welche Schlüsse lassen atl. Texte auf die Religion des alten Israel zu (auch hier leisten archäologische Befunde eine wertvolle Hilfe). Welche theologischen Richtungen erheben ihre Stimmen im atl. Kanon? Und lassen sich diese in irgendeiner Weise systematisieren zu einer Theologie des AT? Und welchen Stellenwert nimmt diese im Rahmen einer christlichen biblischen Theologie ein?

Schließlich wird man sich auch der Auslegungs- und Wirkungsgeschichte des AT widmen. Dies bringt zwangsläufig ein Nachdenken auch über die Methoden gegenwärtiger wissenschaftlicher Exegese mit sich. Wirkungsgeschichtliche Ausblicke ergeben sich z. B. auf literarische Bearbeitungen atl. Stoffe (z. B. Thomas Man, Joseph und seine Brüder, 1933–1942) und Motive oder auf Darstellungen in der Bildenden Kunst (z. B. Michelangelos Deckenfresken in der Sixtinischen Kapelle des Vatikan, 1508–1512, mit Szenen aus der *Genesis*).

Literatur

K. Berger, Qumran. Funde – Texte – Geschichte, Stuttgart 1998. – J. C. Van-derKam, Einführung in die Qumranforschung, Göttingen 1998. – W. Keller, Und die Bibel hat doch Recht, Düsseldorf 1955, Neuausgabe 1978. – I. Finkel-stein/N. A. Silberman, Keine Posaunen vor Jericho. Die archäologische Wahrheit über die Bibel, München ⁵2003. – O. Keel/Chr. Uehlinger, Göttinnen, Götter, Gottessymbole. Neue Erkenntnisse zur Religionsgeschichte Kanaans und Israels aufgrund bislang unerschlossener ikonographischer Quellen (QD 134), Freiburg i. Br. u. a. ⁴1998. – Chr. Dohmen/T. Söding (Hg.), Eine Bibel – zwei Testamente. Positionen Biblischer Theologie, Paderborn 1995. – H. Reventlow, Epochen der Bibelauslegung, Bd. I–IV, München 1990–2001.

## 5. Gliederung des Faches

Von Gliederungen des Faches etwa im Sinne einer Auffächerung des Kernbereiches Exegese wird man für Studierende kaum sprechen können. Bedingt durch die Einrichtung von Lehrstühlen mit besonderer Ausrichtung oder durch Forschungsschwerpunkte der Lehrenden können jedoch an manchen Universitäten biblische Archäologie, altorientalische Religionsgeschichte oder philologische Studien (Althebraistik, Semitistik) in das Fach eingebunden sein, was sich auch im Lehrveranstaltungsangebot niederschlagen wird. Hinzu kommen an einigen Standorten noch Sonderforschungsbereiche wie Septuaginta- oder Qumranforschung.

## 6. Methoden und Arbeitsweisen des Faches

*Textkritik* dient der Sicherung der Textgrundlage. Sie wird nicht nur an biblischen Texten geübt, sondern immer dann, wenn ein Text in verschiedenen Fassungen existiert. Bei handschriftlich überlieferten Werken, zumal wenn es mehrere voneinander abweichende Handschriften des Textes gibt, treibt man Textkritik, um die Textfassung zu ermitteln, die der wahrscheinlich vom Verfasser beabsichtigten möglichst nahe kommt. AT, NT und Altphilologie arbeiten auf diesem Gebiet mit denselben Methoden; ebenso erstellen andere Philologien kritische Ausgaben, etwa wenn Werke, wie z. B. Shakespeares Dramen, in unterschiedlichen Druckfassungen vorliegen oder wenn sich außer dem Druck auch Autorenmanuskripte erhalten haben (z. B. Goethe).

Wer Textkritik übt, sichtet die erhaltenen hebräischen Handschriften und die der alten Übersetzungen, allen voran die griechische Septuaginta, und vergleicht sie miteinander. Stellt man Abweichungen fest, ist zu entscheiden, welche der überlieferten Varianten wahrscheinlich die älteste Fassung darstellt. Beim Abwägen ist der textkritische Wert einer Handschrift zu bedenken; vielfach genießt eine hebräische Handschrift den Vorzug vor einer Übersetzung, ein älteres Manuskript gilt in der Regel als besser als eines jüngeren Datums. Außerdem pflegt man die kürzere Lesart einer längeren vorzuziehen und die schwierigere einer einfacher zu verstehenden. Zusätzlich muss man erklären, wie eine als fehlerhaft erachtete Überlieferung entstanden sein mag (etwa durch Verwechslung ähnlich aussehender Buchstaben, fehlende Worttrennung, versehentliche Auslassung oder Doppelschreibung; gelegentlich liegt auch eine absichtliche Änderung aus inhaltlichen Gründen vor).

Die verbreitete kritische Ausgabe der hebräischen Bibel ist die *Biblia Hebraica Stuttgartensia* (4. Aufl. Stuttgart 1967–1977).

Sie druckt die älteste, alle Schriften des AT umfassende Handschrift, den *codex Leningradensis* (L) bzw. *Petropolitanus* aus dem Jahre 1008 ab und vermerkt im kritischen Apparat Abweichungen in den älteren hebräischen Handschriften und alten Übersetzungen nach Art von Fußnoten.

*Textanalyse.* Jede Auslegung des Textes – gleichgültig, ob sie sich historisch-kritischer oder anderer Methoden bedient – beginnt mit einer Übersetzung, die textkritische Erkenntnisse berücksichtigt, und vor allem mit einer Analyse des Abschnittes (einer Perikope, eines größeren Zusammenhanges, Buches oder einer Buchgruppe), wie sie auch in den Literaturwissenschaften üblich ist. Wie ist der Text aufgebaut und gegliedert? Gibt es Auffälligkeiten in Wortschatz und Stil? Wie sind Sätze und Unterabschnitte logisch verknüpft? Ist das Subjekt immer klar? Wer erzählt oder spricht? Wer ist ggf. direkt angeredet? Wie ist der Abschnitt in seinem Kontext verankert?

Die *Literarkritik* richtet im Anschluss an diese Sprach- und Strukturanalyse ihr Augenmerk auf die Einheitlichkeit eines schriftlich vorliegenden Textzusammenhanges, um zu klären, ob die Passage in einem Zuge entstanden ist, ob sie überarbeitet wurde oder in mehreren Stufen zu ihrer gegenwärtig vorliegenden Gestalt gewachsen ist. Anzeichen für einen Wachstumsprozess sind Spannungen, Unstimmigkeiten und Widersprüche im Text, insbesondere sprachlich-stilistische Differenzen, Doppelungen (Dubletten) sowie sachliche und gedankliche

Widersprüche. Die bekanntesten und anschaulichsten Beispiele, die auch am Anfang der modernen atl. Forschungsgeschichte stehen, finden sich im Buch *Genesis*: In Gen 1,1–2,4a und 2,4b–25 stehen zwei Erzählungen über die Schöpfung unmittelbar hintereinander, die Gottes Schöpfungshandeln in sehr unterschiedlicher Weise darstellen: Während der erste Schöpfungsbericht an der Erschaffung des Kosmos interessiert ist, die in der Einrichtung des Sabbat gipfelt, geht es der zweiten Darstellung vor allem um die Erschaffung des Menschen; zudem ist diese Erzählung auf die Fortsetzung in Gen 3, die Sündenfallgeschichte, hin angelegt. Die unterschiedlichen Gottesbezeichnungen sind ein weiteres Indiz dafür, dass die beiden Erzählungen von zwei verschiedenen Verfassern und aus verschiedenen Epochen stammen. In der Sintflutgeschichte Gen 6,5–8,22 treten beispielsweise abgesehen von den divergierenden Gottesbezeichnungen widersprüchliche Zahlenangaben auf. Nach Gen 6,19 soll Noah je ein Paar Tiere mit in die Arche nehmen, nach 7,2 jedoch sieben von den reinen und je ein Paar von den unreinen Tieren. Nach 7,12 dauert die Flut 40 Tage und Nächte, nach 7,24 150 Tage. Hier sind zwei ursprünglich voneinander unabhängige Fassungen der Sintflutgeschichte miteinander verwoben worden; die beiden Erzählungen lassen sich in diesem Falle durch Literarkritik auch wieder entflechten.

Nicht immer liegen die Verhältnisse so klar auf der Hand wie in diesen beiden Beispielen. Meistens ergibt erst detaillierte literarkritische Analyse einen Grundbestand, also die älteste schriftlich fixierte Schicht des Abschnittes, die erweitert und/oder bearbeitet wurde, und das nicht selten in mehreren Schritten. So ermittelt Literarkritik die Schichtungen eines atl. Textes, manchmal bis in Einzel- und Halbverse hinein, bringt diese zumindest in eine relative chronologische Reihenfolge und prüft, wieweit die aufgefundenen Schichten auch an anderen Stellen der jeweiligen Schrift, des Schriftenzusammenhanges (z. B. im Pentateuch) oder im Kanon überhaupt anzutreffen sind.

Weil die Ergebnisse literarkritischer Untersuchungen sowohl im Detail bei der Zuordnung von Versen und Textabschnitten bei ein und demselben Text als auch im Blick auf Entstehungstheorien zu größeren Zusammenhängen keineswegs immer übereinstimmen, sondern zum Teil recht unterschiedliche Hypothesen entworfen werden, fällt das Bild der

Entstehungsgeschichte atl. Literatur, vor allem in der Frage der Datierungen, ebenso unterschiedlich aus. Diese Tatsache hat manche die Literarkritik als Methode grundsätzlich in Frage stellen lassen. Doch herrscht in der kritischen Wissenschaft Einigkeit darüber, dass die atl. Schriften so genannte »Traditionsliteratur« sind, d. h. dass sie nicht von Einzelautoren verfasst wurden, sondern erst im Laufe der Überlieferung teils über Generationen ihre gegenwärtige Gestalt erhalten haben.

*Überlieferungsgeschichte.* Seit den religions- und formgeschichtlichen Studien Hermann Gunkels (1862–1932) versucht atl. Exegese über die uns vorliegenden schriftlich fixierten Texte hinaus auch deren mündliche Vorgeschichte zu erschließen. Dass es eine mündliche Vorstufe gegeben hat, leuchtet in manchen Fällen unmittelbar ein, etwa bei den Sprichwörtern, die einen großen Teil des als Sammlung zusammengestellten Buches der Sprüche ausmachen, aber auch einzeln vorkommen (vgl. Jer 31,29 und Ez 18,2, die dasselbe Sprichwort zitieren). Manchmal hilft die Annahme vorlaufender mündlicher Überlieferung, Spannungen innerhalb einer literarkritisch ermittelten Grundschicht ebenso zu erklären wie Doppelüberlieferungen in größeren Kontexten. Dazu zwei klassische Beispiele: Die Geschichte von Jakobs Kampf am Jabbok (Gen 32,23–33) enthält Züge, die einen archaischen Eindruck machen, weil sie dem im AT sonst herrschenden Bild des unverfügbaren Gottes widersprechen: Jakob ringt mit einem unbekannten Wesen, das im Morgengrauen weichen muss. Dieser Unbekannte wird in der Erklärung des Ortsnamens Pnuel mit Gott gleichgesetzt (V. 31), doch handelte es sich in einer älteren volkstümlichen, sagenhaften Erzählung vermutlich um einen Flussdämon, mit dem der Held zu kämpfen hatte. Eine derartige Sage ist auch in der Umwelt Israels denkbar. Dass Jakob dem Unbekannten Segen abringt, ist ebenso ein sekundäres Motiv wie die Umbenennung Jakobs in »Israel« (V. 29; sie wird in Gen 35,10 anders geschildert) und die Herleitung einer Speisevorschrift aus diesem Geschehen (V. 33). – Gen 12,1–10; Gen 20 und Gen 26,1–11 folgen einem Erzählmuster, »Gefährdung der Ahnfrau« genannt, das allen drei Passagen zu Grunde liegt, im Detail jedoch offenkundig zu verschiedenen Zeiten – nicht nur im Blick auf die handelnden Personen – unterschiedlich ausgestaltet wurde. Bei Prophetensprüchen schließlich setzt man aus sachlichen Gründen gern voraus, dass eine mündliche Verkündigung den schriftlichen Fassungen und Sammlungen prophetischer Worte vorausgegangen sei.

Der Stellenwert der mündlichen Überlieferung wurde in den 30er und 40er Jahren des 20. Jahrhundert heftig diskutiert in Auseinandersetzung mit der skandinavischen traditionshistorischen Schule um Ivan Engnell, die der mündlichen Überlieferung überragenden Stellenwert einräumte und von Verschriftungen frühestens in exilischer Zeit ausging. Auf jeden Fall wird man in diesem Bereich behutsam vorgehen und sich vor allzu spekulativen Hypothesen hüten müssen.

*Formkritik oder Gattungskritik/Gattungsgeschichte.* Aus der Klassischen Philologie (vgl. bereits Aristoteles' fragmentarisch überlieferte *Poetik*, die sich ebenso wie andere antike literaturtheoretische Schriften – etwa Horaz, *de arte poetica* – nur den drei geachteten poetischen Gattungen Epos, Drama und Lyrik widmete, die jeweils in bestimmten verbindlichen Versmaßen gedichtet wurden) und der Literaturwissenschaft hat die Exegese die Kategorien der Form und Gattung übernommen. Jeder Text besitzt eine äußere Form und folgt gewissen formalen Regeln, die mit seiner Verwendung in einem Lebenszusammenhang, dem so genannten »Sitz im Leben« zu tun haben: Eine Geburtsanzeige folgt anderen ungeschriebenen Gesetzen als eine Rechtsverordnung, eine Reportage ist anders als ein Märchen, Epos oder Abenteuerroman, eine Vorlesung unterscheidet sich von einer Predigt. Es gibt also schriftliche und mündliche Gattungen, jeweils gekoppelt mit bestimmten Inhalten und mehr oder minder stark geprägt von gattungstypischen Formulierungen (»Formeln«) und Elementen.

Den Grundstein zu diesem Ansatz in der Bibelwissenschaft legte Hermann Gunkel. Ausgehend von der überlieferungsgeschichtlichen Fragestellung schloss er zunächst von einzelnen Erzählungen in der *Genesis* zurück auf mündliche Vorstufen, die er mit den Gattungsbegriffen der Sage und Legende, volkstümlichen Erzählformen also, beschrieb. Abgesehen von der *Genesis* wandte sich Gunkel vor allem dem Psalter unter formgeschichtlichen Gesichtspunkten zu. Das Beispiel der Psalmen illustriert, dass eine Gattung sich aus Gliedgattungen zusammensetzen kann: In einem Klagepsalm (Gunkel: »Klagelied eines Einzelnen«, z. B. Ps 6) findet man die Elemente der Klage oder Beschreibung der Not (Ps 6,7 f.),

Anrufung und Bitte (Ps 6,2–5) sowie Vertrauensbekenntnis (Ps 6,10). Ein anderes Beispiel: Die übergeordnete Gattung »Prophetenbuch« schließt die Gattungen Prophetenspruch, Visionsbericht oder auch Prophetenerzählung ein.

Die Gattungsbestimmung einer Passage ist verbunden mit der Suche nach anderen Texten gleicher Gattung im AT und in der Literatur der Umwelt. Diese dienen zum Vergleich, um festzustellen, wie weit der untersuchte Text gattungskonform gestaltet ist. Eine Gattung kann nämlich auch atypisch verwendet werden, um einen besonderen Effekt zu erzielen. So greifen Prophetensprüche die Totenklage auf, die sie über noch lebende Adressaten anstimmen, um ihnen so das Gericht anzukündigen (vgl. Amos 5,2). Die theoretisch beschriebene Gattung bleibt häufig ein Idealtyp, der nur selten in Reinkultur anzutreffen ist; deshalb sind Versuche, die Geschichte einer Gattung zu entwerfen, durchaus mit einer eigenen Problematik behaftet. Auch bei der Rekonstruktion des Sitzes im Leben muss man behutsam vorgehen, um allzu gewagte Spekulationen zu vermeiden. Doch bleibt die Form- und Gattungskritik ein wichtiger flankierender Methodenschritt zur Literarkritik und Überlieferungsgeschichte, da die Frage nach der Gattung für jede Entwicklungsstufe des Textes neu zu stellen ist.

*Traditionsgeschichte.* Auch dieser Ansatz berührt sich mit literaturwissenschaftlichen Fragestellungen und ergänzt die genannten Arbeitsschritte um einen weiteren Aspekt. Während Formkritik sich mit den von der literarischen Gattung geprägten Elementen befasst, fragt Traditionsgeschichte nach inhaltlich geprägtem Gut, d. h. nach Bildern, Motiven, Stoffen, Themen und Vorstellungskomplexen, die biblische Verfasser aus ihnen vorgegebener Tradition aufgenommen und verarbeitet haben. Die bildhafte Assoziation von Israel mit einem Weinberg (Jes 5,1–7), Weinstock (Hos 10,1; Ps 80,9–14; Ez 15) oder einer Weintraube (Hos 9,10; auch Num 13,23) liegt in verschiedenen Ausprägungen vor, so dass man sich fragen wird, ob hier Abhängigkeitsverhältnisse vorliegen oder ob sich eine Tradition inneratl. gewandelt hat. Manches Traditionsgut lässt sich aus dem altorientalischen Umfeld herleiten, z. B. die Erzählung von einer großen, vernichtenden Flut, die es auch in Mesopotamien gibt. Hinzu kommen Motive wie die Gotteserscheinung (Theophanie) und ganze Vorstellungskomplexe wie die Herausführung Israels aus Ägypten.

Die traditionsgeschichtliche Betrachtung zeigt, ob geprägte Inhalte auf bestimmte Textbereiche des AT beschränkt sind oder über den ganzen Kanon verstreut auftreten. So wird deutlich, ob sie an bestimmte Verfasser, Zeiten und Aussageinteressen gebunden sind. In jüngster Zeit bezieht Traditionsgeschichte zunehmend auch archäologisches Anschauungsmaterial ein; zudem ist sie auch mit religionsgeschichtlichen Erkenntnissen verknüpft.

*Redaktionsgeschichte.* Unter einer Redaktion versteht man die Bearbeitung eines vorgegebenen Textes, der durch diese Umgestaltung ein neues Gesicht erhält. Redaktionskritik verfolgt, wie die literarkritisch und überlieferungsgeschichtlich unter Berücksichtigung form- und traditionskritischer Befunde ermittelten Bestandteile oder Schichten eines Textabschnittes oder übergreifenden Zusammenhanges bis hin zum Kanon insgesamt in schriftlicher Gestalt zu immer neuen Einheiten zusammengefügt wurden, bis schließlich die heute vorliegende kanonische Endgestalt erreicht war; d. h. es geht darum, die Wachstumsstadien der Passage synthetisch darzustellen: Haben Redaktoren mündlich Vorgegebenes aufgeschrieben, bereits vorliegende literarisch geformte Einheiten zu einer größeren Komposition vereint? Liegt eine Sammlung, Reihung oder Verflechtung vor und welches sind die Kriterien ihrer Zusammenstellung? Mit welchen literarischen Mitteln haben die Redaktoren gearbeitet? Haben sie eigene Beiträge geleistet, indem sie erläuternd in den Text eingriffen, Verbindungen oder Überleitungen schufen oder selbst ganze Textstücke formulierten? Welche Aussageabsicht leitete die Redaktoren? Schließlich geht es darum, die einzelnen Stadien der Entstehung und Bearbeitung der Texte zeitlich einzuordnen und sie bzw. ihre Verfasser ggf. bekannten theologischen Strömungen zuzuweisen.

Historisch-kritische Exegese gipfelt in einer Zusammenführung der einzelnen Schritte. Sie erschließt den Text damit historisch, indem sie seine Eigenart erfasst und erhellt, was der/die damalige(n) Verfasser seinerzeit sagen wollten, wie sie dies taten und in welchem historischen Kontext dies geschah.

*Alternative Zugänge.* Seit etwa 1970 erfolgt eine zunehmend kritische Wahrnehmung der traditionellen historisch-kritischen Forschung, was zum einen auf der Beobachtung beruht, dass sie nicht zu einhelligen Ergebnissen, sondern oftmals recht unterschiedlichen Entstehungsmodellen geführt hat; zum anderen auf einem Unbehagen angesichts immer detaillierterer und komplizierterer Analysen. Als Reaktion darauf vertreten manche Ansätze, die auf eine Rekonstruktion der Textentstehung (Diachronie) verzichten und stattdessen die Schriften in ihrer kanonischen Endgestalt als Einheiten (synchron) auslegen. Diese kanonische oder holistische (ganzheitliche) Auslegung ist vor allem in den USA verbreitet.

Ein breiterer alternativer Ansatz auch im deutschsprachigen Raum speist sich vor allem aus der neueren Literaturwissenschaft und sucht die dort entwickelten Texttheorien auf die biblischen Schriften anzuwenden, oftmals auch unter Berücksichtigung und als Ergänzung zu historisch-kritischen Methoden.

Aus dem breiten Spektrum von Zugängen, die eine moderne Fragestellung an die biblischen Texte herantragen, sollen hier nur zwei herausgegriffen werden: Feministische Exegese ist grundsätzlich an einer Lektüre aus weiblicher Perspektive interessiert (wie kommen Frauen und weibliche Belange in der Bibel vor?). Der Ansatz tritt in sehr verschiedenen Spielarten auf und verwendet sehr unterschiedliche Methoden – einschließlich der historisch-kritischen. Tiefenpsychologische Exegese basiert auf den Erkenntnissen Freuds und C. G. Jungs und wendet diese auf die Bibelexegese an, indem sie atl. (und ntl.) Texte analog zur Traumdeutung interpretiert.

## Literatur und Quellen

CHR. DOHMEN, Die Bibel und ihre Auslegung, BsR 2099, München 1998. – E. WÜRTHWEIN, Der Text des Alten Testaments, Stuttgart [5]1988. – E. TOV, Der Text der Hebräischen Bibel. Handbuch der Textkritik, Stuttgart 1997. – H.-J. FABRY, Der Text und seine Geschichte, in: E. Zenger u. a.: Einleitung in das Alte Testament, Stuttgart [4]2001, 36–65. – L. SCHMIDT, Art. »Literarkritik I. Altes Testament«, TRE 21 (1991), 211–222. – K. KOCH, Was ist Formgeschichte? Methoden der Bibelexegese, Neukirchen-Vluyn [5]1989. – H.-P. MÜLLER, Art. »Formgeschichte/Formenkritik«, TRE 11 (1983), 271–285. – O. KEEL, Das Recht der Bilder, gesehen zu werden, OBO 122, Fribourg/Göttingen 1992. – R. G. KRATZ, Art. »Redaktionsgeschichte, Redaktionskritik I. Altes Testament«, TRE 28 (1997), 367–378. – B.S. CHILDS, Introduction to the Old Testament as Scripture, Philadelphia 1979.

– W. Richter, Exegese als Literaturwissenschaft. Entwurf einer alttestamentlichen Literaturtheorie und Methodologie, Göttingen 1971. – Chr. Hardmeier/W.-D. Syring u. A. (Hg.), Ad Fontes! Quellen erfassen – lesen – deuten. Was ist Computerphilologie? Applicatio 15, Amsterdam 2000. – J. Hausmann, Feministische Exegese, in: S. Kreuzer/D. Vieweger, Proseminar I Altes Testament, Stuttgart/Berlin/Köln 1999, 169–177. – L. Schottroff/M.-T. Wacker (Hg.), Kompendium Feministische Bibelauslegung, Gütersloh ²1999. – E. Drewermann, Tiefenpsychologie und Exegese, Bd. I–II, Olten ⁸1990. – M. Oeming, Biblische Hermeneutik. Eine Einführung, Darmstadt 1998. – H. K. Berg, Ein Wort wie Feuer. Wege lebendiger Bibelauslegung, München/Stuttgart 1991.

## II. Anleitung zum Studium des Faches

### 1. Die Veranstaltungen

*Sprachkurse* dienen zuerst und vor allem dem Erlernen des biblischen Hebräisch. In der Regel führt der Sprachkurs, der sechs bis acht Stunden pro Woche umfasst und für den keine Voraussetzungen mitzubringen sind, in einem Semester zur Abschlussprüfung und damit zum Erwerb des »Hebraicum«. Der Sprachkurs befähigt dazu, alttestamentliche Texte in der Originalsprache zu verstehen und zu übersetzen und Übersetzungen beurteilen zu können. Für Lehramtsstudierende, die die Hebräischprüfung nicht ablegen müssen, bieten manche Fakultäten besondere Kurse an, die Einblick in das biblische Hebräisch vermitteln.

Interessierte können nach dem Hebraicum Hebräischkurse für Fortgeschrittene (»Hebräisch II«) besuchen, in denen die frisch erworbenen Sprachkenntnisse anhand von Textlektüre weiter vertieft und eingeübt werden. Innerhalb der theologischen Fakultäten werden außerdem gelegentlich zusätzliche Kurse durchgeführt, die mit weiteren westsemitischen Sprachen vertraut machen sollen. An erster Stelle steht hier das Biblisch-Aramäische, das dem Hebräischen sehr nahe steht und im AT selbst an einigen Stellen vertreten ist (Gen 31,47; Jer 10,11; Dan 2,4b–7,28; Esr 4,8–6,18; 7,12–26). Das Aramäische löste im 3. Jahrhundert in Palästina das Hebräische als Umgangssprache ab. Alttestamentliche Texte wurden von dieser Zeit an ins Aramäische übersetzt. Diese alten Übersetzungen, die Targume, sind bisweilen für die Textkritik bedeutsam. Auch das bisweilen angebotene Syrisch ist für das AT wegen der wichtigen syrischen Übersetzung, der Peschitta, von Interesse. Als weitere Sprachen kommen Phönizisch oder Ugaritisch hinzu, die Dokumente der Umwelt Israels zu erschließen helfen. Diese Sprachkurse, die sich eher an Fortgeschrittene wenden, sind empfehlenswert bei vertieftem Interesse an der Text- und Übersetzungsgeschichte des AT bzw. an seiner altorientalischen Umwelt.

Das *Proseminar* setzt das Hebraicum voraus sowie das Graecum (zumindest aber Griechischkenntnisse). Es vermittelt in erster Linie die Methoden der historisch-kritischen Exegese des AT, wird aber darüber hinaus den Blick auch auf alternative Zugänge richten. Manchmal sind Proseminare mit einem thematischen Schwerpunkt (ein atl. Buch oder Thema wie »Schöpfungstexte«) versehen. Die Veranstaltung soll zu eigener, vor allem historisch-kritischer Exegese anleiten, zu kritischer Beurteilung exegetischer Fachliteratur befähigen und zu kritischer Wahrnehmung exegetischer Methoden führen, d. h. Leistungen und Grenzen der historisch-kritischen Exegese aufzeigen und alternative Zugänge betrachten. Ein Proseminar erfordert regelmäßige Vorbereitung und Mitarbeit, häufig das Übernehmen kleinerer Aufgaben; in jedem Falle ist im Anschluss an das Proseminar eine Hausarbeit zu schreiben, in der anhand einer Textpassage historisch-kritische Methodenschritte selbstständig erprobt werden. Der für eine erfolgreiche Arbeit ausgestellte benotete Schein ist Zugangsvoraussetzung für das (Haupt)Seminar.

Das (Haupt)*Seminar* setzt die erfolgreiche Teilnahme am Proseminar voraus. Es befasst sich vertieft und im Detail mit einem Teilbereich aus dem Gesamtspektrum der atl. Wissenschaft. Dabei kann es ebenso um ein Buch gehen (»Das Deuteronomium«, »Hosea«), wie um den Teil einer Schrift (»Die Josefsgeschichte«, »Deuterojesaja«, »Klagepsalmen«) oder um einen thematischen Schwerpunkt (»Das Erste Gebot und der Monotheismus«, »Feste in Israel«, »Israel und die Völker«) einschließlich historischer, religionsgeschichtlicher oder archäologischer Fragestellungen. Im Seminar erwirbt man also Spezialwissen und lernt zugleich exemplarisch im Blick auf das AT insgesamt. Für Lehramtsstudierende werden eigene Seminare angeboten, die Hebräischkenntnisse nicht voraussetzen. Meist wird von Seminarteilnehmern abgesehen von regelmäßiger Mitarbeit eine Einzelleistung (Referat, Protokoll oder dgl.) erwartet. Auch im Anschluss an ein Seminar kann eine schriftliche Hausarbeit angefertigt werden, um einen benoteten Schein zu erhalten.

*Vorlesungen* stehen grundsätzlich allen Studierenden der Theologie offen. Unter den Vorlesungen sind zunächst die drei klassischen grundlegenden Überblicksvorlesungen zu nennen: Die »Einleitung in das AT« legt auf der Basis des historisch-kritischen Ansatzes im Überblick Textgeschichte sowie Entstehung des atl. Kanons und seiner einzelnen Bücher dar; die »Geschichte Israels« versucht, aufgrund der Texte des AT und außerbiblischer literarischer und archäologischer Zeugnisse die Geschichte Israels nachzuzeichnen. Geschichte Israels ist damit nicht einfach Nacherzählung der atl. Bücher, die die Septuaginta als »Geschichtsbücher« zusammenfasst (Gen – Dtn; Jos – 2 Kön; Chr, Esr/Neh), sondern kritische Betrachtung der einschlägigen atl. Texte im Vergleich mit außerbiblischem Material, um so die tatsächlichen historischen Ereignisse und Abläufe zu rekonstruieren, soweit dies möglich ist. Für diese beiden Vorlesungen sind – abgesehen von der Kenntnis bzw. spätestens der begleitenden Lektüre der Bibeltexte – keine Voraussetzungen zu erfüllen. Die Vorlesung »Theologie des AT« hingegen ist eine Veranstaltung für Fortgeschrittene, für die die Kenntnis der Texte selbst und das Wissen über ihre Entstehungsgeschichte und ihren historischen Kontext wichtig sind. Hier geht es um eine Zusammenschau der unterschiedlichen Stimmen, die in der Schriftensammlung des AT über die Jahrhunderte laut werden, und den Versuch, diese zu systematisieren. Gefragt wird nach einer theologischen Geistesgeschichte bzw. nach der Glaubensgeschichte Israels, wie das AT sie widerspiegelt. Zwei Aspekte sind dabei zu bedenken: Gibt es möglicherweise so etwas wie eine »Mitte« des AT, also eine Vorstellung oder ein Leitmotiv, das man als Kernstück atl. Glaubens bezeichnen könnte? Ist andererseits eine Entwicklung innerhalb der atl. Glaubenszeugnisse erkennbar? Kurz gesagt handelt es sich also um einen Versuch, die theologische »Botschaft« des AT zu ermitteln. Theologie des AT ist offen hin auf eine biblische Theologie, d. h. eine Theologie des gesamten christlichen Kanons. An dieser Stelle zeigt sich auch die Spannung zwischen dem AT als einem von seinem Ursprung her nicht-christlichen Buch und dem AT als Teil der christlichen Bibel.

Diese drei »systematischen« Vorlesungen bieten jeweils Überblick und kompakte Informationen, »Einleitung« und »Geschichte« liefern dabei

Grundwissen, das für vertiefende Studien von Einzelschriften und Spezialfragen unverzichtbar ist. Die Entwicklung der atl. Wissenschaft und ihrer Methoden selbst spielt dabei ebenfalls eine wichtige Rolle.

Zusätzlich werden exegetische Vorlesungen gehalten, in denen meist einzelne Bücher (»Genesis«, »Psalmen«) oder Schriftenkomplexe (»Das Deuteronomistische Geschichtswerk«, »Die Zwölf Propheten«, »Weisheit«) betrachtet werden. Gelegentlich gibt es auch Vorlesungen zu speziellen Themen aus den Bereichen Religionsgeschichte oder Archäologie. Bei regelmäßiger Teilnahme und begleitender Lektüre von Primärquellen und empfohlenen Forschungsbeiträgen wird man den größten Gewinn aus einer Vorlesung ziehen. Begleitend zur Vorlesung gibt es manchmal auch Übungen oder Tutorien, in denen die wichtigsten Texte, die in der Vorlesung vorkommen, in meist kleinerem Kreis gelesen oder übersetzt und besprochen werden.

Diese spezielleren Vorlesungen vermitteln vertiefte Kenntnisse und geben Detailfragen Raum. Hier lernt man biblische Bücher unter kundiger Anleitung genauer kennen, erlebt detaillierte Auslegung unter Berücksichtigung der Forschungsgeschichte und der gegenwärtigen Forschungslage mit und erfährt etwas über besondere Fragen und Probleme alttestamentlicher Wissenschaft an konkreten Beispielen. Auf diese Weise gibt es Anstöße zu eigener Arbeit, manche Studierende entdecken dabei eigene Vorlieben und Interessenschwerpunkte.

Auch für Vorlesungen gibt es die Möglichkeit eines Leistungsnachweises; eine Vorlesungsprüfung erfolgt in der Regel als mündliche Prüfung (seltener als Klausur) meist über einen Teil des dargebotenen Vorlesungsstoffes. Eine derartige Prüfungsleistung ist meist im Zusammenhang mit der Zwischenprüfung zu erbringen.

Als *Übungen* werden Veranstaltungen ganz unterschiedlicher Art ausgewiesen. Formal sind etwa Sprachkurse Übungen. Ebenfalls in Gestalt einer Übung, der »Bibelkunde des AT« erwirbt man grundlegendes Bibelwissen, d. h. einen Überblick über Gliederung und Inhalte der atl. Schriften sowie wichtige Motive und Themen im AT. Hier lernt man, sich in der Bibel zurechtzufinden (»Was steht wo?«). Es handelt sich um eine lernintensive Veranstaltung, die mit einer Prüfung (»Biblicum«) zu enden pflegt; sie vermittelt unverzichtbares Grundwissen für alles spätere exegetische Arbeiten.

Der thematischen Vielfalt im Bereich der Übungen sind keine Grenzen gesetzt. Häufig haben sie speziellere Gebiete oder Fragestellungen
zum Gegenstand, die über das erforderliche Standardprogramm hinaus-
gehen und daher gut geeignet sind, um Spezialkenntnisse zu erwerben
und eigene Interessen und Schwerpunkte innerhalb des Faches zu entdecken oder zu pflegen.

## 2. Wie studiere ich das Fach?

Für Theologiestudierende ist der möglichst frühzeitige Erwerb der hebräischen Sprache (sowie des Griechischen) und des atl. Basiswissens in
Gestalt der Bibelkunde (»Biblicum«) vorrangig, um so das grundlegende
Handwerkszeug für alles Weitere zur Verfügung zu haben. Zu bedenken
ist, dass die einmal erworbenen Sprachkenntnisse während des gesamten
Studiums lebendig erhalten werden sollten, einerseits weil sie für ein
sinnvolles Studieren, andererseits weil sie für die Examensleistungen
(Übersetzung in der Klausur, mündliche Prüfung) nötig sind. Im Rahmen atl. Veranstaltungen besteht zwar die Möglichkeit, das Hebräische
zu aktivieren. Doch sollte man sich darüber hinaus selbst in die Pflicht
nehmen, die Sprachkenntnisse – auch des Griechischen – zu pflegen, etwa durch regelmäßige Übersetzungsübungen.

Auch das Proseminar, in dem exegetische Methoden einschließlich
Textkritik und Kenntnissen der Textgeschichte vermittelt werden, hat seinen Platz in den ersten Studiensemestern. Es stellt vor allem die historisch-kritische Arbeitsweise vor, die – trotz aller Akzentverschiebungen
und Modifizierungen – nach wie vor die atl. Exegese zumindest im
deutschsprachigen sowie im skandinavischen, niederländischen und teilweise im angelsächsischen Raum stark prägt, wenn nicht bestimmt.
Selbst wenn man diese Methode grundsätzlich oder in Teilen kritisch
beurteilt, muss man damit vertraut sein, weil der größere Teil der exegetischen Fachliteratur diese Arbeitsweise anwendet und alternative Zugänge sich oftmals kritisch darauf beziehen und davon absetzen.

Es empfiehlt sich, sich während des Grundstudiums das Überblickswissen über die »Einleitung« und »Geschichte Israels« anzueignen, am
einfachsten und besten durch den Besuch der gleichnamigen Vorlesun-

gen, notfalls durch eigenständige Lektüre. Im Einzelnen wird der genaue Zeitpunkt des Besuchs der genannten Veranstaltungen im Grundstudium mit den entsprechenden Angeboten im NT abzustimmen sein; denn es ist davon abzuraten, etwa an zwei Sprachkursen oder exegetischen Proseminaren gleichzeitig teilzunehmen.

Zwar bestimmt der Erwerb der genannten Grundkenntnisse und des Überblickswissens das Grundstudium, doch sollte dies keineswegs daran hindern, ggf. zusätzlich Übungen zu besuchen, wenn die dort gebotenen Gegenstände attraktiv erscheinen. Möglicherweise ergeben sich so bereits eigene Interessenschwerpunkte.

Das Hauptstudium nach der Zwischenprüfung wird stärker vom Erwerb von Spezialwissen bestimmt (abgesehen von der in dieser Studienphase zu empfehlenden Vorlesung »Theologie des Alten Testaments«). Deshalb hat der Besuch des (Haupt)Seminars, den die Prüfungsordnungen fordern, hier in der Regel seinen Ort. Da die meisten Prüfungsordnungen für die Examensprüfung abgesehen von Überblickswissen vertiefte Kenntnisse auf jeweils einem Gebiet der drei hebräischen Kanonteile – also Pentateuch, Propheten (d. h. Vordere und Hintere Propheten, nämlich Josua, Richter, Samuel- und Königebücher und Schriftpropheten!) und Schriften – vorsehen, sollte man aus dem Angebot an Seminaren, Übungen und exegetisch-thematischen Vorlesungen so auswählen, dass möglichst jeder der drei Schriftbereiche mit einem spezielleren Thema einmal durch Besuch einer Veranstaltung vertreten ist. So wird sichergestellt, dass man mit Anregungen und Lektürevorschlägen für eigene Weiterarbeit und Vertiefung ausgestattet wird.

Gegen Ende des Studiums bleibt als unmittelbare Examensvorbereitung ein Auffrischen des Überblickswissens aus dem Grundstudium und das Erarbeiten der Spezialthemen für die Schlussprüfung, die sich im Idealfall aus den besuchten Veranstaltungen ergeben haben.

## III. Literatur

### 1. Zeitschriften, Lexika, Reihen

#### 1.1 Zeitschriften

Gängige rein alttestamentliche Zeitschriften

| | |
|---|---|
| ZAW | Zeitschrift für die Alttestamentliche Wissenschaft, Berlin 1,1881 ff. |
| VT | Vetus Testamentum, Leiden 1, 1951 ff. |
| JSOT | Journal for the Study of the Old Testament, Sheffield 1, 1976 ff. |

Zeitschriften, die Beiträge zum AT und NT enthalten:

| | |
|---|---|
| Bibl | Biblica, Rom 1, 1920 ff. |
| BN | Biblische Notizen, Bamberg, München 1, 1976 ff. |
| BZ | Biblische Zeitschrift, Paderborn 1, 1903 ff.; N. F. 1, 1957 ff. |
| CBQ | Catholic Biblical Quarterly, Washington, DC 1, 1939 ff. |
| JBL | Journal of Biblical Literature, Philadelphia, Pa. 9, 1890 ff. |
| RB | Revue Biblique, Paris 53, 1946 ff. |

Vgl. ferner die allgemeinen theologischen Zeitschriften, die häufig exegetische Beiträge enthalten:

| | |
|---|---|
| ThLZ | Theologische Literaturzeitung, Leipzig 1, 1876–69, 1944; 72, 1947 ff. |
| ThR | Theologische Rundschau, Tübingen 1, 1897/98–20, 1917; N. F. 1, 1929–1916, 1944; 17, 1948/49 ff. |
| ThZ | Theologische Zeitschrift, Basel 1, 1945 ff. |
| ZThK | Zeitschrift für Theologie und Kirche, Tübingen 1, 1891 ff.; N. F. 47, 1950 ff. |

#### 1.2 Lexika und Nachschlagewerke

Wörterbücher

W. Gesenius, Hebräisches und aramäisches Handwörterbuch über das Alte Testament, bearbeitet von Frants Buhl, unveränderter Neudruck der 1915 erschienenen 17. Aufl., Berlin/Göttingen/Heidelberg 1962.

L. Köhler/W. Baumgartner, Hebräisches und aramäisches Lexikon zum Alten Testament, neu bearbeitet von W. Baumgartner/B. Hartmann/E.Y. Kutscher, Bd. I–V, Leiden $^3$1967–1995 (HAL).

J. Lust/E. Eynikel/K. Hauspie, A Greek-English Lexicon of the Septuagint, Stuttgart Bd. I 1992; Bd. II 1996.

## Grammatiken

W. Gesenius/E. Kautzsch, Hebräische Grammatik; Nachdr. Darmstadt 1991.

R. Meyer, Hebräische Grammatik, Nachdr. Berlin/ New York 1992.

B. K. Waltke/M. P. O'Connor, An Introduction to Biblical Hebrew Syntax, Winona Lake, Indiana 1990.

## Konkordanzen

G. Lisowsky, Konkordanz zum Hebräischen Alten Testament, Stuttgart [2]1981.

S. Mandelkern, Veteris Testamenti Concordantiae Hebraicae atque Chaldaicae, Graz 1975.

E. Hatch/H. A. Redpath, A Concordance to the Septuagint and other Greek Versions of the Old Testament, I–III, Nachdr. Graz 1975.

Computerkonkordanzen: Accordance (für Apple Macintosh); Bible Works (für Windows); Quest 2, Stuttgarter elektronische Studienbibel.

## Theologische Wörterbücher

THAT    E. Jenni/C. Westermann, Theologisches Handwörterbuch zum AT, Gütersloh Bd. I [5]1994, Bd. II [4]1993 .

ThWAT   G. J. Botterweck/H. Ringgren/H.-J. Fabry, Theologisches Wörterbuch zum AT, Bde. I–VIII, Stuttgart/Berlin/Köln/Mainz 1973–1995.

## Bibellexika

BHH     B. Reicke/L. Rost, Biblisch-Historisches Handwörterbuch, Bd. I–IV, Göttingen 1962–1979.

NBL     M. Görg/B. Lang, Neues Bibel-Lexikon, Zürich 1991 ff.

ABD     D. N. Freedman (Hg.), Anchor Bible Dictionary, Bd. I–VI, New York 1992 (als CD-ROM 1997).

## Historische Atlanten

J. B. Pritchard, Herders großer Bibelatlas, Deutsche Ausgabe von O. Keel und M. Küchler, zuletzt als Sonderausgabe Freiburg/Basel/Wien [2]2002.

W. Zwickel, Calwer Bibelatlas, Stuttgart 2000.

## Biblische Archäologie

V. Fritz, Einführung in die biblische Archäologie, Darmstadt 1985.

## Quellensammlungen

O. Kaiser (Hg.), Texte aus der Umwelt des Alten Testaments (TUAT), Gütersloh 1, 1982 ff.

J. Renz/W. Röllig, Handbuch der althebräischen Epigraphik, Bd. I–III, Darmstadt 1995–2003.

W. G. Kümmel/H. Lichtenberger (Hg.), Jüdische Schriften aus hellenistisch-römischer Zeit, Gütersloh 1973 ff.

Discoveries in the Judean Desert (DJD), Oxford 1, 1955 ff.

J. Maier, Die Qumran-Essener. Die Texte vom Toten Meer, Bd. I–III, München/Basel 1995–1996.

J. B. Pritchard, The Ancient Near East in Pictures Relating to the Old Testament, Princeton ²1969.

## Bibliografien

| | |
|---|---|
| EBB | Elenchus Bibliographus Biblicus, Rom. |
| IZBG | Internationale Zeitschriftenschau für Bibelwissenschaft und ihre Grenzgebiete, Düsseldorf 1, 1951/52 ff. |
| BILDI | Bibelwissenschaftliche Literaturdatenbank Innsbruck: http://bildi.uibk. ac.at/search/index.html |
| ISATEX | Informationsstelle für alttestamentliche Exegese: www.isatex.de |

## 1.3 Wichtigste Reihen

## Kommentarreihen:

| | |
|---|---|
| ATD | Das Alte Testament Deutsch. Neues Göttinger Bibelwerk. Göttingen 1949 ff. |
| BK | Biblischer Kommentar, Neukirchen-Vluyn 1955 ff. |
| HAT | Handbuch zum Alten Testament, Tübingen 1934 ff. |
| HThKAT | Herders Theologischer Kommentar zum Alten Testament, Freiburg i. Br. 1999 ff. |
| NEB | Die Neue Echter Bibel, Würzburg 1, 1980 ff. |
| ZB | Zürcher Bibelkommentare, Zürich 1, 1976 ff. |

Aus der Fülle der angelsächsischen Kommentarreihen seien herausgegriffen:

AncB     Anchor Bible, Garden City, N.Y. 1, 1964 ff.
ICC      International Critical Commentary, Edinburgh 1895 ff.
         Word Biblical Commentary, Waco/Texas 1982 ff.

Reihen, in denen Monografien, Aufsatzsammlungen und Festschriften erscheinen:

AThANT  Abhandlungen zur Theologie des Alten und Neuen Testaments, Zürich 3, 1944 ff.
BZAW    Beihefte zur Zeitschrift für die Alttestamentliche Wissenschaft, Berlin 1, 1896 ff.
BBB      Bonner Biblische Beiträge, Bonn 1, 1950 ff.
FAT      Forschungen zum Alten Testament, Tübingen 1, 1991 ff.
Fzb      Forschungen zur Bibel, Würzburg 1, 1972 ff.
FRLANT  Forschungen zur Religion und Literatur des Alten und Neuen Testaments, Göttingen 1, 1910 ff.
JSOT.S   Journal for the Study of the Old Testament Supplement Series, Sheffield 1, 1976 ff.
OBO     Orbis biblicus et orientalis, Freiburg, Schweiz/Göttingen 1, 1973 ff.
SBL.DS   Society of Biblical Literature Dissertation Series, Missoula 1, 1972 ff.
TB       Theologische Bücherei, München 1, 1953 ff.
VT.S     Vetus Testamentum Supplements, Leiden 1, 1953 ff.
WMANT  Wissenschaftliche Monografien zum Alten und Neuen Testament, Neukirchen-Vluyn 1, 1960 ff.

## 2. Zur Anschaffung empfohlene Bücher

Bibelkunde

*M. Rösel, Bibelkunde des Alten Testaments, Neukirchen-Vluyn [2]1999.* Das Buch bietet jeweils wesentliche Informationen über die einzelnen atl. Schriften einschließlich der Apokryphen. Übersichtskästchen verdeutlichen Gliederungen und Hauptinhalte. Hinzu kommen knappe Hinweise zur Entstehung der Schrift. Die zusätzlichen Themenkapitel stellen übergreifende Themen (z. B. »Bund«, »Schöpfung«, »Messianische Texte«) vor und liefern kurze Einblicke in Israels Geschichte. Der in diesem Buch gebotene Stoff bietet das für den Anfang zu beherrschende Minimum. Ausführlicher, detaillierter und zum Selbststudium gut geeignet: *M. Augustin/J. Kegler, Bibelkunde des Alten Testaments, Gütersloh ²2000.*

Textgeschichte

*E. Würthwein, Der Text des Alten Testaments. Eine Einführung in die Biblia Hebraica, Stuttgart ⁵1988,* informiert kompakt über die Textgeschichte und charakterisiert dabei die wichtigsten hebräischen Handschriften und alten Übersetzungen, so dass der Leser bei der Arbeit mit der Biblia Hebraica zu eigenen textkritischen Urteilen befähigt wird. Der Abbildungsteil präsentiert eine Auswahl der behandelten Manuskripte. Ergänzend ist empfehlenswert: *R. Hanhart, »Septuaginta«, in: W. H. Schmidt/W. Thiel/R. Hanhart, Altes Testament. Grundkurs Theologie Bd. 1, Stuttgart/Berlin/Köln/Mainz 1989, 176–196.* Beide Werke sind als Begleitung zum Proseminar sinnvoll. Als Hilfe zur Analyse des kritischen Apparates der Biblia Hebraica ist zudem nützlich: *R. Wonneberger, Leitfaden zur Biblia Hebraica Stuttgartensia, Göttingen ²1986.*

Einleitung

Die beiden schmalen Bände: *Chr. Levin, Das Alte Testament, München 2001,* und *R. G. Kratz, Die Propheten Israels, München 2003,* bieten schnelle und zugleich fundierte Information. Levins Buch stellt eine Einleitung *en miniature* dar, die zugleich ein Modell israelitischer Literaturgeschichte entwirft, das zum Nachdenken einlädt. Kratz widmet sich dem Kanonteil »Propheten« und behandelt zunächst knapp das Phänomen der Prophetie sowie Prophetendarstellungen in den Samuel- und Königebüchern, um sich dann ausführlicher der Schriftprophetie zuzuwenden.

*E. Zenger, u. a., Einleitung in das Alte Testament, Stuttgart ⁴2001.* Das von einem Autorenkollektiv 1995 erstmals herausgebrachte Buch hat seither mehrere Auflagen erlebt und ist insofern auf dem neuesten Stand. Neben einer allgemeinen Einleitung werden jeweils einführende Abschnitte zu Pentateuch, Geschichtsbüchern, Weisheit und Prophetie (jeweils einschließlich der Apokryphen) geboten; die Kapitel zu den Einzelschriften folgen jeweils dem Muster: Aufbau, Entstehung, geschichtlicher Kontext, Schwerpunkte der Theologie, Relevanz. In den Abschnitten zur Entstehung, dem Kern der »Einleitung« werden knapp klassische und neuere Theorien dargestellt, doch gibt es auch eigene Entwürfe wie das »Münsteraner Pentateuchmodell«. Die Aktualität dieser Darstellungen sowie die Literaturangaben machen die Stärke dieses Bandes aus.

Geschichte Israels

*H. Donner, Geschichte des Volkes Israel und seiner Nachbarn in Grundzügen, ATD Ergänzungsreihe Bd. 4/1 und 4/2, Göttingen ³2000,* bietet einen fundierten Einblick in die Geschichte Israels von den Anfängen bis zur Perserzeit. Da Donner allerdings die Perserzeit nur knapp behandelt, sollte man für diese Epoche und die hellenistische Zeit die darstellenden Abschnitte hinzunehmen aus: *J. Maier, Zwischen den Testamenten. Geschichte und Religion in der Zeit des Zweiten Tempels, Neue Echter Bibel Ergänzungsbd. 3 zum AT, Würzburg 1990.* Als Ergänzung für die Perspektive der Umwelt Israels empfiehlt sich ferner der kompakte Überblick bei: *E. A. Knauf, Die Umwelt des Alten Testaments, Neuer Stuttgarter Kommentar Altes Testament 29, Stuttgart 1994.*

Theologie des AT

Auf diesem schwierigen Gebiet sollte man auf jeden Fall zwei verschiedene Entwürfe kennen lernen und sich kritisch damit auseinander setzen. Immer noch empfehlenswert ist das zweibändige, erstmals 1960 publizierte Werk: *G. von Rad, Theologie des Alten Testaments. Bd. 1: Die Theologie der geschichtlichen Überlieferungen Israels, KT 2, Gütersloh [10]1992; Bd. 2: Die Theologie der prophetischen Überlieferungen Israels, KT 3, Gütersloh [10]1993.* (Dem dritten Kanonteil hat sich von Rad 1970 gewidmet: *Weisheit in Israel, Gütersloh 1992*). Selbst wenn manches Element, das von Rad voraussetzt, indessen in die Diskussion geraten ist, handelt es sich um einen immer noch sehr lesenswerten, leicht verständlichen und in sich geschlossenen Entwurf auf der Grundlage der Tora und der Propheten, welcher den heilsgeschichtlichen Aspekt stark macht. Als weitere Darstellung kommt in Betracht: *W. Zimmerli, Grundriss der alttestamentlichen Theologie, Theologische Wissenschaft 3,1, Stuttgart/Berlin/Köln* [6]*1989.* Hier liegt der Akzent auf der Begegnung Gottes mit den Menschen.

Arbeitsbücher

*H. J. Boecker/H.-J. Hermisson/J. M. Schmidt/L. Schmidt, Altes Testament, Neukirchener Arbeitsbücher, Neukirchen-Vluyn* [5]*1996.* Das Autorenkollektiv präsentiert eine Auswahl von je sieben geschichtlichen und exegetisch-literarischen sowie vier theologisch-systematischen Themen. Die Kapitel bieten kompakte Informationen einschließlich der Darlegung v. a. klassischer und ausgewählter jüngerer Forschungspositionen. Zwar umfasst die Auswahl wichtige Themen, doch ist sie insbesondere im dritten Teil nicht erschöpfend, so dass Studierende sich – etwa zur Examensvorbereitung – nicht allein auf dieses Buch stützen können. Es ist jedoch geeignet, vertiefte Einblicke in die ausgewählten Themen zu gewinnen; Fragen und Aufgaben zur Weiterarbeit fordern mit Literaturangaben zu eigenständigem Arbeiten auf.

Angekündigt ist als UTB-Band: *H.-C. Schmitt, Arbeitsbuch Altes Testament, Göttingen.*

Quellensammlungen

*W. Beyerlin (Hg.), Religionsgeschichtliches Textbuch zum Alten Testament, ATD Ergänzungsreihe Bd. 1, Göttingen* [2]*1985.* Handliche Auswahl der wichtigsten, religionsgeschichtlich relevanten Texte aus Israels Umwelt zuzüglich einiger weniger Abbildungen.

Bücher zur Methodik

*O. H. Steck, Exegese des Alten Testaments. Leitfaden der Methodik, Neukirchen-Vluyn* [14]*1999.* Dieses schon klassisch zu nennende Lehrbuch, das in Proseminaren häufig zu Grunde gelegt wurde und wird, aber auch zu eigenständiger Lektüre geeignet ist, informiert nach wie vor am besten über die historisch-kritischen Fragestellungen und Methodenschritte. *H. Utzschneider/S. A. Nitsche, Arbeitsbuch literaturwissenschaftliche Bibelaus-*

*legung, Gütersloh 2001* und *Chr. Hardmeier, Textwelten der Bibel entdecken, Textpragmatische Studien zur Hebräischen Bibel Bd. 1,1, Gütersloh 2003*, bieten neuere Entwürfe zur Methodik, die von literaturwissenschaftlichen Ansätzen ausgehen und insofern ergänzende Aspekte einbringen.

# Neutestamentliche Wissenschaft

## Von Friedrich Wilhelm Horn

## I. Was ist Neutestamentliche Wissenschaft?

### 1. Entstehung des Faches

Die neutestamentliche Wissenschaft oder die neutestamentliche Exegese als eine von mehreren theologischen Disziplinen ist in der heutigen Form eine Frucht der Aufklärungszeit. Zwei wesentliche Grundentscheidungen stehen an der Wiege dieser Disziplin. Einerseits wird von etlichen Aufklärungstheologen eine eigenständige Biblische Theologie gefordert, die sich nicht am kirchlichen Lehrsystem orientiert. Hier ist vor allem auf die berühmte Antrittsrede Johann Philipp Gablers aus dem Jahr 1787 an der Universität Altdorf zu verweisen, in der er programmatisch zwischen der biblischen Theologie als einer historischen Disziplin und der dogmatischen Theologie als einer didaktischen Disziplin unterschied. Andererseits wird dieser historische Ansatz wenige Jahre später der Hebel, um die Biblische Theologie in eine alttestamentliche und eine neutestamentliche Wissenschaft aufzuspalten. Georg Lorenz Bauer verfasste im Jahr 1796 eine Theologie des Alten Testaments und in den Jahren 1800–1802 eine vierbändige Biblische Theologie des Neuen Testaments.

Eine ausgezeichnete Einführung in Person und Werk Gablers bieten K.-W. NIEBUHR/CHR. BÖTTRICH (HG.), Johann Philipp Gabler 1753–1816 zum 250. Geburtstag, Leipzig 2003. In diesem Buch ist auch die Antrittsrede in der lateinischen Fassung und in einer deutschen Übersetzung abgedruckt (15–41). O. MERK, Biblische Theologie des Neuen Testaments in ihrer Anfangszeit. Ihre methodischen Probleme bei Johann Philipp Gabler und Georg Lorenz Bauer und deren Nachwirkungen, MThSt 9, Marburg 1972, informiert umfassend über diese Übergangszeit.

Beide Grundentscheidungen begründen die neutestamentliche Wissenschaft und bestimmen ihre Arbeitsweise. Sie versteht sich als historische Disziplin und sie forscht und lehrt unabhängig von kirchlichen Vorgaben. Da innerhalb der reformatorischen Theologie das Verhältnis von kirchlicher Dogmatik und Schriftauslegung dahingehend umformuliert worden war, dass die Heilige Schrift als alleinige Grundlage und Norm der Kirche zu gelten habe, führte diese Entscheidung innerhalb der protestantischen Theologie zunehmend zu einer Aufwertung und Vorrangstellung beider bibelwissenschaftlicher Disziplinen innerhalb des Faches Evangelische Theologie.

Wesentliche Aussagen der Reformatoren zur Stellung der Heiligen Schrift innerhalb der Theologie und Kirche sind zusammengestellt bei E. Hirsch, Hilfsbuch zum Studium der Dogmatik, Berlin ³1958, 74–117. Innerhalb der scholastischen Theologie hatte es bereits im 12. und 13. Jahrhundert Auseinandersetzungen über die rechte Zuordnung der Bibelwissenschaft zur Tradition der Kirche gegeben.

Die Fragestellungen, Arbeitsweisen und Methoden, die Verortung im gesamtuniversitären Kontext, all dies hat sich in der zurückliegenden Geschichte neutestamentlicher Wissenschaft ausgebildet, so dass das Fach heute in seiner Prägung von dieser Forschungs- und Wissenschaftsgeschichte her begriffen werden muss. Die entscheidenden Bereicherungen verdankt das Fach den so genannten Nachbardisziplinen, deren Arbeitsweisen und Methoden es sich zu Eigen gemacht hat. Es sind dies klassischerweise die Altertumswissenschaft, die klassische Philologie und in begrenztem Umfang die Archäologie. Doch wurden schon im 19. Jahrhundert die Literaturwissenschaft und die Psychologie integriert, im 20. Jahrhundert dann die Soziologie und die Sozialgeschichte, bald auch unterschiedliche Modelle der Hermeneutik, seit Jahren verstärkt die gender-Forschung. Insgesamt ist eine zunehmende methodische Spezialisierung ebenso unverkennbar wie die Erwartung, von periodisch auftretenden und bald allgemein anerkannten Fragestellungen grundlegend neue Erkenntnisse innerhalb der Bibelwissenschaft zu empfangen. Diese Verknüpfung der neutestamentlichen Wissenschaft mit den anderen, an der Universität gelehrten Fächern ist vorbehaltlos zu begrüßen. Sie verhindert eine Selbstisolierung des Faches und belegt seinen wissenschaftlichen Anspruch.

## 2. Das Proprium des Faches

Das Proprium des Faches, d. h. Gegenstand und Methode der Erforschung des Neuen Testaments, wurde in der Vergangenheit unterschiedlich bestimmt. Der Gegenstand, das Neue Testament, scheint hierbei noch ein relativ unbestrittener Sachverhalt zu sein. Allerdings hat es in der Vergangenheit und auch in der Gegenwart immer wieder Stimmen gegeben, die nach einer Aufweitung des Faches über seinen engeren Gegenstand hinaus rufen. Einige möchten hierbei bewusst die in altkirchlicher Zeit fixierten und akzeptierten Kanongrenzen hinter sich lassen und für eine Aufweitung zur frühchristlichen Literatur, gelegentlich sogar zur frühjüdischen Literatur eintreten.

Programmatisch in dieser Hinsicht bereits im Jahr 1897: W. WREDE, Über Aufgabe und Methode der sogenannten Neutestamentlichen Theologie, Göttingen 1897; wieder abgedruckt in: G. STRECKER (HG.), Das Problem der Theologie des Neuen Testaments, WdF CCCLXVII, Darmstadt 1975, 81–154. Ein wesentliches Indiz für den angesprochenen Sachverhalt ist, dass führende protestantische Kommentarreihen zum Neuen Testament (Kritischer Exegetischer Kommentar, hg. v. D.-A. Koch, Göttingen. – Handbuch zum Neuen Testament, hg. v. A. Lindemann, Tübingen), Letzteres bereits seit 1920, Kommentierungen der sog. Apostolischen Väter in ihr Programm aufgenommen haben.

Andere möchten eine grundsätzliche Verschiebung hin zur allgemeinen Religionsgeschichte der frühchristlichen Zeit anstreben und dabei das Urchristentum konsequent im Rahmen der antiken Religiosität interpretieren.

Auch dieses Programm greift auf ältere Vorgaben zurück. Gegenwärtig wird es vehement vertreten von: H. RÄISÄNEN, Neutestamentliche Theologie? Eine religionswissenschaftliche Alternative (SBS 186), Stuttgart 2000 und DERS., Die frühchristliche Gedankenwelt. Eine religionswissenschaftliche Alternative zur »neutestamentlichen Theologie«, in: Chr. Dohmen/T. Söding (Hg.), Eine Bibel – zwei Testamente, Positionen Biblischer Theologie, Paderborn 1995, 253–265.

Beide Vorschläge blicken auf den Sachverhalt, dass faktisch die Arbeitsweise der neutestamentlichen Exegese sowohl mehrheitlich die Kanongrenzen überschreitet als auch selbstverständlich religionsgeschichtlich arbeitet. Ein mit beiden Anfragen nicht wirklich zu versöhnender dritter, gegenwärtig allerdings recht breit diskutierter Vorschlag fragt erneut nach einem canonical approach, also einer Theologie der Bibel Alten und Neuen Testaments.

Die unter canonical approach anzusprechenden Arbeiten sind von den älteren Bemühungen um eine Biblische Theologie (Gerhard von Rad, Hans-Joachim Kraus, Peter Stuhlmacher, Hartmut Gese) doch von ihrem Ansatz her zu unterscheiden. Ich verweise zunächst im Blick auf einen neutestamentlichen canonical approach auf den Beitrag von K.-W. Niebuhr, Exegese im Kanonischen Zusammenhang. Überlegungen zur Theologischen Relevanz der Gestalt des Neutestamentlichen Kanons, in: J.-M. Auwers/H. J. de Jonge (Hg.): The Biblical Canons, BEThL CLXIII, Leuven 2003, 557–584.

Ein wesentlicher weiterer Differenzpunkt ist, ob man die historischen, die literaturgeschichtlichen oder die theologischen Gesichtspunkte jeweils in den Mittelpunkt rückt oder ob man eine Verbindung, in der jeder dieser angesprochenen Aspekte zu seinem Recht kommt, anstrebt. Weil das Fach an allen universitären forschungs- und wissenschaftsgeschichtlichen Verschiebungen und Veränderungen teilhat und weil Methoden sich verändern, muss das Proprium, das sich aus der Verbindung von Gegenstand und Methode ergibt, stets neu gefunden und bestimmt werden.

Der engere Gegenstand der neutestamentlichen Wissenschaft erscheint auf den ersten Blick außerordentlich begrenzt. Gerade einmal 680 Druckseiten umfasst der neutestamentliche Text in der 27. Auflage des Novum Testamentum Graece, also der gegenwärtig führenden wissenschaftlichen Textausgabe des griechischen Neuen Testaments.[1] Doch werden Studierende schon nach kurzer Zeit bemerken, dass der Zugang zu diesem Buch ›Neues Testament‹ mit etlichen Barrieren verbaut ist. Wer die 27 Schriften, die in ihm versammelt sind, in der Originalsprache lesen möchte, muss zunächst die altgriechische Sprache erlernen, speziell das hellenistische Griechisch: die Koine. Alle neutestamentlichen Schriften sind ursprünglich in dieser Sprache verfasst. Allerdings greifen viele Schriften in zum Teil sehr hohem Maß auf das Alte Testament zurück. Welche Fassung zitieren sie? Haben sie eine hebräische bzw. aramäische schriftliche Vorlage, beziehen sie sich auf eine griechische Übersetzung,

---

1 Novum Testamentum Graece post Eberhard et Erwin Nestle editione vicesima septima revisa communiter ediderunt B. et K. Aland et alii, Stuttgart [27]1993 (= umgangssprachlich: Nestle-Aland).

etwa die Septuaginta (die LXX), ist ihnen der alttestamentliche Text (MT) etwa durch eine andere Textzusammenstellung (vergleichbar einem Lektionar, in dem Textteile zu einem spezifischen Gebrauch wie Taufe oder Katechese zusammengestellt sind) bekannt oder zitieren sie aus dem Gedächtnis? Wer diese Fragen verantwortet erkennen und beantworten möchte, wird dies nicht ohne weitere Sprachkenntnisse, also zumindest diejenige der hebräischen Sprache vollziehen können.

Das noch nicht abgeschlossene Werk Vetus Testamentum in Novo, hg. v. H. Hübner, Göttingen 1997 (Bd. II), 2003 (Bd. I/2) führt mittels einer Synopse (NT, LXX, MT) schnell in die Problemlage ein.

Freilich soll nicht bereits an dieser Stelle der Eindruck erweckt werden, das Studium der neutestamentlichen Wissenschaft führe in eine philologische Sackgasse. Es wird sogleich deutlich werden, dass das Studium des Neuen Testaments im Gegenteil den Blick öffnet für die Welt der Religion in einer denkbar großen Weite. Ohne dieses Nadelöhr der philologischen Zuwendung zu dem griechischen Text des Neuen Testaments wird diese Welt jedoch nicht wirklich betreten und erkannt werden können.

Das Neue Testament ist eine Zusammenstellung von insgesamt 27 Schriften unterschiedlicher Verfasser und Gattungen (Evangelien und Briefe, je eine Apostelgeschichte und eine Apokalypse) aus einem Zeitraum ausgehend von der Mitte des 1. Jahrhunderts bis in den Anfang des 2. Jahrhunderts.

Man kann noch weiter differenzieren. Teilweise gehen diese Schriften auf den Verfasser zurück, der sich in ihnen mit Namen vorstellt. Andere Schriften sind hingegen pseudepigraphe Schreiben, die wohl im Namen des angegebenen Verfassers erscheinen, aber nicht von ihm verfasst worden sind. Die Gattungen Brief und Apokalypse schließen sich an vorgegebene Gattungen der hellenistischen Zeit an, Evangelien und Apostelgeschichte sind hingegen in dieser Form christliche Schöpfungen ohne direkte Vorbilder. Es kann kein Zeitpunkt angegeben werden, zu dem für die gesamte Christenheit die Zusammenstellung genau dieser Schriften festgelegt worden wäre.

Kein altkirchliches Konzil hat den Textbestand des Kanons festgelegt. Ein relativer Konsens ist auf jeden Fall im 4. Jahrhundert gegeben, allerdings gibt es abweichende Schriftausgaben bis ins Mittelalter und manche orthodoxe Kirchen haben noch heute hinsichtlich des Umfangs und des Aufbaus einen etwas anderen Kanon als die westlichen Kirchen. Es ist spannend, diesen Prozess der Sammlung und der Abstoßung, letztlich aber der Kanonisierung der einzelnen Schriften sowie Fragen des Aufbaus und der Zuordnung in einem Buch zu verfolgen. Das Neue Testament ist in seinen einzelnen *Schriften* also eine Größe des 1. und des beginnenden 2. Jahrhunderts, in der vorliegenden Form einer *Schriftensammlung* in einem Buch aber ein Dokument der Alten Kirche.[2]

Ebenso aufregend kann es sein der Frage nachzugehen, welcher Text denn wohl ursprünglich in einer einzelnen Schrift zu lesen gewesen sei. Von keiner neutestamentlichen Schrift ist das Original erhalten.

Wir müssen versuchen, durch einen Vergleich der teilweise bis ins hohe Mittelalter reichenden Abschriften eine Rekonstruktion des vermuteten ursprünglichen Textes herzustellen. Der bereits angesprochene Nestle-Aland hat in einem Anhang die Codices Graeci et Latini (also die griechischen und lateinischen Handschriften), ihr vermutetes Alter, ihren gegenwärtigen Aufbewahrungsort und ihren exakten Textumfang zusammengestellt. Manche Papyri, etwa die ältesten aus dem 2. Jahrhundert, bieten nur wenige Verse. Erst die großen Codices, z. B. der berühmte Textfund des Sinaiticus (nach seinem Fundort benannt) aus dem 4. Jahrhundert, enthalten eine sog. Vollbibel.

In früheren Zeiten wurde die Rekonstruktion des vermuteten Urtextes im Studium eingeübt. Mittlerweile ist das zu beachtende Material durch Textfunde, durch Aufarbeitung bekannter Texte und durch neue textkritische Arbeitsweisen dermaßen angewachsen, dass die Arbeit am Institut für Neutestamentliche Textforschung in Münster/Westfalen nur noch von Spezialisten zu leisten ist. Doch sollte das Wissen um die wichtigsten angesprochenen textkritischen Probleme auch den Studierenden bewusst sein.

K. ALAND/B. ALAND, Der Text des Neuen Testaments. Einführung in die wissenschaftlichen Ausgaben sowie in Theorie und Praxis der modernen Textkritik, Stuttgart 1982. Informativ ist der Abschnitt über »Das Griechisch des Neuen Testaments« bei M. REISER; Sprache und literarische Formen des Neuen Testaments. Eine Einführung, Paderborn 2001, 29–49.

Das Neue Testament und die in ihm vereinten Schriften sind Dokumente der antiken griechisch-hellenistischen Literatur. Sie erschließen sich den gegenwärtig Studierenden in ihrer Eigenart, wenn sie in diesem Kontext

---

2 H. VON LIPS, Der neutestamentliche Kanon, Zürich 2004.

gelesen werden. Dies betrifft nicht nur die Sprache, sondern auch weitere literaturgeschichtliche Fragen. Ein neutestamentlicher Brief ist etwa hinsichtlich seines Aufbaus mit antiken Briefen zu vergleichen. Die Argumentation eines Briefs folgt bestimmten Mustern antiker Rhetorik. Die Johannesapokalypse ist nur ein Beispiel für eine breit belegte Literaturgattung apokalyptischer Schriften.

Über die literaturwissenschaftlichen Aspekte hinaus gehört es zum Proprium des Faches Neues Testament, die neutestamentliche Zeitgeschichte möglichst umfassend kennen zu lernen. Hierbei ist in einem engeren chronologischen Rahmen der Zeitraum von der makkabäischen Erhebung (2. Jahrhundert v. Chr.) bis zu den frühchristlichen Schriftstellern des ausgehenden 2. Jahrhunderts n. Chr. im Blick zu behalten. Politisch treten wir in den Raum des Imperium Romanum ein, welcher in dieser Zeit fast den gesamten Mittelmeerraum beherrschte, auf jeden Fall alle Provinzen, Landschaften und Städte, die als Wohnraum frühchristlicher Gemeinden angesprochen werden (Palästina, Syrien, Kleinasien, Bithynien-Pontus, Makedonien, Achaia, Italien u. a.).

Zeitgeschichtliche politische Aspekte begegnen bei der Lektüre des Neuen Testaments durchgehend. Die mit Alexander dem Großen einsetzende Hellenisierung aller Lebensbereiche in den unterworfenen oder abhängigen politischen Gebieten und die gleichzeitige Aufnahme orientalischer Kultur, beides setzte sich in römischer Zeit fort. Römische Politik, Kultur, Sitte, Münzprägung, Verwaltung, Ökonomie, römisches Recht, Militär, die gemeinsame Sprache der Koine und nicht zuletzt die vielfältigen Formen der Religion, all dies prägt die Zeit und lassen auch das frühe Christentum und seine Schriften an dieser Hellenisierung teilhaben. Zwar liegen seine Wurzeln in Palästina, da aber das Judentum in seiner Mehrheit kulturgeschichtlich nicht eine Separation von seiner hellenistischen Umwelt angestrebt hatte, war auch dieser Raum seit Jahrhunderten durchgehend hellenisiert worden.

Es gehört unabdingbar zum Studium des Neuen Testaments, diese Zeitgeschichte wahrzunehmen und die neutestamentlichen Schriften nicht als zeitlose Dokumente zu betrachten, sondern sie auf diesem Hintergrund zu interpretieren.

Damit soll jedoch keiner Konservierung des Neuen Testaments in den Raum der Antike das Wort geredet werden. Die neutestamentlichen Schriften erheben einen theologischen Anspruch, der über den eigenen Raum und die eigene Zeit hinausgeht. Viele Briefe richten sich nicht nur an einzelne Ortsgemeinden, sondern haben zugleich viele weitere Gemeinden im Blick. Die Evangelien schreiben nicht einfach eine Biografie Jesu, sondern verkünden Jesus Christus als den Herrn, dem alle Macht gegeben ist im Himmel und auf Erden (Mt 28,18). Natürlich kommt dieser theologische Anspruch bei den einzelnen Schriften in unterschiedlich starkem Maß zu Ausdruck. Der Philemonbrief wendet sich in seinem Präskript an eine konkrete Hausgemeinde, der 1. Korintherbrief bezieht über diese hinausgehend die gesamte Christenheit mit ein. In vollem Sinn ist dieser theologische Anspruch auch erst bei dem Kanon des Neuen Testaments gegeben. Das Wort Kanon bedeutet Maßstab, Richtschnur. Indem die 27 Einzelschriften zu diesem Kanon zusammengestellt werden, gibt die Kirche sich auf Dauer eine Richtschnur. Dieser Vorgang der Kanonisierung der 27 Schriften zu dem Corpus Neues Testament ist theologisch von höchster Relevanz. Es sind in diesem Dokument ja Schriften zusammengefügt, die durchaus in Spannung zueinander stehen und sich teilweise auch widersprechen. Vier Evangelien, die sich nicht einfach ergänzen, apostolische Briefe mit unterschiedlichen Schwerpunkten. Der Kanon ist folglich eine Richtschnur in dem Sinn, dass er die maßgebliche Lektüre für die Christenheit sein soll, nicht aber in dem Sinn, dass er in letzter Eindeutigkeit normativ verbindlich sein könnte.

Damit ist ein letzter Punkt erreicht, der zum Proprium des Studiums des Neuen Testaments gehört. Es geht um die Art und Weise der Begegnung mit dem Neuen Testament. Wie lese ich diese Schrift, wie kann ich ihre Aussagen und ihren theologischen Anspruch sachgemäß aufnehmen? Werde ich die historischen oder die literaturgeschichtlichen Aspekte in das Zentrum stellen oder nach dem theologischen Ertrag fragen? Wie bringe ich mich in diese Begegnung ein, welche Fragen und Erwartungen bringe ich mit?

Eine hervorragende Einführung in die hier nur kurz angedeuteten Probleme bieten P. MÜLLER, »Verstehst Du auch, was Du liest?« Lesen und Verstehen im Neuen Testament, Darmstadt 1994. – U. H. J. KÖRTNER, Der inspirierte Leser. Zentrale Aspekte biblischer Hermeneutik, Göttingen 1994.

Die Vorstellung, dass wir heute noch exakt nachzeichnen können, was etwa Paulus in einem Brief der damaligen Gemeinde hat sagen wollen, ist naiv. Über den vergangenen Autor wissen wir wenig, wir haben vornehmlich seinen Brief. Diesem begegnen wir in der Lektüre, allerdings in einer Sammlung weiterer Schriften, also in dem Neuen Testament. Unser Lesen ist also immer auch schon von vielen weiteren Informationen geleitet, die wir dem Neuen Testament entnehmen, die aber den damaligen Lesern nicht zugänglich waren. Halten wir also zunächst den Dreischritt fest: Der vergangene Autor – sein Brief, aufbewahrt in der Sammlung des Neuen Testaments – die gegenwärtige Rezeption. Da unsere Fragen nach dem theologischen Anspruch eines Textes immer von Interessen geleitet und in hohem Maße abhängig von aktuellen Trends und individuellen Vorlieben sind, wird man dies selbstkritisch bei der Lektüre bedenken müssen. Die exegetische Arbeit an einem Text, die ihn in seinem historischen antiken Kontext aufnimmt und interpretiert, ist ein unverzichtbares Gegengewicht gegen die Freigabe des Textes für die jeweilige individuelle gegenwärtige Rezeption.

## 3. Die Stellung des Faches im Gesamtzusammenhang der Theologie

Die Ausdifferenzierung des Studienfaches der Evangelischen Theologie in mehrere Unterfächer geht im Wesentlichen auf Grundentscheidungen in der Aufklärungszeit zurück.

Einen knappen Überblick vermittelt S. WIEDENHOFER, Art. »Theologie IV. Untergliederung der Th.«, LThK IX [3]2000, 1440–1441; außerdem der Abschnitt »Die Ausdifferenzierung der Theologie als Ergebnis einer historischen Entwicklung« bei H.-M. GUTMANN/N. METTE, Orientierung Theologie. Was sie kann, was sie will, Hamburg 2000, 117–128.

Es war dies einerseits die bereits angesprochene Abhebung der Biblischen von der Dogmatischen Theologie, andererseits wiederum die Aufteilung der Bibelwissenschaft in die Disziplinen der Alttestamentlichen und der Neutestamentlichen Exegese. Im Kontext der in der Neuzeit anhaltenden weiteren Ausdifferenzierung von Theologie, Kirche und Gesellschaft kamen zu den klassischen Disziplinen weitere Fächer hinzu bzw. wurden diese anerkannten Fächer durch weitere Unterfächer abgestützt und ergänzt, oder es wurden bestimmte Aufgaben in Institute ausgelagert, welche die notwendigen wissenschaftlichen Voraussetzungen für die Arbeit mitbrachten. Im Blick auf die Neutestamentliche Wissenschaft wäre dies etwa die Christliche Archäologie, die den gesamten frühchristlichen Zeitraum auch jenseits der Kanongrenze abdeckt, oder die in dem Institut für neutestamentliche Textforschung in Münster betriebene Arbeit. Innerhalb der Forschung setzen fast alle Lehrenden früh Schwerpunkte, indem sie etwa insbesondere innerhalb der Synoptischen Evangelien, der paulinischen Briefliteratur oder dem Corpus Johanneum arbeiten. Weitere Schwerpunktsetzungen bieten sich in Form von Fragestellungen wie der Sozial- oder Religionsgeschichte oder von übergreifenden Themen wie der Frage der Sakramente, der Ämter oder der Christologie. All diese hier nur knapp angerissenen Ausdifferenzierungen innerhalb des einen Faches der neutestamentlichen Wissenschaft sind im Blick zu behalten, wenn jetzt nach der Stellung des Faches im Gesamtzusammenhang der Theologie gefragt wird.

Die klassische Anordnung der einzelnen theologischen Disziplinen von Altes Testament über Neues Testament, gefolgt von der Kirchengeschichte, sodann der Dogmatik und Ethik bis hin zur Praktischen Theologie folgt einerseits einem eher chronologischen Schema, hat andererseits einen Zug von den historischen Grundlagen der Kirche bis hin zu ihrer Anwendung. Sie hat sich zunächst aus der in der Aufklärungszeit vollzogenen Aufspaltung der Theologie in die Bibelwissenschaft und die Dogmatik bzw. Didaktik ergeben.

Die Vorrangstellung der Bibelwissenschaft war lange Zeit begünstigt durch die Voraussetzung einer strengen Inspirationsvorstellung. Ihr zufolge ist die Heilige Schrift nicht einfach hinsichtlich ihrer Botschaft, sondern in Buchstabe, Punkt und Komma von Gott diktiert worden. In der altprotestantischen Orthodoxie des frühen 18. Jahrhunderts erreichte diese Gestalt der Inspirationslehre ihren Höhepunkt; vgl. dazu den knappen Überblick bei W. BRÄNDLE, Art. »Inspiration/Theopneustie III. Kirchen- und theologiegeschichtlich«, RGG[4] 4, Tübingen 2001, 169–171. Auch wenn die Aufklärung und die weitere Forschung zunehmend die Inspirationsvorstellung in dieser strengen Form ausgehöhlt, ja erschüttert haben, so findet sie dennoch bis heute immer wieder Befürworter.

Blicken wir auf eine neuere Aussage zu Anordnung und Reihenfolge der theologischen Disziplinen. Gerhard Ebeling hat ein Modell vorgestellt, »in dem die Hauptbewegung vom Neuen Testament als dem Kern des Ganzen über Bereiche, die davon z. T. scheinbar weit entfernt sind, zu einer Gesamtbesinnung auf das Ganze der Theologie führt. Im Einzelnen verläuft die Reihenfolge von der neutestamentlichen zur alttestamentlichen Wissenschaft, von da zur Religionswissenschaft und Philosophie, denen die Kirchengeschichte als universalste theologische Disziplin folgt. Sodann öffnet sich das weite Feld von Natur- und Geisteswissenschaften sowie Humanwissenschaften. Damit tritt der Durchgang durch die Disziplinen in seine Schlussphase ein. Als ein Nachdenken über die theologische Gesamtverantwortung beginnt er mit der Praktischen Theologie und schreitet von dort über Dogmatik und Ethik weiter zur Fundamentaltheologie.«[3] Ebeling erklärt zwar diese Anordnung für »grundsätzlich variabel«, sie erhebe allerdings den Anspruch, »etwas von der lebendigen Bewegtheit theologischer Aufgabe erkennbar werden zu lassen« (12). Auch dieses Modell setzt bewusst bibelwissenschaftlich ein, betont aber ebenso deutlich die Notwendigkeit der Verknüpfung der einzelnen Disziplinen. Eine Werteskala oder ein ranking unter den theologischen Fächern steht daher im Widerspruch zur Einheit der Theologie. Diese ist nicht zwanghaft beständig zu thematisieren oder gar herzustellen, wohl aber im Bewusstsein zu halten.

## 4. Fragerichtungen des Faches

Während Methoden nachprüfbar auf einen begrenzten Forschungsgegenstand bezogen sind, benennt die Fragerichtung des Faches grundsätzlich den Rahmen, in dem die Wissenschaft sich bewegt. Im Blick auf das Neue Testament scheinen mir drei Aspekte wesentlich zu sein:

Erstens: Die Neutestamentliche Wissenschaft hat eine historische Zielsetzung. Dies ist schon mit ihrem Ausgangspunkt, der in einer Sammlung antiker Quellen besteht, vorgegeben. Die historische Fragestellung bezieht sich auf die vergangene Welt der neutestamentlichen Schriften und wehrt ein ungeschichtliches Verständnis ab. Sie ordnet die Aussagen der Texte ein in die reale Geschichte, in politische, kulturelle, soziale Zusammenhänge. Sie wird, wenn etwa über die Tempelreinigung

---

3 G. Ebeling, Studium der Theologie. Eine enzyklopädische Orientierung, Tübingen 1977, 11 f.

Jesu gehandelt wird (Mk 11,15 f.), sich möglichst präzise über den hero-
dianischen Tempel in Jerusalem informieren, seine politische, religiöse
und ökonomische Funktion. Sie wird, wenn Paulus zur Unterordnung
unter die Obrigkeit auffordert (Röm 13,1), nach der konkreten Gestalt
von Obrigkeit im Imperium Romanum fragen und Formen der Unterordnung benennen.

Zweitens: Die Begegnung mit Texten erfordert immer eine literaturgeschichtliche Reflexion darüber, wie man ihnen angemessen begegnen
kann. Dies bezieht sich etwa auf die Sprache der Texte, die in ihnen vorliegenden Sprachformen und Gattungen, auf rhetorische Zielsetzungen,
auf das Verhältnis des Autors zu den Adressaten. Wer eine Apokalypse
schreibt, wählt mit dieser relativ fest gefügten Literaturgattung bestimmte Möglichkeiten und schließt andere aus. Die literaturgeschichtliche
Analyse betrachtet jeden neutestamentlichen Text im Rahmen antiker
Literaturgeschichte.

Drittens: Schließlich schlägt die theologische Fragerichtung, die nicht
isoliert von den historischen und literaturgeschichtlichen Erkenntnissen
argumentiert, die Brücke zur gesamttheologischen Aufgabe. In den neutestamentlichen Schriften stoßen wir auf die erste Entfaltung eines
christlichen Bewusstseins und können gleichzeitig die neutestamentlichen Schriften lesen als Dokumente der Selbstfindung dieses Bewusstseins. Mit der Zusammenstellung der 27 Schriften zu einem Kanon hat
die Kirche sich eine Norm gegeben, die für ihre Theologie eine grundlegende Bedeutung hat.

## 5. Gliederung des Faches

Ich beschreibe zunächst die klassischen Aufgaben, die über Jahrzehnte
Forschung, Lehre und Publikationen bestimmten und dadurch zu einer
Gliederung des Faches beigetragen haben. Eine Einleitung des Neuen
Testaments behandelt historisch und literaturgeschichtlich die einzelnen
neutestamentlichen Schriften, sie stellt die textkritischen Probleme dar
und verfolgt die Geschichte der Kanonwerdung. In den vergangenen Jah-
ren hat sich daneben auch die Gattung einer Einführung in das Neue
Testament geschoben.

H. Conzelmann/A. Lindemann, Arbeitsbuch zum Neuen Testament, Tübingen [13]2003. Die hohe Auflage signalisiert fraglos den Bedarf nach einer Einführung unter den Studierenden. Daneben verweise ich auf H. Köster, Einführung in das Neue Testament im Rahmen der Religionsgeschichte und Kulturgeschichte der hellenistischen und römischen Zeit, Berlin 1980 (auch in einer zweibändigen englischen Fassung Berlin/New York [2]1995–2000) . – K.-W. Niebuhr (Hg.), Grundinformation Neues Testament. Eine bibelkundlich-theologische Einführung, Göttingen [2]2003.

Sie vermittelt einen allgemeinen Überblick über alle wesentlichen Fragen neutestamentlicher Exegese, Theologie und Zeitgeschichte. Eine Einführung ersetzt keinesfalls eine Einleitung und die ihr zugewiesenen Aufgaben. Eine Theologie des Neuen Testaments fragt nach einer alle Schriften verbindenden theologischen Mitte und den jeweiligen Ausformungen.

G. Strecker, Theologie des Neuen Testaments, bearb., erg. u. hg. v. F. W. Horn, Berlin/New York 1996. – J. Gnilka, Theologie des Neuen Testaments, HThK.S V, Freiburg i. Br. 1994. – F. Hahn, Theologie des Neuen Testaments. Bd. I: Die Vielfalt des Neuen Testaments. Theologiegeschichte des Urchristentums. Bd. II: Die Einheit des Neuen Testaments. Thematische Darstellung, Tübingen 2003. Gerade bei den von Hahn gewählten Titeln und Untertiteln erahnt man etwas von den Problemen, was denn nun das Thema einer Theologie des Neuen Testaments sein soll.

Neben diesen beiden Disziplinen stand in der Bibelwissenschaft seit der Reformationszeit immer die Kommentierung der biblischen Schriften im Vordergrund. Dies hat zur Etablierung einer Reihe von Kommentarwerken geführt.

Große Kommentarreihen im deutschsprachigen Raum sind der Kritisch-Exegetische Kommentar (KEK), hg. v. D.-A. Koch; das Handbuch zum Neuen Testament (HNT), hg. v. A. Lindemann; Herders Theologischer Kommentar (HThK), hg. v. J. Gnilka und L. Oberlinner; der Evangelisch-Katholische Kommentar (EKK), hg. v. Norbert Brox u. a. Weitere beachtenswerte Kommentarreihen nenne ich nur in Abkürzung: ÖTK, NTD, ThHK, ZBK, RNT, SKK, NEB. Auf hohem exegetischen Standard bewegen sich englische und amerikanische Kommentarreihen, vor allem: Anchor Bible (AncB); Word Biblical Commentary (WBC); International Critical Commentary (ICC); Hermeneia.
Die ausschließliche Selbstthematisierung des eigenen Faches kann bedenkliche Einseitigkeiten zu Tage fördern. Daher wurden der Evangelisch-Katholische Kommentar (EKK) und der Ökumenische Taschenbuchkommentar (ÖTK) be-

tont ökumenisch angelegt und der EKK berücksichtigt zusätzlich die Wirkungs- und Auslegungsgeschichte.

Mit dieser auslegungsgeschichtlichen Orientierung ist gegeben, dass häufig eine synoptische, johanneische oder paulinische Spezialisierung einhergeht und sich mit einer ausführlichen Darstellung etwa einer Theologie des Paulus verbindet. Auf forschungsgeschichtlich anderen Füßen steht die Jesus – Forschung. Sie stellt die Verkündigung und das Wirken Jesu dar und ordnet beides in den Rahmen des antiken Judentums ein. Diesen Aufgaben nachgeordnet, aber doch auch in Lehrbuchreihen[4] aufgenommen, sind Darstellungen der neutestamentlichen Ethik, der Zeitgeschichte oder der Umwelt des Neuen Testaments.

Zu Paulus: U. SCHNELLE, Paulus. Leben und Denken, Berlin/New York 2003; zu Johannes: J. BECKER, Johanneisches Christentum, Tübingen 2004. Zur Jesusforschung: G. THEISSEN/A. MERZ, Der historische Jesus. Ein Lehrbuch, Göttingen 1996. Zur Ethik: W. SCHRAGE, Ethik des Neuen Testaments, GNT 4, Göttingen ²1989. Zur Zeitgeschichte: B. REICKE, Neutestamentliche Zeitgeschichte. Die biblische Welt von 500 v. Chr. bis 100 n. Chr., Berlin/New York ³1982. Zur Umwelt: E. LOHSE, Umwelt des Neuen Testaments, GNT 1, Göttingen ¹⁰2000.

Unverkennbar sind manche dieser klassischen Aufgaben weithin abgelöst oder durch andere Akzentuierungen in neuer Gestalt aufgenommen worden. Innerhalb der Einleitungswissenschaft wird die literaturgeschichtliche Frage gegenwärtig wieder stark berücksichtigt. Eine Theologie des Neuen Testaments wird nicht mehr durchgehend von einer kerygmatischen Mitte, dem Christuszeugnis, her entworfen, sondern in der Diversität der einzelnen Schriften belassen (Strecker, Gnilka) bzw. als Theologiegeschichte (Berger) entworfen. Andere fragen nach den Konvergenzen und orientieren sich am neutestamentlichen Zeugnisbegriff (Hahn) oder zeichnen, ausgehend von einem allgemeinen Religionsbegriff, die Entfaltung des urchristlichen Mythos, des Ritus und des Ethos nach (Theißen).

---

4 Den Kommentarreihen NTD, HThK, AncB und NEB sind zum Teil umfangreiche Ergänzungsreihen zugeordnet worden, die übergreifende Themen wie Christologie, Ekklesiologie, Zeitgeschichte etc. behandeln.

## 6. Methoden und Arbeitsweisen des Faches

Die Methoden exegetischer Arbeit sind im Lauf der wissenschaftlichen Beschäftigung mit dem Gegenstand, dem Neuen Testament, erarbeitet und in stetiger Überprüfung verändert worden. Sie unterscheiden sich in keinem Fall von vergleichbaren Methoden innerhalb der Altphilologie, der Altertumswissenschaft oder der Literaturwissenschaft. Der methodisch angelegte und daher jederzeit allgemein überprüfbare Zugang zum Neuen Testament schließt eine individualistische, auf persönlichen Eingebungen beruhende Textauslegung aus. Wenn die neutestamentlichen Schriften nicht im Sinne einer simplifizierenden Inspirationsvorstellung Diktat Gottes sind, dann muss die adäquate Begegnung mit dem Text seine Gestalt als menschliches Zeugnis ernst nehmen und sich ihm auf gleicher Ebene mit anerkannten Methoden der Textauslegung nähern.

Es gehört zu einer lange praktizierten theologischen Hermeneutik, einen tieferen Sinn jeweils hinter den Texten zu suchen, etwa mit Hilfe allegorischer Textauslegung. Die Gefahr dieses Verfahrens liegt darin, eine Textaussage zu erheben, die nicht wirklich vom Text her gedeckt ist, sondern sich von textexternen Gesichtspunkten leiten lässt. Dies können kirchliche Lehrentscheidungen, politische oder soziale Optionen, persönliche Interessen oder auch einfach nur Trends sein. Manche Vertreter gegenwärtiger Rezeptionsästhetik suchen den Sinn des Textes hingegen nicht mehr hinter den Texten, auch nicht in ihnen, sondern zeigen mit Recht auf, dass im Lesevorgang ein Sinn des Textes bei den Lesenden erst konstruiert wird. Die Auslegung muss beide Varianten und ihr jeweiliges Anliegen würdigen, aber dennoch dem Text eine grundsätzliche Priorität einräumen.

Eine Reihe jüngerer Lehrbücher beschreibt den gegenwärtigen Methodenkanon und hält die jeweiligen Aufgaben fest.

Ich nenne exemplarisch: U. SCHNELLE, Einführung in die neutestamentliche Exegese, Göttingen ⁵2000. – T. SÖDING, Wege der Schriftauslegung. Methodenbuch zum Neuen Testament. Unter Mitarbeit von Christian Münch, Freiburg i. Br. 1998. – M. MEISER/U. KÜHNEWEG u. a., Proseminar II. Neues Testament – Kirchengeschichte. Ein Arbeitsbuch, Stuttgart 2000. – W. EGGER, Methodenlehre zum Neuen Testament. Eine Einführung in linguistische und historisch-kritische Methoden, Freiburg i. Br. ⁵1999.

Freilich gibt es auch hier unterschiedliche Gewichtungen. Unstrittig sind folgende Methoden: Die *Textkritik* stellt die Textzeugen dar und bemüht sich, aus ihnen den vermuteten ursprünglichen Text einer Schrift zu rekonstruieren. Das Beachten unterschiedlicher Lesarten eines Textes kann auch bereits auf exegetische Entscheidungen frühchristlicher Textproduktion hinweisen. In einer diachronen Perspektive fragen *Literarkritik und Quellenkritik* nach Vorstufen des erarbeiteten Textes. So können vor allem in der Briefliteratur literarkritisch Textteile als ursprünglich unabhängig vom gegenwärtigen Kontext erkannt werden (z. B. urchristliche Bekenntnisse). Die Quellenkritik findet vorwiegend bei den synoptischen Evangelien Anwendung und sie fragt nach dem Verhältnis der einzelnen Evangelien zueinander. Bereits im Jahr 1835 wurde die Markuspriorität gegenüber Matthäus und Lukas erkannt und wenige Jahre später ausführlich begründet. Jahrzehnte später wurde die Existenz der sog. Logien- oder Spruchquelle (= Q) postuliert, aus denen Matthäus und Lukas unabhängig voneinander vorwiegend Reden Jesu entnommen haben. Damit war die Zwei-Quellen-Theorie (Mk und Q als schriftliche Voraussetzungen für Mt und Lk) etabliert (Schmithals, Einleitung). In der Folgezeit wurde die Theorie beständig verfeinert. Nicht nur Literarkritik und Quellenkritik blicken in die Vorgeschichte der Texte, sondern auch die *Form- oder Gattungsgeschichte.* Sie geht von der Vermutung aus, dass die schriftlichen Evangelien auf die Zeit einer längeren mündlichen Überlieferung zurückblicken. In dieser Phase hat sich der Inhalt der Jesusüberlieferung mit Formen und Gattungen verbunden, die möglicherweise bestimmten Sitzen im Leben der frühen Christenheit zuzuordnen sind. Der synchronen Fragestellung, die vom gegebenen und vorliegenden Text ausgeht, sind *Textanalyse und Redaktionsgeschichte* verpflichtet. In der Textanalyse wird ein Text in seinem Kontext betrachtet, sodann sprachlich-syntaktischer, semantischer, narrativer und pragmatischer Analyse unterzogen. Die Redaktionsgeschichte nimmt die Ergebnisse auf und fragt nach dem literarischen und theologischen Ziel, das den Endredaktor, also die letzte Hand bei der Abfassung einer Schrift, geleitet hat. Der Begriff Redaktor wäre missverstanden, wenn man ihm ausschließlich die Aufgabe des Zusammenfügens größerer Texteinheiten beließe. Der Redaktor hat hingegen klare theologische Zielsetzungen und er ist einem Schriftsteller durchaus vergleichbar. Zur Redaktionsgeschichte gehört gleichfalls die Frage nach der Zeit und den Lesern, die der Redaktor im Blick hat und auf die er einwirken möchte. Der historische Abstand des Neuen Testaments von der Gegenwart erfordert es schließlich, seine Schriften im Kontext der Antike, genauer im Abschnitt des hellenistischen Zeitalters zu lesen. Dies betrifft nicht nur seine Sprache, die Koine, sondern auch den gesamten religiösen, sozialen, politischen Kontext. Die *begriffs- und motivgeschichtliche* Methode erhellt die Bedeutung der Begriffe und Motive auf diesem Hintergrund. Die Bezeichnung Kyrios etwa, also Herr, die im Neuen Testament die vorherrschende Anrede Jesu geworden ist, war in der Antike gleichzeitig eine profane wie religiöse Anrede für Herrscher und Götter, möglicherweise bereits auch für den Gott Jahwe. Ebenso ist das Motiv des Rückzugs auf einen Berg oder an einen einsamen Ort zum Offenbarungsempfang, oft in Verbindung mit Gebet und Fasten, religionsgeschichtlich weit verbreitet. Die Begriffs- und Motivgeschichte arbeiten diese Kontexte auf und klären die Verwendung der Begriffe und Motive im Neuen Testament. Der *religionsgeschichtliche Vergleich* hingegen blickt auf umfangreichere Komplexe religiösen Lebens innerhalb der antiken Religionen. Bestand sein Anliegen früher in der Regel primär darin, anhand des Vergleichs religiöser Ausprägungen die Überlegenheit des Christentums zu demonstrieren, so steht heute vielmehr die Wahrnehmung der Vielfalt religiöser Ausformungen im Zentrum der vergleichenden Betrachtung. Selbstkritisch muss christliche Theologie heute eingestehen, dass sie religionsvergleichend durchgehend das Frühjudentum missbraucht hat, um die Überlegenheit des Christentums über diesen – wie man sagte – absterbenden Zweig des Judentums zu demonstrieren. Das Verständnis der christlichen Taufe wird z. B. im religionsgeschichtlichen Vergleich mit mysterienhaften Initiationstaufen und jüdischen Waschungen gewonnen, aber auch mit Blick auf die spezielle Funktion der Täufer und der Bedeutung der Materie des Wassers gefunden. In diesem methodischen Schritt werden sowohl Abhängigkeiten und Parallelen erkennbar, es wird aber auch die Differenz und das jeweils Besondere deutlich herausgestellt. Der religionsgeschichtliche Vergleich setzt auf Seiten der Studierenden die Bereitschaft voraus, sich in vielerlei Texte und Formen antiker Religion einzuarbeiten. Hilfsmittel wie der Neue Wettstein[5] er-

---

5 Neuer Wettstein. Texte zum Neuen Testament aus Griechentum und Hellenismus. Hg. v. G. Strecker/U. Schnelle, Berlin/New York 1996 ff. Bislang liegen die Bände I/2; II/1; II/2 vor.

leichtern die Arbeit, sie dürfen aber nicht darüber hinweg täuschen, dass den antiken Quellen in diesem Arbeitsgang die gleiche umfassende Aufmerksamkeit zukommen muss wie den neutestamentlichen Schriften.

## II. Anleitung zum Studium des Faches

### 1. Die Veranstaltungen

Der Erwerb der Sprachzeugnisse in Latein, Griechisch und Hebräisch steht vor der eigenständigen wissenschaftlichen Beschäftigung mit dem Neuen Testament. Nur noch wenige Studierende bringen diese Sprachvoraussetzungen oder zumindest einen Teil derselben von ihrer schulischen Ausbildung her mit. Daher wird der Sprachunterricht, der sich in der Regel über etliche Semester erstreckt und dessen Abschlüsse Voraussetzungen der Zwischenprüfung sind, oft als Ballast empfunden. Doch handelt es sich hierbei keineswegs um ein mitgeschlepptes humanistisches Erbe aus einer überkommenen universitären Ausbildung (›ad fontes‹). Gerade die als Umweg erfahrene Begegnung mit den Texten in ihrer ursprünglichen Sprache wird schnell deutlich machen, dass diese Texte mir nicht so vertraut sind, wie ich dachte und wie sie mir durch Luthers Übersetzung teilweise eingegangen sind. Mein voreingenommenes Verständnis von der Botschaft der Texte wird plötzlich in Frage gestellt. Ich nehme Überraschendes, Fremdes, Anstößiges in den Texten wahr und beginne, nicht meine Erwartungshaltung den Texten gegenüber leitend sein zu lassen, sondern ihren Aussagewillen wahrnehmen zu wollen. Freilich ist die Vorstellung, auf diesem philologischen Weg möglichst präzise erfahren zu können, was der vergangene Autor wirklich sagen wollte, in dieser Form abzuweisen. Meine Rezeption ist im Lesevorgang immer präsent und sie ist nie auszuschalten. Wohl aber ist der Beginn der Zuwendung zu einem fremdsprachigen Text in seiner Originalsprache ein probates Mittel, die eigene Interpretation bei der Rezeption des Textes zunächst wirksam zurückzustellen.

Dem neutestamentlichen Proseminar kommt eine entscheidende Schnittstelle im Theologiestudium zu. Nach dem Erwerb des Graecums werden die Studierenden hier erstmals mit der historisch-kritischen Methode konfrontiert. Es werden überkommene, oftmals in kirchliche Jugendarbeit zurückreichende Auslegungsmuster in Frage gestellt, ja es wird historische Kritik als notwendiges Instrument theologischen Arbeitens eingeübt. Schmerzliche Erfahrungen im Blick auf die eigene religiöse Sozialisation begleiten viele Studierende, nicht nur die eigene Herkunft wird in Frage gestellt, auch das Ziel des Theologiestudiums muss überprüft werden. Die Abfassung einer bibelwissenschaftlichen Proseminararbeit ist für die meisten Studierenden die erste eigenständige wissenschaftliche Arbeit im Studium. Pfarrerinnen und Lehrer können oft nach Jahren noch exakt das Thema ihrer ersten Arbeit benennen, schon dies zeigt lebensgeschichtlich den hohen Stellenwert dieser Arbeit an. Viele Studierende nehmen die Anforderung auch als Herausforderung auf, eine erste eigene theologische Standortbestimmung vorzunehmen. Neben diesen Aspekten führt das Proseminar in der Regel in alle Formen wissenschaftlichen Arbeitens ein und es hat damit eine wegweisende Funktion für das weitere Studium. Eingeübt wird hier der Umgang mit Literatur, von der Recherche im Internet oder in den Katalogen, über ihre angemessene Einordnung, Wiedergabe und Zitierung bis hin zu Vorschlägen, wie eine eigene bescheidene Bibliothek aufzubauen ist. Eingeübt wird auch die Präzision des Denkens und Argumentierens, nicht nur in der Proseminararbeit, sondern auch in eigenen Redebeiträgen, Kurzreferaten, Sitzungsprotokollen.

Während im Proseminar das Erlernen methodischen Arbeitens vorrangig ist, steht in den neutestamentlichen Seminaren die Beschäftigung mit einem Thema oder einer Schrift, also eine Sachfrage im Vordergrund. Die relativ lange Zeit, die für das Erlernen der Sprachen angesetzt wird, und die Vorgabe einer Regelstudienzeit haben dazu geführt, dass die Studierenden in der verbleibenden Studienzeit in der Regel nur noch wenige Hauptseminare besuchen, oft sogar schon den Besuch eines Hauptseminars mit der Examensplanung versehen. Die äußeren Rahmenbedingungen sind gewiss zu respektieren, dennoch sollten nach Möglichkeit mehrere neutestamentliche Hauptseminare bei unterschiedlichen Lehrenden besucht werden. Es geht hierbei sowohl um ein Kennenlernen der Breite des Gegenstands, des Neuen Testaments, als auch um die Wahrnehmung der unterschiedlichen Positionen und Ansätze der Forschenden, die in Seminaren gelegentlich auch die eigenen Forschungsthemen zum Gegenstand des Seminars machen. Die Abfassung einer Seminararbeit ist heute gleichfalls durch Prüfungsordnungen vorgegeben. In ihr wird die Anwendung der im Proseminar erlernten Methoden vorausgesetzt. Im Mittelpunkt steht jetzt aber der Nachweis, wissenschaftlich verantwortet ein gestelltes Thema eigenständig bearbeiten zu können. Gelegentlich erwächst aus dem Besuch eines Seminars, vorwiegend aber aus der Anfertigung einer Seminararbeit ein persönliches Studien- oder Forschungsinteresse, auch über die unmittelbare Studienzeit hinaus. Die Vorbereitung einer Seminarsitzung in einer Kleingruppe (gemeinsame Übersetzung eines Textes, Lektüre der Sekundärliteratur) ist durchaus empfehlenswert. Das eigenständige Halten von Referaten in Seminaren ist ein unverzichtbares Hilfsmittel zum Erwerb theologischer Sprachkompetenz.

Vorlesungen vermitteln Überblickswissen. Klassische Themen im Fach Neues Testament sind etwa die Einführung in einen Autor (Paulus: Leben, Briefe, Theologie), in eine Schrift oder Schriftengruppe (Das Johannesevangelium; Die deuteropaulinische Literatur) oder in ein Thema (Theologie des Neuen Testaments; Die Gleichnisse Jesu). Zu früheren Zeiten ersetzten Vorlesungsmitschriften das Fehlen der Lehrbücher. Heute können die Studierenden nicht nur auf mehrere Lehrbücher zurückgreifen, sondern auch auf Taschen-Tutoren oder auf Internetadressen zur Examensvorbereitung. Diese Hilfsmittel können in der Regel die eigene Mitschrift nicht ersetzen, da erst im Schreibevorgang die Vorlesung selbstständig reproduziert wird. Unter diesen Rahmenbedingungen kommt der Person des Lehrenden eine besondere Rolle zu. Sie muss aus der Funktion der reinen Wissensvermittlung heraustreten und den Stoff so darbieten, dass – ich zitiere nochmals Gerhard Ebeling (12) – »etwas von der lebendigen Bewegtheit theologischer Aufgabe erkennbar« wird.

## 2. Wie studiere ich das Fach?

Ein Studienanfänger, der mit dem Erwerb der klassischen Sprachen und ersten Proseminararbeiten beschäftigt ist, kann durch Überblicksvorlesungen erste Kenntnisse im Fach Neues Testament gewinnen. Dies mag ein sog. Exegeticum, eine durchgehende Auslegung einer neutestament-

lichen Schrift, eine thematische Vorlesung oder auch eine Einleitungs-
vorlesung sein. Begleitende Tutorien sind, sofern sie angeboten werden,
willkommene Möglichkeiten der Vertiefung des Stoffs. Diese Funktion
können auch begleitende Übungen erfüllen, in denen in der Regel ein
relativ niedriger Vorbereitungsaufwand zu erbringen ist. Die Zeit des ei-
gentlichen Hauptstudiums von der Zwischenprüfung bis zur Examensvorbereitung dient der Aneignung desjenigen Wissens, den etwa ein der
Examensordnung beigefügter Stoffplan festhält, er ist aber zugleich auch
ein bewusst eingeräumter Freiraum für individuelle Interessen und Nei-
gungen. Dieser macht den Reiz und die unaufgebbare Freiheit des Studiums der evangelischen Theologie aus. Innerhalb des Studiums des
Neuen Testaments kann sich solch eine Vertiefung auf ein unmittelbar
neutestamentliches Thema beziehen, es kann aber auch in den angren-
zenden Bereichen der Religionsgeschichte, der Archäologie, des jüdischen Hintergrundes, der Kanongeschichte, der Sozialgeschichte, der
gender-Forschung oder der Feministischen Bibelauslegung, der weiteren
Sprachen der frühen Christenheit (koptisch, syrisch) etc. liegen, es können die hermeneutische Frage oder die so genannten apokryphen Schriften des frühen Christentums, die nicht in den Kanon aufgenommen
worden sind, studiert werden. So lange wie solche Spezialisierung nicht
zu sehr zu Lasten des Allgemeinwissens geht, werden die Prüfenden und
Lehrenden das Erkennen und Aufnehmen von speziellen Interessen immer begrüßen.

Hierbei wäre religionsgeschichtlich etwa an eine Beschäftigung mit den Qum-
ran-Essenern und ihrem Schrifttum zu denken (vgl. dazu J. Maier, Die Qumran-Essener: Die Texte vom Toten Meer, Bd. I–III, München 1995–1996). Wichtig ist auch eine Beschäftigung mit antiken Mysterienkulten, ihren Ritualen und
ihrer Jenseitsorientierung (dazu W. Burkert, Antike Mysterien. Funktionen und
Gehalt, München [2]1991). Zur gender-Forschung und ihres Bezugs zur Bibelwissenschaft: L. Schottroff/M.-T. Wacker (Hg.), Kompendium Feministische Bibelauslegung, Gütersloh 1998. Als erster Überblick zur biblischen Hermeneutik:
E. Reinmuth, Hermeneutik des Neuen Testaments. Eine Einführung in die Lektüre des Neuen Testaments, Göttingen 2002. Zum außerkanonischen Schrifttum:
W. Schneemelcher (Hg.), Neutestamentliche Apokryphen, Tübingen Bd. I [6]1990;
Bd. II [5]1989. Zur ersten Begegnung mit der Fülle frühchristlicher (bis 200
n. Chr.), teilweise kaum bekannter Literatur eignet sich auch: Das neue Testament und frühchristliche Schriften. Übersetzt und kommentiert von K. Berger

und Chr. Nord, Frankfurt a. M./Leipzig [5]2001. Das Buch erhebt den Anspruch, die erste vollständige Ausgabe aller ältesten Schriften des Urchristentums zu sein.

Der dritte Studienabschnitt, der die Examensvorbereitung im Blick hat, sollte nicht länger als ein Jahr währen. Die Annahme der Möglichkeit einer vorgezogenen Examensarbeit wird diese Zeit gegebenenfalls nochmals verkürzen. Vorschläge zur Gestaltung dieser Vorbereitungszeit im Fach Neues Testament werden heute im Internet für dieses Fach wie auch für alle anderen Fächer reichlich angeboten. Hier sind natürlich die spezifischen Anforderungen der jeweiligen Prüfungsordnung zu beachten. Ich möchte ihnen nur wenige Empfehlungen mit Blick auf das Examen an die Seite stellen. In der mündlichen Prüfung sollte das Spezialthema aus dem Studium heraus, also aus einem Seminar oder einer Übung heraus erwachsen sein. Gewisse Spezialgebiete kursieren leider seit langem, weil man ihnen nachsagt, sie seien angeblich leicht zu lernen. Prüfende merken sehr schnell, ob ein Thema flüchtig angelernt ist oder ob es einer längeren Beschäftigung mit der Sache entspringt. Die Anfertigung einer Klausur ist eine sehr anspruchsvolle Aufgabe. Übersetzung und Essay, die Auslegung des übersetzten Textes und das erfragte Allgemeinwissen müssen in ein gutes Verhältnis zueinander gebracht werden. Die gestellten Klausurthemen der letzten Jahre sind immer bekannt. In der Examensgruppe sollten sie zur Anfertigung von Probeklausuren herangezogen werden.

## III. Literatur

Die Fachliteratur aller universitären Studienfächer ist nahezu unüberschaubar. Mit Hilfe des Internets kann relativ schnell wesentliche Literatur recherchiert und es können auch die Bibliotheksstandorte verifiziert werden. Die Praxis dieser EDV-gestützten Literaturrecherche sollte möglichst schnell eingeübt werden. Dennoch ist die Kenntnis eines Grundstocks an Fachliteratur unverzichtbar. Ausgesprochen hilfreich für alle theologischen und religionswissenschaftlichen Fächer ist: M. FRENSCHKOWSKI, Literaturführer Theologie und Religionswissenschaft. Bücher und Internetanschriften, Paderborn 2004. Einen ausgezeichneten Überblick über die relevanten Hilfsmittel zum Studium des Neuen Testaments hat SCHNELLE, Einführung 16–31, zusammengestellt.

## 1. Zeitschriften, Lexika und Reihen

### 1.1 Zeitschriften

ZNW      Zeitschrift für die neutestamentliche Wissenschaft und die Kunde der älteren Kirche, Berlin, 1, 1900 ff.

NTS      New Testament Studies, Cambridge [etc.] 1, 1954 ff.

ZNT      Zeitschrift für Neues Testament, Tübingen/Basel 1, 1995 ff.

BZ      Biblische Zeitschrift, Paderborn 1, 1903 ff.

### 1.2 Lexika

W. Bauer, Griechisch-deutsches Wörterbuch zu den Schriften des Neuen Testaments und der frühchristlichen Literatur, 6. völlig neu bearbeitete Aufl. v. K. und B. Aland, Berlin/New York 1988.

ThWNT      (früher einfach auch ThW) Theologisches Wörterbuch zum Neuen Testament. Hg. v. G. Kittel/G. Friedrich, 10 Bde., Stuttgart 1933–1979 (Studienausgabe 1990).

EWNT      Exegetisches Wörterbuch zum Neuen Testament. Hg. v. G. Balz/G. Schneider, 3 Bde., Stuttgart ([1]1980–1983) [2]1992.

TBLNT      Theologisches Begriffslexikon zum Neuen Testament. Hg. v. L. Coene/K. Haacker, 2 Bde., Wuppertal [2]1997–2000.

Stehen diese Lexika in der philologischen Tradition des am griechischen Einzelbegriffs orientierten Wörterbuchs, so legen ein größeres Gewicht auf die Realien:

BHH      Biblisch-Historisches Handwörterbuch. Landeskunde-Geschichte-Religion-Kultur-Literatur. Hg. v. B. Reicke/L. Rost, 4 Bde., Göttingen 1962–1979 (seit 2004 auch als CD-ROM).

ABD      Anchor Bible Dictionary. Hg. v. D. N. Freedman, 6 Bde., New York 1992 (auch als CD-Rom).

NBL      Neues Bibel-Lexikon (NBL), 3 Bde. Hg. v. M. Görg/B. Lang, Zürich 1988–2001.

Unverzichtbar sind für das Studium des Neuen Testaments zugleich aber auch solche Lexika, durch die die Welt der griechisch – hellenistischen

Antike hinsichtlich ihres jüdischen, griechischen und römischen Hintergrundes erschlossen wird:

| | |
|---|---|
| LAW | Lexikon der Alten Welt. Hg. v. C. Andresen, Zürich/München 1965 (ein Nachdruck in 3 Bde. erschien 2001). |
| KP | Der Kleine Pauly. Lexikon der Antike, 5 Bde., Stuttgart/München 1964–1975. |
| PRE | Paulys Real-Encyklopaedie der classischen Altertumswissenschaft. Hg. v. G. Wissowa/W. Kroll, 83 Bde., Stuttgart 1893–1980. |
| DNP | Der Neue Pauly. Hg. v. H. Cancik/H. Schneider, 19 Bde., Stuttgart 1996–2003. |

Daneben ist folgender Klassiker, zumal in der englischen Fassung, unverzichtbar:

E. SCHÜRER, Die Geschichte des jüdischen Volkes im Zeitalter Jesu Christi, 3 Bde., Leipzig 1901–1909 (Nachdruck Hildesheim 1964)./E. SCHÜRER, The History of the Jewish People in the Age of Jesus Christ (175 B.C.-A.D. 135). A New English Version, revised and edited by Geza Vermes, Fergus Millar and Matthew Black, 3 vol., Edinburgh I 1973; II 1979; III/1 1986; III/2 1987.

Ebenfalls zur Welt der Realien, d. h. der politischen, sozialen, kulturellen, ökonomischen Gegebenheiten gehört eine Kenntnis der biblischen Stätten:

Herders Großer Bibelatlas, 1987 in englischer Fassung hg. v. J. B. Pritchard, wurde von O. Keel und M. Küchler für den deutschen Sprachraum bearbeitet. Der letzte Nachdruck erschien Freiburg 2002.

Wolfgang Zwickel hat den Calwer Bibelatlas, Stuttgart 2000 neu bearbeitet und herausgegeben.

Von Othmar Keel und Max Küchler wurde 1982 ein erster Band in der Reihe Orte und Landschaften der Bibel (OLB) vorgelegt, der sich dem Süden widmet. Ein weiterer Band aus dem Jahr 1984 behandelt die Geografisch-geschichtliche Landeskunde. Das Projekt ist noch nicht abgeschlossen.

Über OLB und weitere Lehrbücher zur Biblischen Archäologie, freilich überwiegend aus alttestamentlicher Perspektive, berichtet W. ZWICKEL, Biblische Archäologie, ThRu 66 (2001) 288–309. Außerdem: DERS., Einführung in die biblische Landes- und Altertumskunde, Darmstadt 2002. – D. VIEWEGER, Archäologie der biblischen Welt, Göttingen 2003; auch unter dem Titel: Wenn Steine reden. Archäologie in Palästina, Göttingen 2004. Hilfreich ist auch die deutsche Übersetzung eines zuerst in englischer Sprache erschienenen Werks des in Jerusalem lehrenden Forschers: J. Murphy-O'Connor, Das Heilige Land. Ein archäologischer Führer, München/Zürich 1981.

## Nachschlagewerke

RGG⁴     Religion in Geschichte und Gegenwart. Handwörterbuch für Theologie und Religionswissenschaft. Hg. v. H. D. Betz/D. S. Browning/B. Janowski/E. Jüngel, Tübingen ⁴1998 ff. (noch nicht abgeschlossen).

TRE     Theologische Realenzyklopädie. Hg. v. G. Krause/G. Müller, Berlin 1976 ff. (noch nicht abgeschlossen).

RE     Realencyklopädie für protestantische Theologie und Kirche. Hg. v. A. Hauck, 24 Bde., Leipzig 1896–1913.

LThK     Lexikon für Theologie und Kirche. Hg. v. W. Kasper, 11 Bde., 1993–2001.

## Biografisch angelegte Lexika

BBKL     Biographisch-bibliographischen Kirchenlexikon. Begr. v. F. W. Bautz, 14 Bde., Hamm 1970–1999.

Personenlexikon Religion und Theologie. Hg. v. M. Greschat, Göttingen 1998.

Metzler Lexikon Christlicher Denker. Hg. v. M. Vincent, Stuttgart/Weimar 2000.

Dictionary of Biblical Interpretation. Hg. v. J. H. Hayes, 2 Bde., Nashville 1999.

Neutestamentliche Wissenschaft. Autobiographische Essays aus der Evangelischen Theologie. Hg. v. E.-M. Becker, Tübingen/Basel 2003.

## 1.3 Wichtige Reihen

### Neutestamentliche Monografienreihen:

WUNT     Wissenschaftliche Untersuchungen zum Neuen Testament, Tübingen 1, 1950 ff.

BZNW     Beihefte zur Zeitschrift für die Neutestamentliche Wissenschaft, Berlin [etc.] 1, 1923 ff.

TANZ     Texte und Arbeiten zum Neutestamentlichen Zeitalter, Tübingen 1, 1989 ff.

NTA     Neutestamentliche Abhandlungen, Münster 1, 1908 ff. NF 1, 1965 ff.

Monografienreihen, die offen sind für Arbeiten aus der alttestamentlichen und der neutestamentlichen Exegese:

FRLANT   Forschungen zur Religion und Literatur des Alten und Neuen Testaments, Göttingen 1, 1903 ff.

WMANT   Wissenschaftlichen Monographien zum Alten und Neuen Testament Neukirchen, 1, 1960 ff.

NTOA   Novum Testamentum et Orbis Antiquus, Fribourg [etc.], 1, 1986 ff.

## 2. Zur Anschaffung oder auch nur zur Lektüre empfohlene Bücher

Im Folgenden wird aktuelle Literatur zum Studium des Neuen Testaments vorgestellt im Wissen darum, dass diese Empfehlungen schon nach zehn Jahren einer dringenden Überarbeitung bedürfen. Ich verweise nochmals auf den Literaturüberblick bei Frenschkowski, Literaturführer, 186–224, der sich freilich nicht an Studienanfängern orientiert.

### 2.1 Lehrbücher

*H. Conzelmann/A. Lindemann, Arbeitsbuch zum Neuen Testament, Tübingen* [13]*2003.* Ein Klassiker mit einer hohen Auflage und einem breiten, alle Fragen neutestamentlicher Exegese abdeckenden Informationswert.

*K.-W. Niebuhr (Hg.), Grundinformation Neues Testament. Eine bibelkundlich-theologische Einführung, Göttingen* [2]*2003.* Ein Überblick über die Schriften des Neuen Testaments und über relevante Themen, ursprünglich als Arbeitsbuch für Studierende der Religionspädagogik geplant.

*J. Roloff, Neues Testament. Unter Mitarbeit von Markus Müller, Neukirchener Arbeitsbücher, 7. vollständig überarbeitete Auflage, Neukirchen 1999.* Darstellung des Stoffs in insgesamt 19 Paragrafen. Kein Anspruch, damit alles bearbeitet zu haben.

*U. Schnelle, Einleitung in das Neue Testament, Göttingen* [4]*2003.* Die am häufigsten gelesene Einleitung in die neutestamentlichen Schriften. Ständige Überarbeitungen passen an den aktuellen Forschungsstand an.

*P. Vielhauer, Geschichte der urchristlichen Literatur, Berlin/New York 1975.* Gegenüber Schnelle vertritt Vielhauer einen literaturgeschichtlichen Ansatz und bezieht die gesamte urchristliche Literatur ein.

*G. Strecker, Theologie des Neuen Testaments. Bearbeitet, ergänzt und herausgegeben von F.W. Horn, Berlin/New York 1996.* Redaktionsgeschichtlich orientierte Darstellung der einzelnen theologischen Entwürfe neutestamentlicher Schriften bzw. Autoren.

*F. Hahn, Theologie des Neuen Testaments (2 Bde.), Tübingen 2003.* Ausblendung religionsgeschichtlicher Fragen, jedoch glänzende Darstellung in frühchristlicher Binnenperspektive.

*W. Schrage, Ethik des Neuen Testaments, GNT 4, Göttingen [2]1989.* Frucht jahrelanger Beschäftigung mit ethischen Fragen. Noch keine sozialgeschichtliche Orientierung.

*E. W. Stegemann/W. Stegemann, Urchristliche Sozialgeschichte. Die Anfänge im Judentum und die Christusgemeinden in der mediterranen Welt, Stuttgart 1995.* Erste breit angelegte Darstellung der urchristlichen Sozialgeschichte.

*G. Theißen, Die Religion der ersten Christen. Eine Theorie des Urchristentums, Gütersloh 2000.* Theißen orientiert seine Darstellung an den Bereichen Mythos – Ritus – Ethos.

*U. Schnelle, Paulus. Leben und Denken, Berlin/New York 2003.* Neueste Paulus-Darstellung. Noch relativ unbeeindruckt von der Diskussion um die neue Paulusauslegung.

*J. Becker, Paulus. Der Apostel der Völker, Tübingen [2]1989.* Orientierung an der Chronologie des paulinischen Wirkens.

*G. Theißen/A. Merz, Der historische Jesus. Ein Lehrbuch, Göttingen 1996.* Umfassende Darstellung des Lebens Jesu und der Probleme seiner Rekonstruktion.

*W. Schmithals, Einleitung in die drei ersten Evangelien, Berlin/New York 1985.* Informative Darstellung der Forschungsgeschichte, im Urteil gelegentlich recht eigenwillig.

*H.-J. Klauck, Die religiöse Umwelt des Urchristentums (2 Bde.), Stuttgart 1995.1996.* Beste Einführung in die religionsgeschichtliche Umwelt des Urchristentums.

*E. Lohse, Umwelt des Neuen Testaments, GNT 1, Göttingen [10]2000.* Ein erster Überblick, hervorragende Darstellung der jüdischen Umwelt.

*H. Conzelmann, Geschichte des Urchristentums, GNT 8, Göttingen [6]1989.* Sehr gedrängter Überblick.

## Bücher zur Methodik des Faches

*U. Schnelle, Einführung in die neutestamentliche Exegese, Göttingen [5]2000.* Bis zur 4. Aufl. gemeinsam mit Georg Strecker. Seit der Erstauflage mit manchen Veränderungen und Erweiterungen, dadurch als Methodenbuch gereift und dem jeweiligen Forschungsstand angepasst.

*T. Söding, Wege der Schriftauslegung. Methodenbuch zum Neuen Testament. Unter Mitarbeit von Christian Münch, Freiburg 1998.* Mit starken Impulsen für eine theologische Auslegung.

*M. Meiser/U. Kühneweg u. a., Proseminar II. Neues Testament – Kirchengeschichte. Ein Arbeitsbuch, Stuttgart 2000.* Im Ansatz traditionell. Neuere Fragen begegnen in einem Anhang.

## 2.2 Quellensammlungen

*Ch. K. Barrett/C.-J. Thornton (Hg.), Texte zur Umwelt des Neuen Testaments, Tü-
bingen ²1991.* Ausgezeichnete, wenn auch knappe Sammlung von Texten aus
der gesamten jüdischen und paganen Umwelt des Neuen Testaments.

*Neuer Wettstein. Texte zum Neuen Testament aus Griechentum und Hellenismus.
Hg. v. G. Strecker/U. Schnelle, Berlin/New York 1996 ff.* Bislang liegen die Bände
I/2; II/1; II/2 vor. Diese Sammlung ordnet den neutestamentlichen Schriften
durchgehend religionsgeschichtliche Parallelen zu.

*Religionsgeschichtliches Textbuch zum Studium des Neuen Testaments. Hg. v. K. Ber-
ger/C. Colpe, NTD Textreihe Bd. 1, Göttingen 1987.* Die amerikanische Fassung
ist erheblich umfangreicher: *Hellenistic Commentary to the New Testament, hg.
v. M. E. Boring/K. Berger/C. Colpe, Nashville 1995.*

*Textbuch zur neutestamentlichen Zeitgeschichte. Hg. v. H. G. Kippenberg/G. A. We-
wers, GNT 8, Göttingen 1979.*

Im Blick auf die rabbinische Literatur ist nach wie vor eine unentbehrliche Sammlung von Vergleichsmaterial zum Neuen Testament das ausschließlich von Billerbeck erarbeitete, aber unter den Namen *H. L. Strack
und P. Billerbeck, Kommentar zum Neuen Testament aus Talmud und Mi-
drasch, 6 Bde., München 1922–1961* erschienene Werk.

Ausgezeichnete Zusammenstellungen von Quellensammlungen bietet das Internet, z. B. *http://www.fb1.uni-siegen.de/kaththeo/service/pa-
ge2.html.*

# Kirchengeschichte

## Von Christoph Markschies

## I. Was ist Kirchengeschichte?

### 1. Vorklärung

Wie der Name bereits sagt, beschäftigt sich Kirchengeschichte zunächst einmal mit der Geschichte des in Kirchen verfassten Christentums. Mit dem Begriff wird dagegen nicht automatisch impliziert, dass Kirchengeschichte nur von Mitgliedern der Kirche für Studierende gelehrt wird, die sich auf kirchliche Berufe vorbereiten. Kirchengeschichte wird auch außerhalb von Theologischen Fakultäten und Kirchlichen Hochschulen betrieben, z. B. an den historischen Instituten in philosophischen Fakultäten, an Akademien der Wissenschaften und in außeruniversitären Forschungseinrichtungen. So entstehen beispielsweise am Max-Planck-Institut für Geschichte in Göttingen Bände der »Germania Sacra«, einer »historisch-statistischen Darstellung der deutschen Bistümer, Domkapitel, Kollegiat- und Pfarrkirchen, Klöster und sonstigen kirchlichen Institute«, und an der Berlin-Brandenburgischen Akademie der Wissenschaften in Berlin werden die »Griechischen Christlichen Schriftsteller der ersten drei Jahrhunderte« kritisch ediert und übersetzt. In den Ländern, in denen die einstige konfessionelle Bindung theologischer Fakultäten aufgelöst wurde (wie in England oder Schweden), wird das Fach »Kirchengeschichte« überwiegend im Kontext religionswissenschaftlicher Einrichtungen gelehrt. Das schließt natürlich nicht aus, dass es durch die Dozenten von einem konfessionellen Vorverständnis her entwickelt wird. Damit wird aber schon im *Begriff* das *Grundproblem* des Faches deutlich: Hier wird mit Methoden der allgemeinen Geschichtswissenschaft ein Gegenstand – das in Kirchen verfasste Christentum – erforscht, der von sich selbst bekennt, dass seine Geschichte in Raum und Zeit nur einen bestimmten Teil seiner übergeschichtlichen Realität darstellt. Mit dieser Spannung zwischen geschichtlicher Wirklichkeit und theologischem Anspruch des Christentums ist in der Geschichte des Faches Kirchengeschichte unterschiedlich umgegangen worden; sie auszuhalten und produktiv zu gestalten, macht ein Stück des Reizes des Faches aus. Der Systematiker Gerhard Ebeling (1911–2001) hat davon gesprochen, dass die Ausrichtung der Kirchengeschichte auf das »Ineinander von Wahrheit und Geschichte« zu einem »theologisch disziplinierten Umgang mit allen theologischen Disziplinen anhalten könne«[1]. Kirchengeschichte orientiert über Standards theologischer Arbeit und lädt dazu ein, sich an ihnen zu orientieren. Kirchengeschichte klärt über Grundstrukturen von Welt, Wissen und Leben auf und ist schon deswegen von eminent großer praktischer Relevanz.

## 2. Geschichte des Faches

»Kirchengeschichte« (lateinisch: *historia ecclesiastica*) entstand als eine nach damaligen Maßstäben wissenschaftliche Reflexion des Christentums über seine Geschichte schon in der Antike. Der systematische wie historische Grund dafür war, daß das baldige Ende der Geschichte nicht eintrat, das die erste Generation von Christen nach dem Tode Jesu im Jahre 30 n. Chr. erwartet hatte. Schon das Neue Testament enthält eine »recht eigenwillige historische Monographie« (Martin Hengel), nämlich die »Apostelgeschichte« des Lukas. Die erste uns vollständig erhaltene »Kirchengeschichte« (griechisch: *ekklesiastike historia*) wurde von dem in Palästina lebenden Theologen Eusebius von Caesarea in vier Auflagen während der Jahre 295 bis 325 n. Chr. verfasst. Auf der Basis von ausführlichen Archivrecherchen legte der Autor ein Werk vor, das mit den etablierten wissenschaftlichen Mitteln der antiken Historiographie sowohl historische Ereignisse als auch theologische Zusammenhänge darstellen wollte. Eusebius begründete zu Beginn des Jahrhunderts, in dem

---

1 G. Ebeling, Studium der Theologie. Eine enzyklopädische Orientierung, Tübingen 1977, 82.

das Christentum sich zur Staatsreligion des Römischen Reiches entwickelte, mit seiner »Kirchengeschichte« eine besondere, neue Form von Geschichtsschreibung, in der klassische »wissenschaftliche« Historiografie mit systematisch-theologischen Prinzipien kombiniert wurde. Seine Darstellung der Kirchengeschichte diente zugleich dem Erweis der Wahrheit der christlichen Botschaft und ihrer Verteidigung gegenüber den gebildeten Kritikern. Eine solche enge Verknüpfung von Geschichtsschreibung und theologischer Systematik wurde in der auf das Werk des Eusebius folgenden Geschichte der Kirchengeschichte selbstverständlich: im Mittelalter besonders in der Form einer von dem nordafrikanischen Bischof und Theologen Augustinus (354–430) geprägten theologischen Tradition. Die Weltgeschichte wurde als der Kampf zweier *civitates*, eines Gottes- und eines Weltreichs, interpretiert und die beiden Reiche als politische Größen (ohne ihren ursprünglichen eschatologischen Hintergrund) begriffen. Nach Otto von Freising (ca. 1111/12–1158; »Chronik oder Geschichte der zwei Staaten«) muss der Historiker im Grunde ein Theologe sein, um die Weltgeschichte wirklich verstehen zu können. Seit der Spaltung der abendländischen Christenheit an der Wende vom späten Mittelalter zur frühen Neuzeit existierte der *eine* theologische Zugriff auf die historische Wirklichkeit nun in *zwei* bzw. *drei* konfessionsspezifischen Ausprägungen (römisch-katholisch, lutherisch und reformiert). Dabei legitimierten die Kirchen der Reformation ihre Sicht in der Regel durch ein mehr oder weniger ausgeprägtes Dekadenzmodell, wie es z. B. in den so genannten »Magdeburger Zenturien« entfaltet wurde (Basel 1559–1574; entstanden auf Anregung des strengen Lutheraners Matthias Flacius Illyricus, 1520–1575): Die Wahrheit des Evangeliums sei in der Antike noch präsent gewesen, aber dann im Mittelalter untergegangen und erst durch die Gnade Gottes in der Reformation wieder ans Licht gebracht worden.

Durch die europäische Aufklärung wurde eine solche monopolisierende konfessionelle Verknüpfung von Geschichte und theologischer Deutung problematisiert. Einige Kirchenhistoriker des 18. Jahrhunderts versuchten daher, historische Abläufe ohne einen direkten Bezug auf theologische Voraussetzungen darzustellen und insofern die Kirchengeschichte aus der Theologie herauszulösen. Der Göttinger Kirchenhistoriker Johann Lorenz von Mosheim (1694–1755) sah die Kirche nur als einen Verein von Menschen, dem Staat vergleichbar; deren äußere wie innere Geschichte *objektiv*, d. h. im Sinne einer unparteiischen Bestandsaufnahme darzustellen sei. Die konfessionellen Formen von Kirchengeschichte sind dieser Herausforderung ihrer tragenden Grundannahmen seither auf sehr unterschiedliche Weise begegnet: im 19. Jahrhundert teils durch philosophische Fundamentierung und eine Erneuerung der traditionellen Synthese (z. B. bei Schülern des Philosophen Hegel wie Ferdinand Christian Baur, 1792–1860), teils aber auch durch Ausblendung der aufgebrochenen Problematik und den Versuch, die historische Arbeit und das theologische Bewusstsein säuberlich zu trennen. Baur begriff Geschichte wie Kirchengeschichte als Prozess der Selbstdarstellung des göttlichen Geistes und wollte die Beziehung zwischen Idee und Erscheinungen wieder sichtbar machen. Am Ende des 19. Jahrhunderts begann die Ansicht des so genannten »Historismus«, alles Leben und Denken sei durch und durch geschichtlich gewachsen und von der Geschichte bestimmt, auch die Theologie immer mehr zu prägen und verschaffte der Kirchengeschichte eine zentrale Stellung im Fächerkanon. Nach 1918 haben sowohl mehrere Grundlagenkrisen der allgemeinen Geschichtswissenschaft als auch gegen die Allmacht des historischen Denkens gerichtete Entwicklungen innerhalb der evangelischen Theologie das in der Aufklärung aufgebrochene Problem des Faches Kirchengeschichte zwischen den unterschiedlichen Ansprüchen von Geschichtswissenschaft und Theologie noch verschärft. Es musste daher im 20. Jahrhundert seine Stellung innerhalb der Theologie immer wieder neu begründen. Die verschiedenen Versuche, Kirchengeschichte z. B. als »unentbehrliche Hilfswissenschaft der exegetischen, der dogmatischen und der praktischen Theologie« (Karl Barth, 1886–1968) oder »Geschichte der Auslegung der Heiligen Schrift« (Gerhard Ebeling) neu in der Theologie zu verorten, prägen die Selbstreflexion des Faches vielfach noch heute. Eine wirklich konsensfähige und allgemein verbreitete neue Theorie für die eigentümliche Zwischenstellung des Faches zwischen Theologie und Geschichtswissenschaft gibt es nicht und kann es vielleicht unter den Bedingungen der gegenwärtigen Pluralisierung auch gar nicht mehr geben.

## Quellen

EUSEBIUS, Kirchengeschichte, hg. v. E. Schwartz, Kleine Ausgabe, Berlin [5]1955 (deutsch: hg. u. eingel. v. H. Kraft, Darmstadt [2]1984). – AUGUSTINUS, De civitate Dei, hg. v. B. Dombart/A. Kalb, Stuttgart/Leipzig [5]1993 (deutsch: Vom Gottesstaat, übers.v. W. Thimme, kommentiert v. C. Andresen, München 1977). – O. VON FREISING, Chronica sive Historia de duabus civitatibus, übers. v. A. Schmidt, hg. v. W. Lammers, Darmstadt 1960. – Ecclesiastica historia integram ecclesiae Christi … secundum singulas centurias perspicuo ordine complectens, Basel 1559–1574 (bequem in Auswahl zugänglich bei H. SCHEIBLE, Die Anfänge der reformatorischen Geschichtsschreibung, Gütersloh 1966, 55–84). – J. L. VON. MOSHEIM, Versuch einer unparteiischen und gründlichen Ketzergeschichte, Hildesheim u. a. 1999 (= Helmstedt 1746). – F. CHR. BAUR, Geschichte der christlichen Kirche, Leipzig 1969 (= Tübingen 1863). – K. BARTH, Kirchliche Dogmatik I/1: Die Lehre vom Wort Gottes. Prolegomena zur kirchlichen Dogmatik, Zürich [11]1985 (= München 1932), 3. – G. EBELING, Kirchengeschichte als Geschichte der Auslegung der Heiligen Schrift, Tübingen 1947 = DERS., Wort Gottes. Studien zu einer Hermeneutik der Konfessionen, Göttingen [2]1966, 9–27.

## Literatur

CHR. MARKSCHIES/E. PLÜMACHER/H. CHR. BRENNECKE/A. BEUTEL/K. KOSCHORKE/ST. GERÖ/J. OHLEMACHER, Art. »Kirchengeschichte/Kirchengeschichtsschreibung«, RGG[4] 4, Tübingen 2001, 1170–1196. – P. MEINHOLD (HG.), Geschichte der kirchlichen Historiographie, Freiburg i. Br.1967. – B. MOELLER (HG.), Kirchengeschichte: deutsche Texte 1699–1927. Bibliothek deutscher Klassiker 121, Frankfurt a. M. 1994.

## 3. Proprium und Fragerichtung des Faches

Es gibt zwei Grundtypen, das Fach »Kirchengeschichte« zu definieren: *Ein Teil der (konfessionell geprägten) Fachvertreter versteht »Kirchengeschichte« als den Versuch einer Universalgeschichte aus christlicher Sicht,* d. h. als den Versuch, die Geschichte der Welt von ihren Anfängen an aus christlicher Perspektive zu erzählen. Eine sinnvollere Bezeichnung dieses Unternehmens als »Kirchengeschichte« wäre allerdings »Universal-« oder »Weltgeschichte aus christlicher Sicht« bzw. »christliche Universal- oder Weltgeschichte«. Hier wird der heilsgeschichtliche Anspruch, der der Kirchengeschichtsschreibung seit ihren Anfängen in der Antike eigen ist, energisch fortgesetzt. Ein solcher umfassender universalgeschichtlicher Anspruch ist allerdings im 20. Jahrhundert weder in Lehre noch in Forschung ernsthaft umgesetzt worden und beschreibt daher in aller Regel nur noch eine Programmformel. In aller Regel werden auch die von Philosophen wie Historikern erhobenen kritischen Einwände gegen die Universalgeschichte als behaupteter Horizont historischer Erkenntnis nicht wirklich ernst genommen. *Ein anderer Teil der konfessionell geprägten Fachvertreter und natürlich auch alle anderen auf dem Gebiet tätigen Forscher verstehen »Kirchengeschichte« als einen Teilbereich der allgemeinen historischen Arbeit: Die »Kirchengeschichte« ist jene Teildisziplin der Geschichtswissenschaft, die sich mit der Geschichte des Christentums und insbesondere mit der Geschichte des kirchlich verfassten Christentums von den Anfängen bis zur Gegenwart beschäftigt.* Eine so formulierte Definition des Faches ist bescheidener angelegt und leichter interdisziplinär zu vermitteln als der traditionelle universalgeschichtliche Anspruch. »Kirchengeschichte« kann vor dem Hintergrund dieser Definition heute entweder als »weltliche Kirchengeschichte« – eine Formulierung des Göttinger Historikers Rudolf von Thadden (*1932) – ohne ein religiöses und konfessionelles Vorverständnis betrieben werden (dann sollte sie freilich besser als »Christentumsgeschichte« bezeichnet werden) oder als theologische Kirchengeschichte mit entsprechendem Vorverständnis. Das theologische Vorverständnis ist unter den Bedingungen gegenwärtigen Christentums notwendig konfessionell, selbst wenn Entwürfe einer konfessionell pluralisierten, z. B. ökumenischen Kirchengeschichte vorgelegt worden sind: In »ökumenischen Kirchengeschichten« wird ebenfalls von einem konfessionellen Standpunkt aus argumentiert, aber mit besonderer Offenheit für die anderen konfessionellen Positionen. Solche konfessionellen Vorverständnisse lassen sich den allgemeinen philosophischen Voraussetzungen der historischen Methodik vergleichen, entsprechen also Prämissen. Der Philosoph Hans-Georg Gadamer (1900–2002) hat betont, dass es ein prämissenfreies Verstehen von Vergangenheit nicht geben kann, sondern dass es darauf ankommt, das jeweilige Vorverständnis im Prozess des Verstehens zu korrigieren. Schon deswegen wäre es einseitig, Konfessionalität lediglich als methodische Fessel zu beschreiben, obwohl sie natürlich gelegentlich so wirken kann. Vielmehr eröffnet sie wie jede durch bestimmte weltanschauliche Prämissen geprägte Geschichtsschreibung eine eigene und schon insofern anregende Perspektive auf das historische Geschehen. Eine methodisch reflektierte und dabei überzeugende, d. h. nachvollziehbar zur Geltung gebrachte Konfessionalität der Kirchengeschichte ermöglicht Freiheit, beispielsweise gegenüber kurzlebigen Ideologien, weil der Unterschied zwischen irdischer Vorläufigkeit (auch von wissenschaftlichen Hypothesen über Geschichte) und himmlischer Vollkommenheit bewusst bleibt. Selbstverständlich entsprechen auch die in einer konfessionellen Kirchengeschichte verwendeten Methoden (s. u. 6.) denen der sonstigen Zweige historischer Wissenschaften. Auch wenn die Kirchengeschichte nur eine bestimmte Fragestellung innerhalb der allgemeinen Geschichtswissenschaft bearbeitet, handelt es sich schon per se um keine entbehrliche Fragestellung: »Eine um ihren Bezug zur Kirchengeschichte verkürzte Profangeschichte gerät in Gefahr, blind für Kräfte zu werden, die sich nicht nur nach dem bloßen Kalkül von Interessen ausrichten wollen. Und eine Welt, die ihre Emanzipation von christlichen Prägungen so weit treibt, dass sie die Institutionen nicht mehr wahrnimmt, die mit diesen Prägungen verbunden sind, kann leicht die Komplexität unserer Wirklichkeit verkennen« (von Thadden). Ein konfessionelles Vorverständnis schließlich hat – von allen anderen Gründen einmal abgesehen – auch den Vorteil, dass die Geschichte des kirchlich verfassten Christentums in eben dem Horizont interpretiert wird, in dem sich auch die Christen durch die Geschichte hindurch selbst verstanden haben.

Literatur

H. G. GADAMER, Wahrheit und Methode. Grundzüge einer philosophischen Hermeneutik, Tübingen [4]1975. – CHR. MARKSCHIES, Vergangenheit verstehen? Einige Bemerkungen zu neueren Methodendebatten in den Geschichtswissenschaften, in: Marburger Jahrbuch Theologie XVII (2005), Marburg 2005. – R. VON THADDEN, Weltliche Kirchengeschichte. Ausgewählte Aufsätze, Göttingen 1989.

## 4. Stellung des Faches im Gesamtzusammenhang der Theologie

Alle Bestimmungen des Propriums und der Fragerichtung des Faches, die in seiner Geschichte seit der Antike vorgenommen worden sind, waren zugleich Beschreibungen seiner Stellung im Gesamtzusammenhang der Theologie. Da die Kirchengeschichte sich – wie gesagt – in einer eigentümlichen Zwischenstellung zwischen der allgemeinen Geschichtswissenschaft und den theologischen Disziplinen befindet, hat Karl Barth sie nicht als »selbständige theologische Disziplin« aufgefasst, sondern (wie zitiert) als »unentbehrliche Hilfswissenschaft« der anderen theologischen Disziplinen bezeichnet. Zu einer solchen Ansicht kann man kommen, wenn man die grundsätzliche Bedeutung historischer Erkenntnis für das Verstehen der Gegenwart gering schätzt (was man von Barth sicher nicht behaupten kann). Wenn Theologie aus christlicher Perspektive gegenwärtiges Leben oder aktuelle gesellschaftliche Probleme deutet, dann kann sie nicht auf die in den Quellen der Vergangenheit niedergelegten historischen Erfahrungen anderer Glaubender und deren Antworten verzichten. Sie würde sonst ohne Not auf einen fast zweitausendjährigen Erfahrungsschatz theologischer Positionen und christlicher Lebensgestaltungen verzichten. Natürlich kann – wie insbesondere der Pfarrerssohn und Philosoph Friedrich Nietzsche (1844–1900) betont hat – man durch eine Übersättigung mit historischem Wissen Schaden leiden, aber es besteht umgekehrt auch die Gefahr, ohne historische Kenntnisse theologische Probleme und ethische Fragen in einer Naivität anzugehen, die der Komplexität der heutigen Welt und der Problemlösungskompetenz des Christentums nicht angemessen ist. Die Anwendung solchen historischen Wissens für die Fragen der Gegenwart geschieht in der Systematischen Theologie, wobei an vielen Stellen erkennbar wird, dass zwischen beiden Disziplinen nicht sauber getrennt werden kann: Die Frage, ob und wie Gott in der Geschichte handelt, ist natürlich eine klassische systematisch-theologische Frage, aber die Antwort auf diese Frage ist von großer Bedeutung für die alltägliche historiographische Arbeit des konfessionellen Kirchenhistorikers. So setzt eine reflektierte Nacherzählung der Geschichte des Christentums an vielen Stellen systematisch-theologische Überlegungen voraus; eine ganze Anzahl von Kirchenhistorikern aus Vergangenheit und Gegenwart haben daher ihre leitenden systematischen Annahmen auch öffentlich gemacht und zur Diskussion gestellt. Wenn man sich dazu klarmacht, dass die historische und philologische Analyse der Geschichte des Christentums in den beiden exegetischen Disziplinen des Alten und Neuen Testaments nach gemeinsamer Ansicht der Reformatoren eine Grundvoraussetzung für das sachgerechte Verstehen der biblischen Offenbarung beispielsweise für Unterricht und Predigt bildet, dann wird man die Kirchengeschichte nicht als eine Hilfswissenschaft, sondern als eine der theologischen Kerndisziplinen ansehen. Die Bedeutung historischer Fragestellungen und der Geschichtswissenschaften überhaupt unterliegt – auch in der Theologie – Schwankungen: Nachdem zu Beginn des 20. Jahrhunderts viele theologische Fragestellungen historisiert worden waren und seit den 20er Jahren an der allgemeinen Historisierung schroffe Kritik geübt worden war, die sich bis in die frühen 70er Jahre fortsetzte, nimmt seither der Einfluss historischer Wissenschaften wieder zu. So entdecken auch die Praktische Theologie und die Religionspädagogik wieder die Bedeutung historischer Fragestellungen und erforschen die Geschichte der Predigt oder des christlichen Unterrichts.

Literatur

CHR. MARKSCHIES, Warum hat das Christentum in der Antike überlebt? Ein Beitrag zum Gespräch zwischen Kirchengeschichte und systematischer Theologie, Theologische Literaturzeitung. Forum 13, Leipzig 2004. – K. NOWAK, Wie theologisch ist die Kirchengeschichte? Über die Verbindung und die Differenz von Kirchengeschichtsschreibung und Theologie, in: ders., Kirchliche Zeitgeschichte interdisziplinär. Beiträge 1984–2001, Konfession und Gesellschaft 25, Stuttgart 2002, 464–473 (= ThLZ 122 [1997], 4–12).

## 5. Gliederungen des Faches

Das Fach gliedert sich traditionell sowohl im Blick auf die Bezeichnungen der Lehrstühle wie der großen Vorlesungen in *fünf Bereiche*, die gewöhnlich nach den großen Epochen oder Perioden bezeichnet werden. Gelegentlich wird zwischen Epoche und Periode aber auch differenziert, was mit dem zugrunde liegenden griechischen Begriff »Epoché« zusammenhängt: Er bezeichnet zum einen (vor allem in astronomisch-astrologischer Literatur) einen fixierten Punkt in der Zeit, zum anderen aber durchaus auch länger andauernde Perioden. So erklärt sich sowohl die Praxis, Epoche und Periode synonym zu verwenden (und entsprechend mit dem Begriff »Epochenschwelle« eine Bedeutung von »Epoche« zu duplizieren) als auch Epoche und Periode streng zu unterscheiden und eine Dauer lediglich mit dem Stichwort »Periode« zu bezeichnen. Analog zur Praxis in der allgemeinen Geschichtswissenschaft wird in aller Regel zwischen den Großperioden *»Antike«* (meist mit der Bezeichnung *»Alte Kirche«*), *»Mittelalter«*, *»Neuzeit«* und *»Zeitgeschichte«* differenziert. Die meisten Fakultäten weisen eine eigene Periode *»Reformationszeit«* (bzw. *»Reformation und Gegenreformation«* bzw. *»Katholische Reform«*) aus, einige Vorlesungspläne differenzieren auch zwischen *»Neuzeit I«* und *»Neuzeit II«* oder *»Neueste Zeit«*, um den nicht unproblematischen Begriff »Zeitgeschichte« zu vermeiden. Als Grundausstattung einer Fakultät gelten zwei Fachvertreter; meist ist einer für die Kirchengeschichte der Antike und einer für die der Neuzeit zuständig, das Mittelalter ist entweder dem einen oder dem anderen Bereich zugeschlagen. Viele Professoren bieten allerdings Veranstaltungen auch über ihr Spezialgebiet hinaus in allen Perioden der Kirchengeschichte an oder lesen jedenfalls den Zyklus durch alle Epochen. Weitere Teilbereiche des Faches »Kirchengeschichte« sind die *»Kirchen- und Konfessionsgeschichte«*, die *»Ostkirchenkunde«* sowie die *»Landes-«* oder *»Territorialkirchengeschichte«*. Sie sind an einzelnen Fakultäten ebenfalls durch einzelne Professuren oder Institute vertreten, z. B. in Erlangen, Marburg oder Göttingen (Ostkirchenkunde). Eine längerfristige personelle Institutionalisierung der Landes- bzw. Territorialkirchengeschichte ist leider nirgendwo in Deutschland wirklich gelungen; meist wird dieser Bereich, der für die spätere kirchliche Praxis besonders wichtig ist, an den Fakultäten durch Lehrbeauftragte abgedeckt. Der Kirchengeschichte sehr eng benachbart ist die *Christliche Archäologie* bzw. *Christliche Kunst*, die die materiellen Hinterlassenschaften von Christen untersucht. Sie wird aber in den letzten Jahrzehnten zunehmend als selbstständiges Teilfach der Archäologie oder Kunstgeschichte begriffen und ist häufig in den Bereichen der klassischen bzw. byzantinischen Archäologie und der verschiedenen Teildisziplinen der Kunstgeschichte angesiedelt.

Die fünf Teilbereiche des Faches umspannen unterschiedlich lange Zeiträume und haben in den letzten Jahrzehnten unterschiedliche Forschungsschwerpunkte ausgebildet. Wird das Fach »Kirchengeschichte« im Rahmen theologischer Fakultäten betrieben, so haben dabei traditionellerweise geistes- und mentalitätsgeschichtliche Fragen (als »Dogmen-«, »Theologie-« oder »Frömmigkeitsgeschichte«) besonderes Gewicht. Ereignisgeschichte gehört aber natürlich ebenso zum Fach wie eine auf Institutionen (z. B. das Papsttum) konzentrierte Form der Geschichtsschreibung. Genauso sinnvoll (und theologisch sachgemäß) können aber auch Untersuchungen zur gesellschafts- und kulturgestaltenden Wirkung der christlichen Botschaft sein. Im Grunde gehören theologie- und kirchengeschichtliche Fragen sehr eng zusammen und können in allen Teilepochen der Kirchengeschichte nicht voneinander getrennt verhandelt werden.

### 5.1 Kirchengeschichte der christlichen Antike (»Alte Kirche«)

Der erste, gern missverständlich »Alte Kirchengeschichte« genannte Teilbereich der Kirchengeschichte umfasst die Entwicklung der christlichen Kirche von ihren Anfängen bis zum Ende der Antike. In diesem Teilbereich wird also geschildert, wie das Christentum sich aus einer kleinen messianischen Bewegung in einem abgelegenen Winkel des römischen Reiches zur Staatsreligion des spätantiken Kaiserreiches entwickelte. Weiter wird in den Blick genommen, wie sich langsam in Auseinandersetzung mit zeitgenössischen wissenschaftlichen Standards, mit Philosophie und Naturwissenschaft eine vernünftige Rechenschaftslegung über Gott, Welt und Mensch herausbildete. Einen Teilbereich dieser z. B. »christliche Philosophie« genannten Rechenschaftslegung – nämlich die Gotteslehre und Prinzipientheorie – bezeichnete man seit dem späten 4. Jahrhundert dann zunehmend auch mit dem von Platon gebildeten Neologismus als »Theologia«.

Lange Zeit stand die moderne Kirchengeschichtsschreibung im Banne eines durch die antiken Theologen gezeichneten Bildes, wonach die durch Jesus begründete Kirche von Anfang an eine Einheit bildete und sich im 2. Jahrhundert von dieser »orthodoxen Kirche« verschiedene Häresien abspalteten. Man interpretierte dann dieses Jahrhundert als »Krise« von Kirche und Theologie. Schon 1934 hatte allerdings der Göttinger Neutestamentler Walter Bauer (1877–1960) darauf hingewiesen, dass erst im Laufe des Jahrhunderts aus einer Pluralität von theologischen und organisatorischen Ansätzen eine Mehrheitskirche wuchs, die sich selbst als »Orthodoxie« begriff und Häresien ausschied. In den letzten Jahrzehnten ist dieser spannende Prozess der Ausbildung einer christlichen Identität in Lehre wie Leben zunehmend exakter beschrieben worden. Es ist in Kritik an Bauers Bild aber auch deutlich geworden, dass von Anfang an ein sehr breiter Konsens über einen gewissen Grundbestand von biblischen Texten, gottesdienstlicher Liturgie und Frömmigkeit wie auch von ethischen Verhaltensweisen bestand, der dann in den folgenden Jahrhunderten entfaltet und vertieft wurde. Ebenso spannend ist die Entwicklung der christlichen Askese in der Antike, also einer Lebenshaltung, die im Interesse des Evangeliums auf bestimmte Genüsse des Lebens verzichtet oder sich mindestens in solchem Verzicht »übt« (griechisch: »askein«). Das Mönchtum entstand nicht zufällig in der Spätantike, als es gesellschaftlich und politisch vorteilhaft wurde, zum Christentum zu konvertieren. Sein Weg wurde lange Zeit als reiner Rückzug aus der Gesellschaft in die menschenleere Wüste beschrieben. In jüngster Zeit ist aber zunehmend deutlich geworden, dass viele Mönche und andere heilige Personen in der Antike keineswegs von aller Zivilisation getrennt in der Wüste lebten, sondern in Wahrheit die Funktion von »Ombudsmännern« für die benachbarte Gesellschaft wahrgenommen haben. Auf einem Berg bei Antiochia in Syrien stand z. B. der Asket Simeon d. Ä. (gest. 459 n. Chr.) auf einer hohen Säule und gab dem reichlich strömenden Publikum konkrete Ratschläge in nahezu allen Fragen des Lebens (von Schwangerschaftsberatung bis zur Höhe des erlaubten Zinses) und beriet sogar Kaiser.

## Literatur

W. BAUER, Rechtgläubigkeit und Ketzerei im ältesten Christentum, Tübingen [2]1964. – H. CHADWICK, Die Kirche in der antiken Welt, Sammlung Göschen 7002, Berlin/New York 1972. – CHR. MARKSCHIES, Zwischen den Welten wandern. Strukturen des antiken Christentums, Frankfurt a. M. [2]2001.

## 5.2 Kirchengeschichte des europäischen Mittelalters

Die Epoche des Mittelalters wird zwar nicht wie die der antiken Kirchengeschichte durch ein spezifisches kirchengeschichtliches Datum eröffnet, aber wohl geschlossen – nämlich durch die Reformation, die die aus der Antike überkommene Einheit der abendländischen Kirche beendete. Dieses Datum lässt sich zu anderen Ansetzungen des Epochenbruchs zwischen Mittelalter und früher Neuzeit (wie beispielsweise der Eroberung Konstantinopels durch die Türken 1453 oder der so genannten »Entdeckung Amerikas« 1492) in Beziehung setzen, indem zum Beispiel die Reformation als Teil der frühneuzeitlichen Emanzipationsbewegungen interpretiert wird, die die Freiheit des Individuums deutlich stärker akzentuierten als der mittelalterliche Konsens.

Die Epoche des Mittelalters ist die längste Periode der Kirchengeschichte; im Bereich evangelischer Fakultäten ist sie nicht durch eigene Lehrstühle vertreten, sondern wird durch die für Antike oder Reformation zuständigen Kolleginnen und Kollegen mit abgedeckt. Die großen Themen entsprechender Lehrveranstaltungen sind beispielsweise die Inkulturation des Christentums bei den germanischen Völkern (ein durch die Forschungsgeschichte des frühen 20. Jahrhunderts stark belastetes, aber gerade deswegen auch sehr spannendes Forschungsfeld), das Ringen um das Verhältnis von staatlicher Gewalt und kirchlicher Freiheit im so genannten Investiturstreit, der um die Beteiligung des Kaisers an Bischofseinsetzungen geführt wurde, die Geschichte der Begegnung von Islam und Christentum in den Kreuzzügen und der gewaltige Auftrieb christlicher Frömmigkeit im Spätmittelalter.

Auch wenn das humanistische Bild vom »finsteren Mittelalter« in der evangelischen Kirchengeschichte durchaus noch nicht vollständig überwunden ist, sondern zum Teil im Interesse eines möglichst strahlenden Bildes der innovativen Kraft der Reformation noch in modifizierter Gestalt vertreten wird, haben die methodischen Neuaufbrüche der Mittelalterforschung auch in der Kirchengeschichte Spuren hinterlassen. Vor allem das bisherige Bild von der Sozial- und Frömmigkeitsgeschichte des mittelalterlichen Christentums hat sich tiefgreifend gewandelt. So ist deutlich geworden, dass die starke Systematisierung der christlichen Rechenschaftslegung über Gott, Welt und Mensch im 13. Jahrhundert in

Form der so genannten »scholastischen Theologie« beispielsweise eines Thomas von Aquin (1225–1274) zentral auch mit der Entstehung der Pariser Universität, ihrer *facultas theologica* und einem neuen soziologischen Typus von an dieser Institution lehrenden und lernenden Theologen zusammenhängt. Was man dort vermittelte, wurde erstmals mit dem Wort »Theologie« in seiner heutigen Bedeutung bezeichnet. Durch den gewaltigen Auftrieb der Mittelalterforschung im Zusammenhang mit großen Ausstellungen über die Herrscherdynastien der Staufer, Salier und Ottonen ist auch die Frömmigkeitsgeschichte wichtiger als bisher geworden: So ist der Zusammenhang von Stadt und Frömmigkeit im späten Mittelalter in den letzten Jahren mehrfach thematisiert worden. Am Beispiel der großen Handelsmetropole Nürnberg lässt sich zeigen, wie die besondere Siedlungsform einer freien Reichsstadt einerseits zu einer in der Geschichte der Kirche einmaligen quantitativen Vervielfältigung von Frömmigkeitsformen führte (z. B. in Form von neuen Kirchenbauten, Bruderschaften, Stiftungen, Altären, Messen, Devotionsbildern, großen Reliquiensammlungen, Prozessionen und Ablasskampagnen), andererseits zu einer »vertieften, verinnerlichten Spiritualität« (Berndt Hamm).

Literatur

A. Angenendt, Geschichte der Religiosität im Mittelalter, Darmstadt [2]2000. – M. Borgolte, Europa entdeckt seine Vielfalt. Handbuch der Geschichte Europas 3, Stuttgart 2002. – B. Hamm, Bürgertum und Glaube. Konturen der städtischen Reformation, Göttingen 1996. – H. Wolfram, Das Reich und die Germanen. Zwischen Antike und Mittelalter, Berlin 1990.

5.3 Kirchengeschichte der Reformation und der frühen Neuzeit

Bei der Frage, ob und wie die Reformation als Epochenbruch oder gar als eigene Epoche in der Kirchengeschichte bewertet wird, zeigt sich für gewöhnlich das spezifische konfessionelle Vorverständnis eines Kirchenhistorikers. Im Rahmen einer evangelischen Kirchengeschichtsschreibung ist es sinnvoll, die übliche Periodisierung der allgemeinen Geschichte zu spezifizieren und eine eigene Epoche der Reformation auszuweisen, die von Luthers Thesenanschlag 1517 – der vermutlich erst einige Tage *nach* dem

31. Oktober stattfand – bis zum Augsburger Religionsfrieden von 1555 angesetzt werden kann. In Augsburg 1555 wurde juristisch normiert, was die Thesen von 1517 letztlich ausgelöst hatten: Die Existenz von zwei halbwegs gleichberechtigten Konfessionen im Reich (Altgläubige und Lutheraner) löste die christliche Einheitskirche des Mittelalters ab, neben der nur staatlich verfolgte Sekten und Häresien denkbar waren. Diese Periodisierung ist stark von deutscher Perspektive her gedacht; deswegen wird gelegentlich auch der Abschluss des Trienter Konzils 1563 als Epochengrenze genannt, weil hier ein über Europa hinaus wirkender Konfessionalisierungsprozess der römisch-katholischen Kirche einen ersten Abschluss gefunden hat. Die auf den ersten Blick etwas akademische Frage, ob die Reformation das Mittelalter abschließt oder die Neuzeit eröffnet, wurde erstmals von Ernst Troeltsch (1865– 1923) aufgeworfen. Sie ist mit der überaus wichtigen systematisch-theologischen Überlegung verbunden, ob die Theologie der Reformatoren von mittelalterlichen Restbeständen »gereinigt« werden muss oder gerade diese traditionellen Theologumena die Kontinuität der Kirchen der Reformation mit der Kirche Jesu Christi in allen Zeiten und Orten ausmachen.

In den meisten Fakultäten wird der Reformationsgeschichte wegen der besonderen Bedeutung dieser Epoche für die theologische und religiöse Identität der reformatorischen Kirchen ein eigenes Semester der kirchen- und theologiegeschichtlichen Zyklusvorlesungen gewidmet. Die frühe Neuzeit bildet dann den vierten Teil des Zyklus', der bis zu den Umwälzungen der napoleonischen Ära am Ende des 18. Jahrhunderts reicht; gelegentlich wird dieser Abschnitt allerdings auch bis zum Epochenjahr 1918 als »Neuzeit I« gelesen.

Vor allem im 19. und frühen 20. Jahrhundert hat sich die Kirchengeschichtsschreibung der Reformationszeit (wie übrigens auch viele so genannte Profanhistoriker) weitgehend auf eine deutsche und protestantische Perspektive beschränkt. Dieses Bild hat sich in den letzten Jahren stark gewandelt. Es stehen sich nicht mehr Portraits Luthers als des Heros einer deutschen Freiheitsbewegung einerseits und eines dämonischen Ketzers andererseits gegenüber, wie überhaupt das Axiom »Männer machen Geschichte«, das von dem Berliner Historiker Heinrich von Treitschke stammt (1834–1896), heute nur noch selten als Leitmotiv von Geschichtsschreibung dient. Mit Hilfe des Paradigmas der »Konfessionalisierung«,

das auf den Berliner (Profan-)Historiker Heinz Schilling (*1942) zurückgeht, ist es außerdem gelungen, überkonfessionelle Merkmale der Entwicklung aller drei Konfessionen des 16. Jahrhunderts, der römisch-katholischen, lutherischen wie reformierten Seite, auf einen einprägsamen
Begriff zu bringen: Die Konfessionen des alten Reichs übergreift im so
genannten »konfessionellen Zeitalter« bis zum Ausbruch des Dreißigjährigen Krieges trotz aller Trennungen und trotz heftiger gegenseitiger Pole-
mik ein gemeinsamer Zug der Modernisierung und der Normierung von
Lebensgestaltung und Lehre. Man spricht von »Sozialdisziplinierung«
(Gerhard Oestreich) und »normativer Zentrierung« (Berndt Hamm).

Nach den Umwälzungen des Dreißigjährigen Krieges verändert sich
die kirchliche und theologische Landschaft noch einmal sehr stark, weil
die große Frömmigkeitsbewegung des Pietismus und die große Geistes-
bewegung der Aufklärung Einfluss auf Kirche und Theologie gewinnen
und sie in gewandelter Gestalt bis heute prägen. Beide Bewegungen po-
lemisieren heftig gegeneinander, sind aber in mancher Hinsicht vergleichbar: Sie lösten das bestehende kirchliche und theologische System
ein gutes Stück auf und setzten neue Institutionen (wie beispielsweise die
pietistischen Bet- und Bibelkreise oder die aufgeklärten Salons) ein. An
Brandenburg-Preußen wird deutlich, dass Pietismus wie Aufklärung zur
»Modernisierung« der Gesellschaft beitrugen: August Hermann Francke
(1663–1727), der Begründer der »Glauchaschen Anstalten« (später
»Franckesche Stiftungen«) unterstützte das seit 1613 zum reformierten
Glauben übergewechselte Herrscherhaus der Hohenzollern im Kampf
gegen die lutherischen Stände und förderte damit die Konsolidierung der
preußischen Monarchie ebenso, wie die Pflichtenethik des Königsberger
Philosophen Immanuel Kant (1724–1804) das aufgeklärte Staatswesen
Preußens in den Krisen am Ende des 18. Jahrhunderts stabilisierte.

Literatur

B. Hamm u. a., Reformationstheorien. Ein kirchenhistorischer Disput über Einheit und Vielfalt der Reformation, Göttingen 1995. – H. Lehmann, Das Zeitalter
des Absolutismus. Gottesgnadentum und Kriegsnot. Bd. 9 Christentum und
Gesellschaft, Stuttgart u. a. 1980. – H. Schilling, Ausgewählte Abhandlungen zur
europäischen Reformations- und Konfessionsgeschichte. Historische Forschungen 75, Berlin 1992.

## 5.4 Neueste Zeit und kirchliche Zeitgeschichte

Auch bei der im Vorlesungszyklus folgenden Epoche wird an Datierungs-
und Abgrenzungsproblemen wieder etwas Zentrales über den Charakter
der Epoche deutlich: Einige Vorlesungen bezeichnen den vierten Abschnitt als »frühe Neuzeit« und schließen ihn bereits zu Beginn des
19. Jahrhunderts. Da der kirchengeschichtliche Zyklus an den meisten
Fakultäten lediglich fünf Semester umfasst, müssten dann das »lange
19. Jahrhundert« und das »kurze 20. Jahrhundert« in einem Semester behandelt werden. Von einem »langen 19. Jahrhundert« spricht man, weil
es im Grunde von der Französischen Revolution des Jahres 1789 bis zum
Ersten Weltkrieg (1914–1918) reicht, während das »kurze 20. Jahrhundert« mit dem vollständigen Zusammenbruch der sozialistischen Staa-
tenwelt im Jahre 1989 endete. Die beiden Begriffe wurden wohl vom englischen Historiker Eric Hobsbawn (*1917) in den 1960er Jahren geprägt
und bald von deutschen Historikern übernommen.

Die Kirchen- und Theologiegeschichte des 19. Jahrhunderts stand seit
dem Aufbruch der dialektischen Theologie in den 20er Jahren des
20. Jahrhunderts unter dem theologisch motivierten Verdikt, dass seit
Friedrich Schleiermacher (1768–1834) der Weg der Mehrheitstheologie
von der Wahrheit des Evangeliums weggeführt habe, und wurde gern als
Verfallsgeschichte einer zunehmenden Entfremdung der Kirche von immer größeren Teilen der Bevölkerung gezeichnet. Wenn sich solche Vor-
urteile auch nicht auf die großen dialektischen Theologen berufen konnten – Karl Barth hat eine Auswahl aus Schriften Schleiermachers
herausgegeben und mit einem instruktiven Vorwort versehen –, formiert
sich erst langsam ein etwas nüchterneres Bild der Kirchen- und Theologiegeschichte des »langen Jahrhunderts«. Vor allem im Bereich der zweiten Jahrhunderthälfte gibt es noch große Forschungslücken. Sicher ist
aber, dass sich die Theologie der Zeit zunehmend pluralisierte und dann
in Gruppen segmentierte: Einzelne Theologen setzten sich zwar in starker Weise mit philosophischen Strömungen auseinander, aber andere
näherten in Gestalt der »Erweckungsbewegung« den pietistischen Protest gegen die etablierte Kirche wieder an Kirche und Staat an. In Preußen
und anderen Territorien vereinigten sich teils auf Druck von oben, teils
aufgrund des Wunsches der Gemeinden seit 1817 lutherische und refor-

mierte Gemeinden zu verschiedenen Typen von unierten Kirchen, in Bayern und Sachsen etablierte sich in Abgrenzung dazu und zur Theologie der Aufklärung ein strenges, konfessionelles Luthertum. Johann Hinrich Wichern (1808–1881) löste auf einer Wittenberger Tagung im September 1848 einen großen diakonischen Aufbruch aus, der sich in Vereinen neben der offiziellen Kirche organisierte und im »Centralausschuß der inneren Mission« zusammengefasst war. Der allmähliche Zusammenbruch der geistigen Grundlagen des deutschen Kaiserreichs nach 1914 zeigte sich auch im Protest jüngerer Theologen gegen die akademische bürgerliche Theologie der Zeit, die an der Versöhnung von Evangelium und Kultur interessiert war und deswegen seit den 50er Jahren des 20. Jahrhunderts gern »Kulturprotestantismus« genannt wird. Der lebendige Repräsentant der Synthese war der Kirchenhistoriker Adolf (von) Harnack (1851–1930), der neben seiner Berliner Professur zeitweilig auch Direktor der königlichen Bibliothek und Präsident der Vorgängerinstitution der Max-Planck-Gesellschaft, der Kaiser-Wilhelm-Gesellschaft zur Förderung der Wissenschaften, war.

Die Kirchengeschichte des 20. Jahrhunderts wird gern auch als »kirchliche Zeitgeschichte« bezeichnet. »Zeitgeschichte« ist definiert als die »Geschichte des sie erforschenden Historikers« (Eberhard Jäckel) und deswegen in besonderer Weise vom Blickwinkel der Beteiligten und Betroffenen geprägt. Man kann sich diese Tatsache gut an den charakteristischen Unterschieden klarmachen, die das heutige Bild der Auseinandersetzung zwischen Nationalsozialismus und evangelischer Kirche von dem Bild trennt, das einige maßgeblich Beteiligte in den 50er Jahren unter dem Stichwort »Kirchenkampf« entwickelt haben. In der ersten Phase der Forschung nach 1945 dominierte an vielen Stellen das Interesse, eine bestimmte theologische Position (nämlich die Karl Barths und seiner theologischen Freunde) aufgrund ihrer unleugbaren Bedeutung für Renitenz und den Widerstand gegen den Nationalsozialismus als maßgeblichen Grund von politischer Gegnerschaft zum Regime zu portraitieren. So wurde aber nicht deutlich, dass einzelne Anhänger der betreffenden theologischen Richtung wie beispielsweise der damalige Pfarrer und spätere hessische Kirchenpräsident Martin Niemöller (1892–1984) kirchlich zwar den Kurs der Nationalsozialisten bekämpften, sich aber politisch durchaus (teilweise schon vor 1933) als Nationalsozialisten verstanden.

Auch brauchte es lange Zeit, ehe der Weg einzelner Christen wie der Dietrich Bonhoeffers (1906–1945) in den politischen Widerstand gegen das Regime als genuin christliche Haltung anerkannt war. Das gegenwärtige Bild der damaligen Auseinandersetzungen versucht, stärker zwischen theologischer und politischer Option zu differenzieren, ohne beides voneinander zu trennen. In ähnlicher Weise brach vor einigen Jahren ein teilweise recht heftiger Streit über Darstellung und Beurteilung des Weges der evangelischen Kirchen in der Deutschen Demokratischen Republik aus, der freilich stärker in den Medien als in den fachwissenschaftlichen Organen geführt wurde.

Literatur

K. BARTH (HG.), Schleiermacher-Auswahl, Gütersloh 1968. – F. W. GRAF, Art. »Kulturprotestantismus«, TRE XX, Berlin/New York 1990, 230–243. – J. KOCKA, Das lange 19. Jahrhundert: Arbeit, Nation und bürgerliche Gesellschaft. Handbuch der deutschen Geschichte 13, Stuttgart 2004. – R. MAU, Eingebunden in den Realsozialismus: Die Evangelische Kirche als Problem der SED, Göttingen 1994. – J. MEHLHAUSEN, Art. »Nationalsozialismus und Kirchen«, TRE XXIV, Berlin/New York 1994, 43–78. – U. RÖPER/C. JÜLLIG (HG.), Die Macht der Nächstenliebe. Einhundertfünfzig Jahre Innere Mission und Diakonie 1848–1998, Berlin 1998.

## 6. Methoden und Arbeitsweisen des Faches

Kirchengeschichte arbeitet – insofern als ein Teil der Geschichtswissenschaft – mit den allgemeinen historischen Methoden und orientiert sich an allgemeinen Standards des Faches. Unter historischer Arbeit versteht man, dass auf der Basis einer sorgfältigen, methodisch kontrollierten Analyse von Quellen in kritischer Darstellung vergangene Sachverhalte, Begebenheiten und Abläufe so genau wie möglich analysiert und so farbig wie möglich nacherzählt werden. Es greifen philologische, hermeneutische (d. h. auf die Kunst des Verstehens führende) und literarische Methoden ineinander. Die exakten Schritte jenes Weges zum Ziel historischer Arbeit sind Gegenstand der historischen Methodik, die in einschlägigen Büchern ausführlicher dargestellt wird (vgl. z. B. Kühneweg oder Markschies). Die einzelnen Methoden gliedern sich vier Hauptteile

– *Heuristik, Kritik, Interpretation* und *Darstellung*. In der *Heuristik* geht es darum, die für ein kirchengeschichtliches Thema relevanten Quellen zu finden und ihre Gattung präzise zu identifizieren. Eine solche Identifikation ist die Voraussetzung dafür, dass der Wert der Quelle in der *Kritik* angemessen bestimmt werden kann: Handelt es sich um eine Autobiografie, in der der Verfasser seine tatsächliche Rolle in einer bestimmten Situation beschönigt und vertuscht? Wenn der Wert einer Quelle angemessen eingeschätzt wurde, kann man beginnen, sie zu interpretieren. Die *Interpretation* hat Johann Gustav Droysen (1808–1886) damit verglichen, dass aus einzelnen Farbklecksen auf der Palette des Malers ein Gemälde entsteht: Die einzelnen Informationen einer Quelle werden aus ihrem ursprünglichen Kontext genommen und in ein Gesamtbild eingesetzt, wodurch sie selbst in einem neuen Kontext zu stehen kommen, aber auch das bisherige Bild verändern. Ein solches Gesamtbild wird dann mit literarischen Mitteln in einer *Darstellung* schriftlich (in einer Seminararbeit oder einem Aufsatz) oder mündlich (in einem Referat oder einer Vorlesung) niedergelegt.

In den letzten Jahren ist die Debatte um die historischen Methoden wieder durch grundsätzliche geschichtstheoretische Auseinandersetzungen belebt worden, die freilich bislang nur zum Teil in der Kirchengeschichtsschreibung beachtet worden sind. Während einige Historiker – jüngst z. B. Hans-Jürgen Goertz unter der Überschrift »unsichere Geschichte« – auf die konstruktiven Elemente jedes Geschichtsbildes hinweisen, halten andere daran fest, dass die strenge Beachtung der traditionellen methodischen Schritte auf ein mindestens wahrscheinliches Bild vergangener Entwicklungen führt. Man darf sich von den polemischen Untertönen dieser Diskussion nicht irre führen lassen: Auch die klassischen Historiker des 19. Jahrhunderts, die von ihren Kritikern gern »Positivisten« genannt werden, haben niemals behauptet, Geschichte gleichsam als fotografisches Abbild von Vergangenheit rekonstruieren zu können. Scheinbar einschlägige Sätze beispielsweise eines Leopold von Ranke (1795–1886) werden in aller Regel ohne Blick auf den Kontext zitiert. Auf der anderen Seite behauptet natürlich auch niemand, der auf die konstruktiven Elemente aller historiographischen Arbeit aufmerksam macht, dass es für die Erzählung von Geschichte keinerlei Standards gibt und alles beliebig bleibt.

Mindestens ebenso wie durch die neuzeitliche Infragestellung ihrer theoretischen Grundannahmen (s. o. 1.1) ist die Kirchengeschichte durch die starke Vermehrung von Quellen wie Methoden ihrer Bearbeitung in den letzten beiden Jahrhunderten stark verändert worden. Vor allem für das »kurze 20. Jahrhundert« stehen ungeheure Mengen von Quellen zur Verfügung, die die Bearbeitung vieler Themen im Rahmen von Seminararbeiten, ja selbst im Rahmen von Magister- und Doktorarbeiten schwierig machen. Außerdem ist der oben vorgestellte traditionelle Kanon von Methoden nicht zuletzt durch die Bedingungen der medialen Revolution stark verändert worden. Diese Entwicklungen entsprechen allerdings vollkommen denen in anderen historischen Wissenschaften und demonstrieren nochmals die enge Verbindung des Fachgebietes »Kirchengeschichte« mit der so genannten Profangeschichte. Neben den traditionellen Methodenkanon sind neuere Methoden (z. B. Statistik, Mikro-Historie oder Oral History, d. h. die Berücksichtigung von Interviews mit Zeitzeugen) und neuere Forschungszweige (z. B. Mentalitätengeschichte, Wirtschafts- und Sozialgeschichte, Frauen- und Geschlechtergeschichte oder Religionsgeografie) getreten. Diese Entwicklung hat zur Spezialisierung vieler Kirchenhistoriker geführt und ist einer der Gründe, warum das Fach für Studierende unüberschaubar wirken kann.

Literatur

H.-J. GOERTZ, Unsichere Geschichte. Zur Theorie historischer Referentialität, Stuttgart 2001. – M. HEIM, Einführung in die Kirchengeschichte, München 2000. – U. KÜHNEWEG, Kirchengeschichte, in: M. Meiser u. a., Proseminar II Neues Testament – Kirchengeschichte. Ein Arbeitsbuch, Stuttgart 2000, 127–225. – CHR. MARKSCHIES, Arbeitsbuch Kirchengeschichte, Tübingen 1995.

# II. Anleitung zum Studium des Faches

## 1. Wie studiere ich das Fach?

Es geht beim Studium des Faches Kirchengeschichte natürlich nicht darum, eine beliebige Anzahl von Fakten oder gar eine normierte lange Reihe von Lebensdaten auswendig zu lernen, um sie dann nach dem Ende des Studiums schnell wieder zu vergessen. Da es im Studium der Theologie um den Erwerb von theologischer Kompetenz geht, also die Fähigkeit, sich zu den großen Themen und Fragestellungen des Faches eine eigenständige, begründete Position zu erarbeiten, dient das Studium der »Kirchengeschichte« dazu, mit Hilfe eines auf charakteristische Beispiele konzentrierten Gangs durch 2000 Jahre an einem einzigartigen Schatz von Erfahrungen und Gedanken zu partizipieren. *Ziel* des Studiums der Kirchengeschichte ist es, anhand einiger maßgeblicher Ereignisse, Personen und Texte Verständnis dafür zu gewinnen, wie Christen aus vergangenen Zeiten über Gott, Welt und Leben gedacht haben. Es ist ebenso hilfreich wie notwendig, diese theologischen Positionen und Lebenshaltungen zu den jeweils eigenen ins Verhältnis zu setzen, wenn man dabei beachtet, nicht zu früh Urteile über andere Menschen zu fällen und sich für ihre Lebens- und Denkformen offen zu halten. Nur dann, wenn man intellektuell und emotional engagiert Kirchengeschichte studiert, macht das Fach Spaß und wird nicht staubtrocken.

## 2. Die Veranstaltungen

Im Fach werden zum einen *Vorlesungen* angeboten, zum anderen *Seminare*. Die Vorlesungen wiederum gliedern sich in (normalerweise vierstündige) *Überblicksvorlesungen* zu den oben genannten fünf Epochen (Alte Kirche/Antike, Mittelalter, Reformation, Neuzeit sowie Neueste Zeit/Zeitkirchengeschichte) und in so genannte (zweistündige) *Spezialvorlesungen* zu begrenzten Themen (z. B. Papstgeschichte oder Liturgiegeschichte) oder zu thematischen Querschnitten (z. B. Kirche und Staat). In jüngster Zeit sind an einigen Fakultäten im Zusammenhang mit neuen Zwischenprüfungsordnungen auch ein- oder zweisemestrige Vorlesungen üblich geworden, die einen Überblick über die gesamte Kirchengeschichte geben. In solchen sehr verkürzten Überblickslehrveranstaltungen kann man allerdings das für das erste Theologische Examen bzw. Staatsexamen und die Praxis in Schule oder Gemeinde notwendige Wissen nur mit sehr umfangreicher Nacharbeit und Begleitlektüre erwerben, so dass die Zeitersparnis gegenüber einer klassischen Zyklusvorlesung kaum gegeben ist. Deswegen bieten viele Fakultäten nur den klassischen Zyklus an.

Der Besuch der Zyklusvorlesung vermittelt das für Studium und Beruf notwendige kirchenhistorische Überblickswissen. Man sollte in jedem Fall den ersten und dritten Teil, wenn irgend möglich auch den fünften und letzten gehört haben; zum Teil wird dies auch so in den Studien- und Prüfungsordnungen formuliert. Während früher Kirchengeschichte und Dogmen- bzw. Theologiegeschichte gern in zwei unabhängigen Zyklen gelesen wurde, ist seit den späten 70er Jahren des 20. Jahrhunderts an vielen Fakultäten nur noch eine Kombination unter dem Titel »Kirchen- und Theologiegeschichte« üblich. Rein auf die Dogmen, d. h. auf die von gesamtkirchlichen Konzilien und teilkirchlichen Synoden normierte Theologie, konzentrierte Vorlesungen hat es im evangelischen Raum ohnehin kaum gegeben; deswegen ist die in jüngere Zeit in Gebrauch gekommene Bezeichnung »Theologiegeschichte« anstelle der klassischen »Dogmengeschichte« sachgemäßer. Für die Kombination einer »Kirchen- und Theologiegeschichte« spricht, dass der für gewöhnlich enge Zusammenhang von kirchengeschichtlicher Situation und einem bestimmten theologischen Konzept so besser dargestellt werden kann. Gegen eine solche Kombination kann eingewendet werden, dass systematische Theologen gern Vorlesungen über die Theologiegeschichte der Neuzeit bis hin zur Gegenwart anbieten und auf diese Weise dokumentiert wird, dass eine Vorlesung über »Dogmen- und Theologiegeschichte« durchaus auch für sich stehen kann. Die Beteiligung von systematischen Theologen am theologiegeschichtlichen Zyklus ist insofern sachgemäß, als vor allem eine Darstellung der Theologiegeschichte des 19. und 20. Jahrhunderts in hohem Maße vom eigenen systematischen Standpunkt abhängig ist, den Studierende bei Systematikern naturgemäß leichter kennenlernen können. Zum Vorlesungsbesuch sollten auch das gemeinsame Diskutieren und das eigene Studium von Quellen (z. B. in der Übersetzungsreihe »Kirchen- und Theologiegeschichte in Quellen«, s. u. III. Literatur, aber auch in den Originalsprachen) gehören, um die durch den Dozenten vorgetragene Position wenigstens ansatzweise überprüfen und für sich selbst modifizieren zu können.

Unabdingbar ist im Studium der Besuch eines kirchengeschichtlichen *Proseminars*, in dem an einem charakteristischen Beispiel der Kanon der kirchengeschichtlichen Methoden vorgestellt und eingeübt wird (s. o. 6.). Es ist vergleichsweise egal, welcher Epoche das Proseminar gewidmet ist;

in jedem Fall sollte mit fremdsprachlichen Texten gearbeitet werden, um so wahrzunehmen, dass wie in der Vergangenheit so auch in der Gegenwart des globalisierten Europa Kirchengeschichte sich nicht allein mit deutschsprachigen Texten auf Ereignisse und Personen im eigenen Sprachraum konzentriert. Nach dem Besuch eines Proseminars können (und sollten) *Hauptseminare* zu einzelnen maßgeblichen Personen, Texten, Bewegungen und Ereignissen besucht werden. Kirchengeschichtliche Seminarveranstaltungen bestehen primär aus der methodisch kontrollierten Interpretation von Quellen, meist Texten, gelegentlich aber auch Bildern, archäologischen Befunden, Interviews und anderen Hinterlassenschaften. In *Übungen* und *Kolloquien* werden gern Texte mit besonderer Konzentration auf die sprachlichen Probleme behandelt; solche Veranstaltungen sollten besucht werden, um die Sprachen nach ihrem Erlernen nicht gleich wieder zu verlernen – nur eine einigermaßen gute Beherrschung der klassischen Sprachen ermöglicht selbstständige Arbeit an den biblischen Texten und maßgeblichen Quellen der Kirchengeschichte.

## 3. Vorschläge für ein Studium des Faches

In aller Regel sollte man bald nach dem Erlernen der Sprachen und dem Absolvieren der exegetischen Proseminare mit einer kirchengeschichtlichen Lehrveranstaltung beginnen. Es hat sich bewährt, ein Proseminar mit dem seiner Thematik entsprechenden Teil der Zyklusvorlesung zu kombinieren, wobei man keineswegs den Zyklus mit seinem ersten Teil beginnen muss: Auch der dritte Teil oder fünfte Teil (Reformation bzw. Neuzeit II/kirchliche Zeitgeschichte) eignen sich für einen Einstieg. Es ist empfehlenswert, Pro- und Hauptseminar aus unterschiedlichen Epochen zu wählen und im Laufe des Studiums für jede kirchengeschichtliche Epoche einen Grundtext selbstständig oder mit Anleitung in einer Lehrveranstaltung zu lesen. Für solche grundlegende Lektüre eignet sich für den Bereich der Antike die religiöse Autobiografie des nordafrikanischen Kirchenvaters Augustinus (354–430) unter dem Titel »Bekenntnisse« *(Confessiones)*, die kleine Schrift des Bischofs Athanasius von Alexandrien (gest. 373) »Über die Menschwerdung« *(De Incarnatione)* oder die

erste christliche Dogmatik, die »Grundlagenschrift« *(De Principiis)* des
Origenes (gest. 253/254). Eindrückliche Texte aus dem Mittelalter sind
die kurzen Briefe und Regeln, die Franz von Assisi (gest. 1226) geschrie-
ben hat, das Buch »Von der Nachfolge Christi« *(De imitatione Christi)*
des niederrheinischen Mystikers Thomas von Kempen (1379/80–1471)
oder einzelne Abhandlungen *(quaestiones)* aus der »Theologischen Sum-
me« *(Summa Theologica)* des Pariser Dominikanertheologen Thomas
von Aquin (1225–1274). Je nach konfessioneller Heimat sollte man als
charakteristische Texte für die Reformationszeit mindestens die großen
reformatorischen Hauptschriften Martin Luthers aus dem Jahre 1520
(»Von den guten Werken«, »An den christlichen Adel deutscher Nation
von des christlichen Standes Besserung«, *De captivitate Babylonica ecclesiae praeludium, De libertate christiana*/»Von der Freiheit eines Christen-
menschen«) und die lutherischen Bekenntnisschriften lesen oder Calvins
»Unterricht in der christlichen Religion« *(Institutio christianae religionis,*
[5]1559) sowie wichtige reformierte Bekenntnisschriften wie die *Confessio
Helvetica posterior* (1566) oder den Heidelberger Katechismus (1563).
Ein möglicher Text für die Neuzeit ist die ursprünglich als Vorrede ge-
dachte Programmschrift des Pietismus, die der Frankfurter Oberpfarrer
Philipp Jakob Spener 1675 unter dem Titel »*Pia desideria* oder herzliches
Verlangen nach gottgefälliger Besserung der wahren Evangelischen Kirchen« veröffentlichte, für das kurze 20. Jahrhundert könnten die Vorlesungen über »Das Wesen des Christentums« herangezogen werden, die
Adolf (von) Harnack im Jahre 1900 hielt oder die Debatte, die Karl Barth
und Adolf von Harnack in der Zeitschrift »Christliche Welt« 1923 über
die Bedeutung der Wissenschaft in der Theologie führten. Die »Barmer
Theologische Erklärung« von 1934 gehört ebenfalls zu den Grundtexten
der Kirchen- und Theologiegeschichte. Außerdem sollte man begleitend
zu den Lehrveranstaltungen mindestens für Antike und Reformation das
entsprechende Faszikel einer Reihe bzw. die entsprechenden Seiten einer
Gesamtdarstellung lesen. Welche zu wählen ist, hängt so stark vom individuellen Interesse ab, dass sich Studierende von Assistenten oder Professoren in den Sprechstunden beraten lassen sollten. Zur Examensvorbereitung (aber auch erst dann!) empfiehlt sich ein Repetitorium, in dem
das in den voraufgehenden Semestern Gelernte vertieft und ergänzt wird.
Im Internet finden sich Vorschläge für solche Repetitorien.

Literatur

Für die genannten Textausgaben vgl. CHR. MARKSCHIES, Arbeitsbuch Kirchengeschichte, 69–84 (s. o.). – Seither noch: H. FAULENBACH/E. BUSCH (HG.), Reformierte Bekenntnisschriften, Bd. I/1 1523–1534, Neukirchen-Vluyn 2002. – A. VON
HARNACK, Das Wesen des Christentums. Hg. u. kommentiert v. T. Rendtorff, Gütersloh 1999. Ein Vorschlag für ein Repetitorium zur Examensvorbereitung findet sich auf der Homepage des Verfassers unter: http://www2.hu-berlin.de/theo-
logie/kg/marksch.pdf.

## 3.1 Überblickswissen

Was Überblickswissen ist, wird durch den Inhalt der großen Zyklusvorlesungen des Faches zu den genannten großen fünf Epochen definiert
bzw. durch die jeweiligen Examensordnungen der Landeskirchen, Fakultäten und Prüfungsämter. Ein beliebiges Beispiel (aus Kurhessen-Waldeck) erwartet einen »Überblick über die Epochen der Kirchen- und
Theologiegeschichte, über die bestimmenden Ereignisse mit einigen
wichtigen Daten als Orientierungspunkten, über die zentralen Problemstellungen der Epochen und über die Frage der Epochenabgrenzung«.
Einzelne Prüfungsordnungen (z. B. Baden) erwarten auch noch ein
»Hauptthema der Kirchen- und Theologiegeschichte im Längsschnitt«
wie beispielsweise Staat und Kirchen, Geschichte des Papsttums, der Mission oder der Rechtfertigungslehre. Auf die zweite Form von Überblickswissen bereitet eine Spezialvorlesung in aller Regel gut vor.

## 3.2 Spezialkenntnisse

Spezialkenntnisse erwirbt der Studierende in Hauptseminaren und
Übungen; es empfiehlt sich, nach Besuch des kirchengeschichtlichen
Proseminars in den Vorlesungsverzeichnissen frühzeitig Ausschau nach
einem Thema zu halten, das zu begeistern verspricht. Unter Umständen
kommen dafür auch Angebote benachbarter Fächer (z. B. ein germanis-
tisches Seminar zur deutschen Mystik, ein latinistisches Seminar zu Augustinus oder ein historisches Seminar zu den Kreuzzügen) in Frage. In
den Examensordnungen wird erwartet die »Einarbeitung in ein genau
begrenztes Wahlgebiet aus einem Querschnitt (Epochenausschnitt) an
Schwerpunkten der kirchengeschichtlichen Hauptperioden; Quellenstu-

dium grundlegender Schriften dieses Schwerpunktes und ausgewählter Sekundärliteratur zum Zwecke eigener Urteilsfindung« (Kurhessen-Waldeck). Als Beispiele werden genannt: Die Epoche Kaiser Konstantins, Investiturstreit, der Pietismus Speners.

Falls nicht ohnehin durch die Ordnungen benotete Scheine gefordert werden, sollte man unbedingt die Vorlesungen durch mündliche Prüfungen und Klausuren abschließen; es wäre vermessen zu erwarten, dass man rund fünf Jahre nach dem Abitur zum Examen ohne jede Übung problemlos eine mündliche Prüfung oder mehrstündige Klausur absolvieren kann. Sicherheit im persönlichen Auftritt und das Verfassen eines ebenso klug aufgebauten wie lesenswerten theologischen Essays kann (und sollte) geübt werden.

## III. Literatur

### 1. Zeitschriften, Lexika und Nachschlagewerke

#### 1.1 Zeitschriften

Kirchenhistorische Aufsätze und Rezensionen finden sich zunächst in den an anderer Stelle in diesem Buch vorgestellten allgemeinen theologischen Zeitschriften und Rezensionsorganen. Dazu treten kirchenhistorische Fachzeitschriften, die entweder epochenübergreifend publizieren oder sich auf eine Epoche konzentrieren. Die meisten dieser Fachzeitschriften enthalten Rezensionen oder bestehen sogar überwiegend aus Rezensionen. Die wichtigsten allgemeinen Fachzeitschriften und Rezensionsorgane sind:

ZKG     Zeitschrift für Kirchengeschichte, Stuttgart u. a. 1, 1877 ff.
RHE     Revue d'Histoire Ecclesiastique, Löwen 1, 1900 ff.
JEH     Journal of Ecclesiastical History, London u. a. 1, 1950 ff.

Für die einzelnen *Epochen* sind einschlägig:

ZAC     Zeitschrift für Antikes Christentum, Berlin/New York 1, 1997 ff.
DA      Deutsches Archiv für Erforschung des Mittelalters, Köln 1, 1950 ff.
ARG     Archiv für Reformationsgeschichte, Gütersloh u. a. 1, 1930 ff.
PuN     Pietismus und Neuzeit, Göttingen 1, 1974 ff.
ZNThG   Zeitschrift für Neuere Theologiegeschichte, Berlin/New York 1, 1992 ff.
KZG     Kirchliche Zeitgeschichte, Göttingen 1, 1988 ff.

## 1.2 Lexika

BBKL    Biographisch-bibliographisches Kirchenlexikon. Hg. v. F. W. Bautz, Herzberg u. a. 1970

DHGE    Dictionnaire d'histoire et de géographie ecclesiastique, Paris 1930 ff.

Wörterbuch der Kirchengeschichte. Hg. v. C. Andresen/G. Denzler, München 1982.

Für die einzelnen *Epochen* sind einschlägig:

RAC    Reallexikon für Antike und Christentum. Hg. v. Th. Klauser u. a., Stuttgart 1950 ff.

LMA    Lexikon des Mittelalters, Stuttgart 1977–1999.

GGB    Geschichtliche Grundbegriffe. Historisches Lexikon zur politisch-sozialen Sprache in Deutschland. Hg. v. O. Brunner u. a., Stuttgart 1979–1999.

The Oxford Encyclopedia of the Reformation. Hg. v. H. J. Hillerbrand, New York/Oxford 1996.

## 2. Zur Anschaffung empfohlene Bücher

Es lohnt sich für das Fach Kirchengeschichte genau wie für die anderen theologischen Kerndisziplinen ein Lehrbuch und die wichtigsten Quellen anzuschaffen. Da der (vorzügliche) *»Atlas zur Kirchengeschichte« (Kurz ex. hg. v. H. Jedin/J. Martin, [3]2003)* gelegentlich sehr preiswert angeboten wird, kann man interessierten Studierenden seinen Kauf ohne Zögern empfehlen.

## 2.1 Lehrbücher

Wie bereits oben angedeutet, sollte man sich vor dem Kauf eines Lehrbuchs oder gar dem Erwerb einer großen mehrbändigen Gesamtdarstellung der Kirchengeschichte durch Fachleute beraten lassen. Die Faszikel der großen Reihen sind z. B. bei Markschies, Arbeitsbuch Kirchengeschichte, 161–164, auf dem Stand von 1995 bibliografiert und können mühelos über Internetrecherchen aktualisiert werden. Es empfiehlt sich, aus diesen Gesamtdarstellungen Einzelbände für die Begleitlektüre zur Zyklusvorlesung auszuwählen und vor dem Kauf auch ein wenig in den Büchern zu lesen, um festzustellen, mit welchem Stil man am besten zurechtkommt. Zum Abschluss dieses Beitrags sollen nur einige allgemein gültige Bemerkungen über verbreitete Lehrbücher und zusammenfassende Darstellungen zusammengestellt werden, die einen gewissen Grad an Allgemeingültigkeit besitzen:

*K. Heussi, Kompendium der Kirchengeschichte, Tübingen* [12]*1960.* Auch wenn der Verlag inzwischen die 18. Auflage (1991) anbietet und auf diese Weise die außerordentliche Beliebtheit des Buches bei Studierenden (und Dozierenden) deutlich wird, steht das Buch auf dem Stand deutscher Kirchengeschichtsschreibung kurz nach dem Ende des Zweiten Weltkriegs. Viele Positionen sind überholt, die Stofffülle ist erdrückend und das Buch eignet sich eigentlich nur noch zum Nachschlagen von Jahreszahlen und zur kursorischen Lektüre vor dem Examen. Trotzdem kann man nicht bestreiten, dass das Buch in seiner sprachlichen wie sachlichen Konzentration eine große didaktische Leistung des Jenaer Gelehrten Karl Heussi (1877–1961) darstellt. Eher eine kirchenhistorische Quelle denn eine Fortsetzung des Heussi ist der Versuch des Rostocker Kirchenhistorikers Gert Wendelborn, ein »Kompendium für neuere und neueste Kirchengeschichte 1958–1969« vorzulegen, das vom Ministerium für Hoch- und Fachschulwesen der DDR als Schreibsatz 1988 publiziert wurde und als repräsentativer Text für eine bestimmte Position im Umgang mit dem sozialistischen Staat genommen werden kann.

*W.-D. Hauschild, Lehrbuch der Kirchen- und Dogmengeschichte Bd. 1 Alte Kirche und Mittelalter, Gütersloh 1995; Bd. 2 Reformation und Neuzeit, ebd. 1999.* Nachdem mehrere Versuche gescheitert waren, den als unbefriedigend empfundenen Heussi als kurz gefasstes Lehrbuch durch eine Gemeinschaftsarbeit verschiedener Kirchenhistoriker zu ersetzen, wagte der Münsteraner Kirchenhistoriker Wolf-Dieter Hauschild, ein zweibändiges Lehrbuch zu verfassen, das gleichzeitig »Grundriß für allgemeine Kenntnisse« und ein »Nachschlagewerk für speziellere Informationen« sein will (Vorwort, S. V). Dem trägt eine typografische Differenzierung zwischen Grund- und Ergänzungswissen ebenso Rechnung wie ausführliche Register. Während die einen begrüßen, dass die strikte chronologische Anordnung des Heussi zugunsten thematischer Querschnitte aufgegeben ist (so erscheint zunächst eine Ideengeschichte der Trinitätslehre als erster Paragraf, dann erst im dritten Paragraf die Ereignisgeschichte der Auseinandersetzungen zwischen *Imperium Romanum* und den Christen), finden die anderen eben diese Gliederung des Buches verwirrend. Es versteht sich angesichts der starken Spezialisierung der Forschung von selbst, dass ein von einem einzelnen Autor verfasstes Buch in einzelnen Epochen stärker an letzten Ergebnissen der Forschung orientiert ist, in anderen weniger. Insgesamt ist das Werk aber sehr zuverlässig angelegt.

*B. Moeller, Geschichte des Christentums in Grundzügen, Göttingen* [8]*2004.* Der emeritierte Göttinger Kirchenhistoriker Bernd Moeller (*1931) hat mehrere Überblicksdarstellungen vorgelegt, die sich hervorragend zur einführenden Lektüre und zur wiederholenden Erinnerung eignen und in gewissem Sinne zeitlos genannt werden dürfen, obwohl sie von Auflage zu Auflage behutsam aktualisiert werden. Am weitesten verbreitet dürfte das zitierte Werk sein, empfehlenswert sind aber auch die Überblicksdarstellungen »Spätmittelalter« (Die Kirchen in ihrer Geschichte Bd. 2, Lfg. H/1, Göttingen 1966) und »Deutschland im Zeitalter der Reformation« (Kleine Vandenhoeck-Reihe 1431, Göttingen [4]1999).

*J. Wallmann, Kirchengeschichte Deutschlands seit der Reformation, UTB 1355, Tübingen* [5]*2000.* Eine geradezu schwungvoll geschriebene Darstellung, die der emeritierte Bochumer Kirchenhistoriker und Pietismus-Forscher bis an die Schwelle der Gegenwart geführt hat. Dieses Buch ist die knappste und zugleich gehaltvollste Darstellung auch der Kirchen- und Theologiegeschichte des langen 19. und kurzen 20. Jahrhunderts und wird daher gern gelesen.

## 2.2 Quellensammlungen

Fast noch wichtiger als die Anschaffung von Gesamtdarstellungen und Lehrbüchern ist das Studium von Quellen, um die Ansichten und Interpretationen aus Literatur und Lehrveranstaltungen selbst kritisch prüfen zu können. Leider gibt es nur eine *einsprachige*, allerdings ganz vorzüglich angelegte Auswahlausgabe von Quellen in sechs Bänden mit einführenden Regesten, knappen kommentierenden Anmerkungen und Hinweisen auf die Sekundärliteratur: Kirchen- und Theologiegeschichte in Quellen, hg. v. A. M. Ritter u. a. (Bd. 1: Alte Kirche, 2: Mittelalter, 3: Die Kirche im Zeitalter der Reformation, 4: Vom Konfessionalismus zur Moderne, 5: Das Zeitalter der Weltkriege und Revolutionen, 6: Außereuropäische Christentumsgeschichte (Asien, Afrika, Lateinamerika), diverse bearbeitete Neuauflagen, Neukirchen-Vluyn 1980–2004. Originaltexte wurden (allerdings) über lange Zeit in den fast 200 Heften der *Kleinen Texte für Vorlesungen und Übungen* (Bonn u. a. 1914 ff.) gedruckt, die einst sehr preiswert waren und daher in Antiquariaten auch immer noch billig erworben werden können. Neuere zweisprachige Quellenreihen sind beispielsweise genannt bei Markschies, Arbeitsbuch Kirchengeschichte, 69–84. Erfreulicherweise ist in den letzten Jahren ein regelrechter Boom auf diesem Sektor zu konstatieren: Es sind sowohl zweisprachige Quellenreihen zur christlichen Antike (Fontes Christiani, Freiburg u. a. 1991 ff.) als auch zu mittelalterlichen Theologen *(Bernhard von Clairvaux, Sämtliche Werke, Innsbruck 1990–1998)* und zu einzelnen Reformatoren (z. B. *Calvin-Studienausgabe, Neukirchen-Vluyn 1993 ff.*) erschienen. Eine zweisprachige Lutherausgabe wird ebenfalls vorbereitet.

# Systematische Theologie

## Von Michael Roth

## I. Was ist Systematische Theologie?

### 1. Entstehung des Faches

#### 1.1 Vorverständnis

Sowohl die Bibelwissenschaft (Neutestamentliche Wissenschaft und Alttestamentliche Wissenschaft) als auch die Kirchengeschichte verdanken ihre Bezeichnung dem Gegenstand, den sie wissenschaftlich bearbeiten. Schon aufgrund der Bezeichnungen dieser Disziplinen lässt sich erahnen, um was es in diesen Fächern geht: Widmet sich die neutestamentliche Wissenschaft dem Kanon der 27 Schriften des Neuen Testaments, die alttestamentliche Wissenschaft dem Kanon der alttestamentlichen Schriften, so hat die Kirchengeschichte die Geschichte des Christentums zu ihrem Gegenstand. Auch mit der Praktischen Theologie/Religionspädagogik verbinden sich zumindest ungefähre Vorstellungen von dem Arbeitsfeld dieser Disziplinen. Zwar verdankt sich die Bezeichnung dieser Disziplinen nicht einem Gegenstand, den sie wissenschaftlich bearbeiten, sondern ihrer Aufgabe, doch ist diese Aufgabe (zumindest für das erste grobe Verstehen) leicht zugänglich: die Kommunikation des Glaubens in den unterschiedlichen Praxissituationen, sei es die pfarramtliche oder die schulische.

Während somit bezüglich dieser Teilfächer ein bestimmtes Vorverständnis gegeben ist, so sieht dies hinsichtlich der »Systematischen Theologie« anders aus. Welche Disziplin sich hinter dieser Bezeichnung verbirgt, scheint auf den ersten Blick rätselhaft zu sein. Man kann hier zunächst nur ganz frei assoziieren: Bedeutet systematische Theologie, dass hier irgendwie »systematisch« *verfahren* wird? Werden in der »Systematischen Theologie« Ergebnisse der anderen Disziplinen systematisiert? Oder weist die Bezeichnung »Systematische Theologie« auf den *Inhalt* des Faches hin, auf irgendein System, mit dem es die »Systematische Theologie« zu tun hat?

Der Name »Systematische Theologie« hinterlässt Ratlosigkeit, er wirft eher Fragen auf, als er zur Beantwortung der Frage beiträgt, um was es hier eigentlich geht. Die Lage sieht allerdings schon anders aus, wenn man erfährt, dass er als Oberbegriff die beiden Unterdisziplinen »Dogmatik« und »Ethik« unter sich vereint. Mit diesen Begriffen sind immer schon Vorstellungen verbunden. So steckt in dem Begriff »Dogmatik« der Begriff »Dogma«: die Lehraussage über den Inhalt des Glaubens. Ist die Dogmatik diejenige Disziplin, die sich mit dem Dogma beschäftigt, dann hat sie den Inhalt des Glaubens zu ihrem Gegenstand. Allerdings weckt der Begriff »Dogma«, und damit auch »Dogmatik«, auch negative Assoziationen: Das Substantiv »Dogma« und das Adjektiv »dogmatisch« sind in unsere Umgangssprache eingegangen und werden meist abwertend gebraucht für ein starres oder unkritisches Festhalten an kirchlichen Glaubenssätzen oder (Lehr-)Meinungen. Wird über jemanden gesagt, er sei »dogmatisch«, dann meint man, dass er an einer Anschauung strikt festhält, ohne sich von der Wirklichkeit belehren zu lassen. Ist es somit die Aufgabe des Dogmatikers, an den überkommenen Lehraussagen festzuhalten und diese einzuschärfen? Dass dies nicht das Anliegen und die Arbeitsweise theologischer Dogmatik ist, wird im Folgenden zu zeigen sein.

Weniger belastet durch negative Assoziationen und in unserer Alltagssprache präsenter ist der Begriff »Ethik«. Aktuelle öffentliche Diskussionen, beispielsweise um die Chancen und Gefahren der Gentechnik, werden auch auf der sog. »ethischen Ebene« geführt. Immer wieder werden Fragen virulent, ob Kriege, ob die Todesstrafe, ob Umweltzerstörung »ethisch verantwortbar« sind. Mit »Ethik« wird hier ganz allgemein die Auseinandersetzung mit Fragen bezeichnet, die nach dem »richtigen« Handeln im Gegensatz zu »falschem« Handeln fragen. Was aber ist nun spezifisch theologisch daran, gibt es doch ethische Reflexionen auch außerhalb der Theologie, etwa in der Philosophie? Ist es das Spezifische der theologischen Ethik, dass sie versucht, die Frage nach dem richtigen Handeln aufgrund von biblischen Geboten, wie sie etwa im Dekalog oder der Bergpredigt laut werden, zu beantworten? Auch diese Fragen werden im Folgenden zu klären sein.

Provozieren somit auch die Bezeichnungen »Dogmatik« und »Ethik« Fragen, so kann doch fürs Erste festgehalten werden, dass die Systematische Theologie in ihren Unterdisziplinen (in einer noch näher zu bestimmenden Weise) den Inhalt des Glaubens (Dogmatik) und die Bedeutung des Glaubens für das menschliche Leben und Handeln (Ethik) zu ihrem Gegenstand hat. Um zu einem tieferen Verständnis der Systematischen Theologie vorzustoßen, ist es sinnvoll, ihre historischen Anfänge in den Blick zu nehmen.

## 1.2 Geschichte des Faches

Die Frage, seit wann es diese Disziplinen gibt, ist deshalb schwer zu beantworten, weil die Theologie sich natürlich seit jeher mit dem Inhalt des Glaubens und der Bedeutung des Glaubens für das menschliche Leben und Handeln befasst hat. Dies scheint selbstverständlich: Was könnte die Theologie auch anderes behandeln? Von hierher wundert es kaum, dass »Dogmatik« auch als Bezeichnung für die Theologie insgesamt gelten konnte.

Dies ist u. a. bei Lucas Friedrich Reinhart (1659) der Fall. Reinhart unterscheidet zwischen verschiedenen Arbeitsschritten der theologischen Reflexion, bezeichnet mit dem Begriff »dogmatisch« aber die Theologie insgesamt.

Zur Frage steht daher eigentlich nicht, seit wann dogmatische und ethische Themen in der Theologie behandelt wurden, sondern seit wann es Disziplinen gibt, sie sich dezidiert als »Dogmatik« oder »Ethik« verstehen.

Blicken wir zunächst auf die »Dogmatik«: Der Begriff »theologia dogmatica« kommt im 17. Jahrhundert auf (die substantivierte Übernahme ins Deutsche als »Dogmatik« erfolgt erst im 18. Jahrhundert). Auffällig ist, dass an den zwei Stellen, wo dieser Begriff erstmals begegnet, er in Abgrenzung zu einer anderen Disziplin gebraucht wird. So unterscheidet Georg Calixt in seiner theologischen Ethik aus dem Jahr 1634 zwischen einer »theologia moralis«, die sich mit Fragen der Sittlichkeit beschäftigt, und einer »theologia dogmatica«, die den Inhalt des Glaubens zum Gegenstand hat. Zwar ist die Unterscheidung zwischen Glaubenswahrheiten und Sätzen, die das moralische Handeln betreffen, nicht neu und taucht schon bei Phillip Melanchthon im 16. Jahrhundert auf. Das Neue bei Calixt liegt vielmehr darin, dass für ihn die Ethik – anders als für Melanchthon – nicht ein Gebiet der Philosophie ist, sondern als theologische Aufgabe begriffen wird. Aufschlussreich ist ferner, dass Calixt sich in seinem Vorhaben, eine theologische Ethik zu schreiben, genötigt sieht, diese von der der Dogmatik abzugrenzen.

Ebenfalls an Abgrenzung interessiert ist die 1664 erschienene »Theologia historica« von Heinrich Alting, in der er differenziert zwischen den Glaubensgehalten der kirchlichen Lehre und den geschichtlich erforschbaren Realitäten des Christentums (theologia dogmatica im Unterschied zu einer theologia historica). Auffällig ist, dass Alting ganz offensichtlich einen Unterschied zwischen der geschichtlichen Betrachtung des Christentums und einer dogmatischen Fragestellung empfindet.

Erst im 17. Jahrhundert taucht dann der Begriff »systematische Theologie« auf. J. F. Buddeus (1727) benutzt den Begriff »systematica theologia« als Oberbegriff für Dogmatik und Ethik. Auch J. G. Plancks Einleitung in die theologische Wissenschaft aus dem Jahr 1794 bedient sich dieses Begriffes, indem die Systematische Theologie definiert wird als »Inbegriff eben der Religionswahrheiten, die in der Bibel enthalten sind, nur dass sie hier nach ihren Voraussetzungen und Folgen weiter entwickelt, in den Zusammenhang, der ihrer Beziehung gemäß ist, gebracht, oder – mit andern Worten – in einer Ordnung dargestellt sind, worin eine die andere entweder beweist und erläutert, oder einschränkt und genauer bestimmt«. Planck kommt zu dem Schluss, dass durch die »systematische Behandlung« des biblischen Stoffes nun einerseits das System der Dogmatik, andererseits das System der Moral entsteht.

Dieser kurze Blick in die Geschichte des Faches zeigt, dass die beiden systematischen Disziplinen Dogmatik und Ethik als Produkte eines innertheologischen Abgrenzungs- und Differenzierungsprozesses verstanden werden können. Allerdings ist das gegenwärtige Verständnis der Disziplin Systematische Theologie auch durch ihre Entstehung nicht hinreichend zu erklären, insofern in den letzten 250 Jahren das Fach genauer profiliert und sein Proprium genauer konturiert wurde. Als wesentlichen Gesichtspunkt aus dem Blick in die Geschichte des Faches gilt es erstens festzuhalten, dass die systematisch-theologische Reflexion sich seit ihrem Beginn versteht *im Unterschied zu einer historischen Betrachtungsweise des Glaubens* und zweitens eine *zusammenhängende Betrach-*

*tung* des Inhaltes des Glaubens und der Bedeutung des Glaubens für das menschliche Leben intendiert.

Quellen

H. Alting, Theologia historica, sive systemtatis historici loci quatuor, 1664. – J. F. Buddeus, Isagoge historico-theologica ad theologiam universam singulasque eius partes, 1727. – G. Calixt, Epitomes theologiae moralis prima pars, 1634. – J. G. Planck, Einleitung in die theologischen Wissenschaften, 2 Bde., 1794,1795. – Ph. Melanchthon, Epitome philosophiae moralis, 1538. – Ders., Ethicae doctrinae elementa, 1559. – L. F. Reinhart, Synopsis Theologiae christianae dogmaticae, 1659.

Literatur

G. Ebeling, Studium der Theologie. Eine enzyklopädische Orientierung, Tübingen 1975, 130–175. – W. Pannenberg, Wissenschaftstheorie und Theologie (1973), Frankfurt a. M. 1987, 349–361.

## 2. Proprium und Fragerichtung des Faches

Um das gegenwärtige Verständnis der Systematischen Theologie zu explizieren, sei folgende Definition vorgeschlagen, die es genauer zu erläutern gilt: *Die Systematische Theologie ist gekennzeichnet durch die Aufgabe, aus der Innenperspektive des Glaubens den Inhalt des christlichen Glaubens und die Bedeutung des Glaubens für das menschliche Leben und Handeln im Blick auf die eigene Gegenwart zusammenhängend zu reflektieren.* Im Blick auf diese Definition sind vier Hauptgesichtspunkte näher zu beleuchten.

Erstens besteht das charakteristische Merkmal der Systematischen Theologie im Unterschied zu den historischen Disziplinen (Alttestamentliche Wissenschaft, Neutestamentliche Wissenschaft, Kirchengeschichte) nicht in einem bestimmten Gegenstand (sei es das Alte Testament, das Neue Testament oder die Geschichte des Christentums), sondern in einer bestimmten Aufgabe, nämlich der Reflexion des Inhaltes des Glaubens und seiner Bedeutung für das menschliche Leben.

Zweitens expliziert die Systematische Theologie den christlichen

Glauben aus der *Innenperspektive.* Hierin unterscheidet sie sich von anderen Darstellungen des christlichen Glaubens. So kann dieser auch innerhalb der Religionswissenschaft oder der Philosophie (Religionsphilosophie) zur Sprache kommen, auch die Sozialwissenschaft beschäftigt sich mit dem Einfluss von religiösen Überzeugungen auf gesellschaftliche Systeme. Doch nehmen diese Wissenschaften den Glauben aus einer Außenperspektive wahr. Diese Wissenschaften beanspruchen, den christlichen Glauben »neutral« darzustellen, während die Systematische Theologie den Glauben verantworten will, d. h. sich als Anwalt des Glaubens versteht.

Drittens orientiert sich die Systematische Theologie an der Gegenwart. Ihre Frage ist: Was *ist* der Inhalt des Glaubens und was bedeutet er für unser heutiges Leben? Allerdings geschieht dies nicht etwa in Form einer statistischen Erhebung nach dem Motto: »Was glauben die Deutschen?« Vielmehr bezeichnet die Orientierung an der Gegenwart die Intention der Systematische Theologie: Sie intendiert, den Glauben so zur Darstellung zu bringen, dass er in der Gegenwart verstanden wird, indem sie ihn in Bezug auf die Gegenwart durchdenkt. Die Systematische Theologie beabsichtigt daher, ausgehend von den Quellen des Glaubens und in Bezug auf die geschichtlichen Erfahrungen, den Glauben in der Gegenwart zu verantworten.

Viertens ist für die Systematische Theologie das systematische Verfahren kennzeichnend. Die Systematische Theologie intendiert, den Gehalt des Glaubens und die Bedeutung des Glaubens für das menschliche Leben im Zusammenhang darzustellen. Dieses systematische Verfahren hängt damit zusammen, dass es der Systematischen Theologie um das Verstehen des Glaubens geht; denn Verstehen ist immer auch ein Erfassen von Zusammenhängen.

Literatur

G. EBELING, Dogmatik des christlichen Glaubens I, [3]1987, 11–23. – P. TILLICH, Systematische Theologie I, Berlin/New York [8]1987, 15–37.

## 3. Stellung des Faches im Gesamtzusammenhang der Theologie

Die besondere Stellung der Systematischen Theologie verdankt sie ihrer Aufgabe, den Inhalt des Glaubens und die Bedeutung des Glaubens für das menschliche Leben in Bezug auf die Gegenwart zu verantworten. Diese Aufgabe ist für die Theologie insgesamt unaufgebbar, wenn sie noch für die Gegenwart relevant und interessant sprechen will. Dies tut sie nur, wenn sie selbstbewusst Einsichten formuliert, die beanspruchen, für die Gegenwart Bedeutung zu haben und einen Beitrag zu leisten für den gegenwärtigen Diskurs über Welt, Mensch und Gott.

Die systematische Theologie verantwortet den Glauben in Blick auf die Quellen des Glaubens und auf die geschichtlichen Erfahrungen des Glaubens. Dies bedeutet zweierlei: Einerseits ist die systematisch-theologische Theoriebildung damit auf die Arbeit der historischen Disziplinen angewiesen, andererseits bedürfen diese derjenigen Perspektive, die die Systematische Theologie eröffnet, wenn der Glaube nicht nur als Gegenstand historischer Betrachtungen verstanden werden soll, sondern sein Bezug auf die Gegenwart hergestellt werden soll. Es geht in der Systematischen Theologie nicht um die Frage, in welcher Weise sich der Glaube in der Vergangenheit manifestiert hat (Bsp.: In welcher Weise modifizierte sich der alttestamentliche Glaube durch die Erfahrungen des Babylonischen Exils? Welche Vorstellungen des Judentums sind im Urchristentum aufgenommen?), sondern um die Frage, inwiefern der Glaube eine gegenwärtige Möglichkeit ist (Bsp.: Was heißt es für mein Selbstverständnis, mich als Geschöpf Gottes wahrzunehmen?). Damit erfüllt erst die Systematische Theologie das Anliegen der biblischen Überlieferung; denn diese erhebt einen Anspruch über ihre eigene Gegenwart hinaus, insofern sie beansprucht, Wahrheit zu sein.

Schwierig ist es die Bedeutung der Systematischen Theologie für die Praktische Theologie/Religionspädagogik zu klären. Scharfe Grenzziehungen würden ihre große Gemeinsamkeit verdecken: Beiden geht es um eine Theorie für die Praxis, insofern sie den Glauben in der Gegenwart zu verantworten haben. Dabei setzt die Praktische Theologie/Religionspädagogik einen pragmatisch-instruktiven Schwerpunkt (*Wie* kann in den unterschiedlichen Praxissituationen der Glaube verantwortet

werden?) die Systematische Theologie hingegen einen inhaltlich-kon-
struktiven Schwerpunkt (*Was* gilt es für die Gegenwart zu verantworten?), m.a.W.: Die Praktische Theologie arbeitet in erster Linie an den
Fragen der angemessenen Kommunikation des Glaubens, die Systematische Theologie an dem Verstehen des Glaubens. Allerdings ist zu beachten, dass es sich hier nur um unterschiedliche Schwerpunkte handelt.
Auch der Systematiker darf die konkrete Praxis nicht aus den Augen verlieren (will er nichts ins »Leere« sprechen), wie umgekehrt der Praktische
Theologe/Religionspädagoge immer auch den Gegenstand inhaltlich reflektieren muss, den es pädagogisch umzusetzen gilt.

## Literatur

E. Jüngel, Das Verhältnis der theologischen Disziplinen untereinander, in: ders.,
Unterwegs zur Sache. Theologische Bemerkungen I, 2. durchgesehene Aufl. Mün-
chen 1988, 34–60. – M. Roth, Die Ausdifferenzierung der theologischen Wissen-
schaften als Problemstellung der Evangelischen Theologie, in: M. Petzoldt (Hg.),
Evangelische Fundamentaltheologie in der Diskussion, Leipzig 2004, 73–94. – K.
Stock, Art. »Theologie III«, TRE XXXIII, Berlin/New York 2001, 232–243.

## 4. Gliederungen des Faches

Als Proprium der Systematischen Theologie wurde ihre Aufgabe herausgestellt: die Reflexion des Inhalts des christlichen Glaubens und seiner
Bedeutung für das menschliche Leben. Durch die Gliederung der Systematischen Theologie in ihre Unterdisziplinen wird jeweils ein Aspekt
dieser gemeinsamen Aufgabe in den Mittelpunkt gestellt: die Reflexion
des Inhalts des Glaubens innerhalb der Dogmatik (vgl. 4.1), die Reflexion
der Bedeutung des Glaubens für das menschliche Leben und Handeln
innerhalb der Ethik (vgl. 4.2) und schließlich die Erörterung über die
angemessene Weise der ethischen und dogmatischen Reflexion innerhalb der Fundamentaltheologie (4.3).

### 4.1 Dogmatik

Zunächst ist einem möglichen Missverständnis vorzubeugen: In dem Begriff Dogmatik steckt ja der Begriff »Dogma«, so dass man auch formu-

lieren könnte: Gegenstand der Dogmatik ist die Explikation des Dogmas der Kirche. Auf der einen Seite ist diese Definition selbstverständlich. Formuliert nämlich das Dogma den Inhalt des christlichen Glaubens (s. o.), dann kann eben die Explikation des Inhalts des Glaubens auch als Explikation des Dogmas bezeichnet werden. Auf der anderen Seite ist diese Bestimmung aber auch irreführend, weil der Begriff »Dogma« nicht nur negative Assoziationen weckt (»engstirnig«, »unkritisch« »starr«), sondern meistens auch mit der römisch-katholischen Auffassung vom Wesen des Dogmas verbunden wird.

Der Begriff »Dogma«, der bereits im Altertum auftaucht, jedoch erst im 19. Jahrhundert im römischen Katholizismus voll ausgebildet wurde, bezeichnet gemäß des 1. Vatikanischen Konzils eine Glaubenswahrheit, die erstens in den Offenbarungsquellen erhalten und zweitens vom kirchlichen Lehramt als solche definiert worden ist. Als vom kirchlichen Lehramt definierte Glaubenswahrheit gilt diese ein für allemal. Sie zu glauben ist Pflicht gegenüber Gott und der Kirche.

Das römisch-katholische Verständnis von »Dogma« ist jedoch dem Protestantismus fremd, insofern dieser weder eine institutionelle Autorität kennt, die ein für allemal den Inhalt des Glaubens festschreibt und der sich die Glaubenden in Gehorsam beugen müssen, noch den Glauben als Pflicht gegenüber der Kirche begreift. Der Protestantismus kennt vielmehr nur auf bestimmte Situationen antwortende Bekenntnisse (z. B. »Heidelberger Katechismus«, »Augsburger Konfession«), die keineswegs beanspruchen, ewig gültige Glaubenssätze aufzustellen. Sie sind sich nämlich bewusst, immer wieder einer Überprüfung bedürftig zu sein sowohl in Bezug auf die Quellen des Glaubens (biblische Schriften) als auch in Bezug auf ihre gegenwärtige Relevanz und Verantwortbarkeit.

So wundert es nicht, dass in der Neuzeit im Protestantismus das »Dogma« gar als subjektive Lehrmeinung des Einzelnen verstanden wurde und folglich Dogmatik als Darstellung der einzelnen subjektiven Auffassung vom Christentum. Dadurch gewann der Begriff »Glaubenslehre« an Popularität gegenüber dem Begriff »Dogmatik«.

Was zeichnet nun die protestantische Dogmatik aus? Zunächst ist festzustellen, dass die Dogmatik eine solche Entfaltung des Inhaltes des Glaubens intendiert, wie er in der Gegenwart verantwortet werden kann. Es geht der Systematischen Theologie nicht darum, biblische Sätze zu wiederholen oder narrativ biblische Geschichten nachzuerzählen, auch nicht darum, Glaubensaussagen festzulegen, sondern darum, sie zu verstehen, indem sie in Bezug auf die Gegenwart durchdacht werden. Dabei intendiert die Dogmatik eine zusammenhängende Explikation des Glaubens, die versucht das Ganze des Glaubens in seinen inneren Bezügen in den Blick zu nehmen.

Nun bedarf allerdings auch eine zusammenhängende Darstellung des Inhaltes des Glaubens schon aus rein arbeitsökonomischen Gründen einer Schwerpunktsetzung. Von daher wird die zusammenhängende Explikation des Glaubens in verschiedene Gedankenkreise aufgeteilt. Dies ist bereits bei dem ersten Versuch einer zusammenhängenden Darstellung des Glaubens der Fall, insofern Origenes (185–254) in »De principiis« in Teil I Gott, in Teil II die Welt, in Teil III die Freiheit und in Teil IV die Heilige Schrift behandelt.

Herkömmlich enthalten Darstellungen der Dogmatik folgende Gedankenkreise:

– *Gotteslehre:* Sie fragt nach dem Wesen und den Eigenschaften Gottes. In älteren dogmatischen Konzeptionen wird im Anschluss an die Erörterung des Wesens und der Eigenschaften Gottes die Trinitätslehre erörtert, in neueren Konzeptionen finden sich aber auch andere Anordnungen der Trinitätslehre.

– *Anthropologie:* Sie fragt nach dem Wesen des Menschen, der Bestimmung des Menschen und der Verfehlung der menschlichen Bestimmung. Innerhalb der Anthropologie hat somit auch die Sündenlehre (Hamartiologie) ihren Ort.

– *Christologie:* Sie fragt nach der Person und dem Werk Jesu Christi.

– *Soteriologie:* Sie erörtert die Bedeutung des Heilshandels Christi für den Menschen. Daher werden an diesem Ort auch die Themen »Rechtfertigung« und »Heiliger Geist« (Pneumatologie) erörtert.

– *Ekklesiologie:* Sie hat das Verständnis von Kirche zu ihrem Gegenstand. Im Zusammenhang dieser Fragestellung werden auch die Sakramente und das Amtsverständnis zum Thema.

– *Eschatologie:* Sie erörtert die Hoffnung des Glaubens in Bezug auf die Bewahrung und das Ergehen des Einzelnen nach seinem Tode sowie die Frage nach der Zukunft der Geschichte insgesamt.

Wie immer man die Darstellung des Gehaltes des Glaubens aufteilt, festzuhalten ist, dass es sich hierbei nur um unterschiedliche Schwerpunkt-setzungen handelt. Jedes dieser Themen bedarf des Blickes auf die anderen, so dass in jeder Schwerpunktsetzung die anderen Perspektiven vorausgesetzt und mitenthalten sind. Von hier verstehen sich diese Themenkreise nicht als eigenständige, klar abgegrenzte Bausteine, sondern lediglich als unterschiedliche »Einstiegspunkte« in das Ganze, nämlich den Gehalt des christlichen Glaubens.

Literatur

G. EBELING, Dogmatik des christlichen Glaubens I, Tübingen ³1987, 61–76.

## 4.2 Ethik

Gemeinhin wird Ethik als Unternehmen verstanden, Antworten zu finden auf die Fragen wie »Was ist richtiges (moralisch gutes) Handeln?«, »Nach welchen Grundmaximen soll ich mich richten?«, »Nach welchen Werten und Normen soll Gesellschaft gestaltet werden?« Fragt man dann, was eine Theologische Ethik ist, so wird landläufig darunter eine Ethik verstanden, die die soeben genannten Fragen aus der Bibel beantworten will, indem sie hier nach den entsprechenden Weisungen fragt bzw. Weisungen der biblischen Schriften auf die entsprechenden Problemlagen anwendet. Schließlich versteht man landläufig das in der Ethik thematisierte Handeln als ein »moralisches Handeln«, das nach dem Wohlergehen anderer fragt, und somit von einem Handeln unterschieden ist, das an dem eigenen Wohlergehen interessiert ist. Diese Vorstellungen sind jedoch teils verkürzend, teils falsch.

Erstens argumentiert die theologische Ethik nicht mit Einzelaussagen der Bibel. Die Frage nach der Ehescheidung kann nicht einfach mit Mk 10,11 f. beantwortet werden, die Frage nach gleichgeschlechtlichen Lebensgemeinschaften nicht mit dem Hinweis auf Lev 18,22. Sonst müsste ja auch etwa die Frage nach der Gleichstellung der Frau mit Kol 3,18 beantwortet werden. Dennoch ist die theologische Ethik auf die biblischen Schriften bezogen, jedoch nicht so, dass sie Einzelaussagen der Bibel aus ihrem Zusammenhang herauslöst und in die ethische Diskussion wirft, sondern so, dass sie in ihren Erörterungen auf die biblische Sicht des menschlichen Daseins in der Welt insgesamt, ihre Sicht der Gefährdung menschlichen Lebens und ihre Sicht des Gelingens menschlichen Lebens bezogen ist. Die Theologische Ethik fragt, welche Bedeutung diese Sicht für das menschliche Leben hat und welche Konsequenzen sich daraus für die Gestaltung des menschlichen Lebens in der Gegenwart ergeben. Damit zeigt sich, dass die Theologische Ethik auf die dogmatische Theoriebildung angewiesen ist, die gerade die Sicht des menschlichen Daseins in Bezug auf die Gegenwart verantwortet. Die ethische Theoriebildung lässt sich von der dogmatischen Theoriebildung nicht abgrenzen, Dogmatik und Ethik sind vielmehr nur unterschiedliche Blickrichtungen einer gemeinsamen Aufgabe: nämlich der Verantwortung des Glaubens in Bezug auf die Gegenwart. Geht es in der Dogmatik darum, den Inhalt des Glaubens in Bezug auf die Gegenwart zu verantworten, so kann dies nur geschehen, indem die Bedeutung des Glaubens für das menschliche Leben und Handeln verstehbar gemacht wird. Eine Dogmatik ohne ethische Dimension könnte ausschließlich Glaubenssätze wiederholen, sie aber nicht verantworten. Umgekehrt: Geht es der Ethik darum, die Bedeutung des Glaubens für das menschliche Leben und Handeln in den Blick zu nehmen, so verantwortet sie damit immer auch den Inhalt des Glaubens in Bezug auf die Gegenwart. Von daher kann man sagen: Die Ethik ist die Pointe der Dogmatik.

Zweitens zeigt sich damit, dass die Frage nach den »richtigen« Werten und Normen, nach dem angemessenen Handeln bezogen sein muss auf eine Theorie des menschlichen Lebens und nur im Zusammenhang mit dieser beantwortet werden kann. Diese Theorie des menschlichen Lebens hat eine Theorie des Wohlergehens der Person zu entfalten, indem sie zeigt, inwiefern aus der Perspektive des Glaubens eine Antwort gegeben wird auf die Frage nach der Stillung der menschlichen Bedürfnisse und Sehnsüchte. Freilich hat eine solche Theorie des gelingenden Lebens auch dem Sachverhalt Rechnung zu tragen, dass unsere Sehnsüchte und Bedürfnisse immer auch die Gemeinschaft mit anderen betreffen. Der Mensch ist ein animal sociale, das heißt ein Wesen, das auf Gemeinschaft angewiesen ist und nur in Gemeinschaft zu existieren vermag. Von hier aus nimmt eine theologische Ethik auch teil am gesellschaftlichen Diskurs über die Gestaltung der Gesellschaft.

Drittens steht folglich das in der Ethik thematisierte Handeln nicht in Widerspruch zu einem Handeln, das von der Frage nach dem eigenen

Glück geleitet ist. Vielmehr integriert die Ethik diese Frage in ihre Theorie des Gelingens menschlichen Lebens und Handelns. Im Zentrum der Ethik steht somit die Frage nach dem Wohlergehen der Person.

Auch die Ethik kommt nicht umhin, diese Theorie des menschlichen Lebens mit unterschiedlichen Schwerpunktsetzungen zu behandeln. Dabei sind die einzelnen Themenkreise viel beliebiger als in der Dogmatik. So gibt es neben Themenkreisen, die besondere Orte und Formen menschlichen Zusammenlebens in den Blick nehmen (bspw. Wirtschaft, Familie, Partnerschaft, Politik) Themenkreise, die bestimmte ethische Grundbegriffe in den Mittelpunkt stellen (bspw. Verantwortung, Menschenwürde, Gerechtigkeit).

## Literatur

O. BAYER, Zugesagte Freiheit. Zur Grundlegung theologischer Ethik, Gütersloh 1980, 37–59. – J. FISCHER, Theologische Ethik. Grundwissen und Orientierung, Stuttgart/Berlin/Köln 2002, 13–95. – E. JÜNGEL, Erwägungen zur Grundlegung evangelischer Ethik im Anschluss an die Theologie des Paulus. Eine biblische Meditation, in: ders., Unterwegs zur Sache. Theologische Bemerkungen. Theologische Erörterungen 1, München [2]1988, 234–245. – A. MACINTYRE, Der Verlust der Tugend. Zur moralischen Krise der Gegenwart, Frankfurt a. M. [2]1997, 13–40. – M. ROTH, Die Freizeit als Herausforderung für die Theologische Ethik. Überlegungen zu einer Grundlegung der Theologischen Ethik als Theorie des gelingenden Lebens, in: T. Claudy/M. Roth, Freizeit als Thema der theologischen Gegenwartsdeutung (Theologie – Kultur – Hermeneutik 1), Leipzig 2005.

## 4.3 Die Fundamentaltheologie

Der Blick auf die Entstehungsgeschichte der Systematischen Theologie (vgl. Kap. 2) hat gezeigt, dass diese Disziplin und ihre Unterdisziplinen in einem Differenzierungsprozess entstanden sind, in dem sich unterschiedliche Arbeitsschritte voneinander emanzipiert haben. Die gegenwärtige Lage zeigt, dass dieser Prozess fortschreitet, insofern mit der Fundamentaltheologie sich ein neues Fach im Fächerkanon durchzusetzen beginnt.

In der römisch-katholischen Theologie gibt es die Fundamentaltheologie als eigenständige Disziplin im Fächerkanon seit 1856 in Prag ein Lehrstuhl für Fundamentaltheologie eingerichtet wurde. Besteht damit in der römisch-katholi-

schen Theologie seit fast 150 Jahren eine Disziplin Namens »Fundamentaltheologie«, so ist eine solche Disziplin im Fächerkanon der protestantischen Theologie nicht in gleicher Weise beheimatet. Als Beginn dieser Disziplin kann das
Jahr 1968 gelten, in der Gerhard Ebeling an den ersten fundamentaltheologischen Lehrstuhl an einer evangelisch-theologischen Fakultät (Zürich) berufen
wurde.

Zentrales Thema der Fundamentaltheologie ist die Frage nach den Mög-
lichkeitsbedingungen dafür, wie eine Reflexion über den Glauben und
der Bedeutung des Glaubens für das menschliche Leben überhaupt möglich ist und in welcher Form sie sich zu gestalten hat. Diese Fragen wurden ursprünglich (und werden) innerhalb der Dogmatik verhandelt (als
sog. »Prolegomena«), doch erweisen sie sich gerade in der Neuzeit (und
mit der Behauptung, dass jede Rede über Gott sinnlos ist oder zumindest
nicht wissenschaftlich betrieben werden kann) als so virulent, dass sie ein
immer größeres Gewicht bekommen haben. Mit der zentralen Frage der
Fundamentaltheologie, wie eine Reflexion über den Glauben und die Bedeutung des Glaubens für das menschliche Leben und Handeln möglich
ist und in welcher Form sie zu geschehen hat, sind verschiedene Unter-
themen verbunden:

Zum einen ist eine Rechenschaft über die Konstitutionsbedingung des
Glaubens nötig: Was heißt »Glaube«? Wie kommt der Glaube zu seinem
Gegenstand? Damit verbunden sind auch die Fragen nach dem Verhältnis
von Glaube und Vernunft oder dem Verhältnis von Glaube und Erfahrung.
Zum anderen fragt die Fundamentaltheologie auch nach der Möglichkeit,
den Glauben theoretisch zu erfassen. Was sind eigentlich theologische Aussagen? Wie ist es möglich, Aussagen über den Inhalt des Glaubens zu treffen? Wie verhalten sich theologische Aussagen zu Glaubensaussagen?

Ihr Verständnis von den Konstitutionsbedingungen des Glaubens und
der Möglichkeit seiner theoretischen Erfassung in der Theologie hat die
Fundamentaltheologie sowohl nach außen (in Bezug auf andere Wissenschaften) als auch nach innen (in Bezug auf die übrigen theologischen
Disziplinen) zu klären. So hat die Fundamentaltheologie, teilnehmend
am wissenschaftstheoretischen Diskurs der Gegenwart, zu erörtern, inwiefern die theologische Beschäftigung mit dem Glauben als Wissenschaft bezeichnet werden kann. Gerade hier wird sie sich mit anderen
Wissenschaften um das angemessene Verständnis von Wissenschaft strei-

ten. Aber auch nach innen besitzt die Fundamentaltheologie eine wesentliche Aufgabe: So erörtert sie die Einheit der Theologie in der Ausdifferenzierung ihrer Fächer. Sie fragt bspw.: Was ist die einheitliche Aufgabe der Theologie? Wodurch werden die unterschiedlichen theologischen Disziplinen zu theologischen Disziplinen? Inwiefern nehmen die unterschiedlichen theologischen Fächer – auf je ihre Weise – an der einheitlichen Aufgabe der Theologie teil?

Literatur

M. Petzoldt, Notwendigkeit und Gefahren einer verselbständigten Fundamentaltheorie, in: ders., Evangelische Fundamentaltheologie in der Diskussion, Leipzig 2004, 21–40. – M. Roth, Die Bedeutung der Fundamentaltheologie für die Evangelische Theologie, KuD 48 (2002), 99–117.

## 5. Methoden und Arbeitsweisen des Faches

Spricht der Archäologe von einer C14 Methode, wenn er das Alter von Knochen bestimmt, der Soziologe von der Methode der Statistik, um ein gesellschaftliches Milieu zu analysieren, der Bibelwissenschaftler von den Methoden der Textkritik und Literarkritik, um die Texte des Alten und Neuen Testaments zu interpretieren, so meinen sie damit ein »Instrumentarium«, ein Werkzeug, dessen sie sich bedienen, um ihren jeweiligen Untersuchungsgegenstand zu verstehen. Zwar kommt es in den betreffenden Wissenschaften auch zu Auseinandersetzungen hinsichtlich der Frage, welches die dem jeweiligen Untersuchungsgegenstand angemessenen Methoden sind, doch lässt sich, im Ganzen gesehen, jeweils ein Kanon von Methoden formulieren, der allgemeine Beachtung findet. Dies ist in der Systematischen Theologie nicht der Fall aufgrund ihres Gegenstandes, des christlichen Glaubens, und ihrer Aufgabe, den Glauben in Bezug auf die Gegenwart zu verantworten. Die einzelnen systematisch-theologischen Konzeptionen unterscheiden sich hinsichtlich der Methode, dieser Aufgabe nachzugehen. Eine Methode, die eine Antwort gibt, *in welcher Weise* der Inhalt des Glaubens auf die Gegenwart zu beziehen ist, impliziert nämlich nicht nur immer bereits eine Antwort auf die Frage, wie sich Glaube und erlebte Wirklichkeit zueinander verhalten, sondern auch ein Verständnis davon, was Glaube überhaupt ist, wie der Glaube zu seinem Gegenstand kommt und wie er theoretisch erfasst zu werden vermag. All diese Fragen sind (innerhalb der Fundamentaltheologie) selbst Gegenstand der systematisch-theologischen Reflexion. Insofern ist die Methode der Systematischen Theologie kein Instrument, sondern sie ist selbst eine theologische Aussage.

Von hier aus zeigt sich auch der enge Zusammenhang von Dogmatik, Ethik und Fundamentaltheologie: Über die Methode der Systematischen Theologie wird in der Fundamentaltheologie Rechenschaft abgelegt, ihre Anwendung ist die Dogmatik und die Ethik. So sind Dogmatik, Ethik und Fundamentaltheologie eng aufeinander bezogen und nur als verschiedene Perspektiven einer einheitlichen Aufgabe zu betrachten. Eine Dogmatik und Ethik ohne (fundamentaltheologische) Rechenschaft über die zugrunde liegende Methodik wären blind, eine (fundamentaltheologische) Rechenschaft über die Methode ohne dogmatische und ethische Erprobung und Durchführung leer.

Literatur

P. Tillich, Systematische Theologie I, Berlin/New York [3]1987, 44–83.

## II. Anleitung zum Studium des Faches

### 1. Wie studiere ich das Fach?

Fragen wir uns, was das Ziel des Studiums der Systematischen Theologie ist, so ist die Antwort: systematisch-theologische Kompetenz. Sie besteht in der Fähigkeit, den Gehalt des Glaubens und die Bedeutung des Glaubens für das menschliche Leben in der Gegenwart zu durchdenken. Mit anderen Worten: Ziel des Studiums der Systematischen Theologie ist in erster Linie eine Fähigkeit, keine bloße Anhäufung von totem Wissen. Um diese Fähigkeit zu erwerben, studiert man Systematische Theologie.

Zur Frage steht nun, wie man diese Fähigkeit erwirbt. Um eine erste Antwort zu geben: Man erwirbt diese Fähigkeit, indem man sich an dem Denken anderer schult und sich im Denken mit anderen schult. Im Denken mit anderen schult man sich, indem man eben mit andern gemeinsam denkt, d. h. aufeinander hört, Gedankengänge prüft, Auffassungen problematisiert. Insofern man miteinander denkt, schult man sich auch am Denken anderer. Nun sind die meisten relevanten Themen aber nicht solche, über die wir erstmals nachdenken. Bereits andere haben über relevante Fragen nachgedacht, Problemhorizonte eröffnet und Einsichten gewonnen. Wir steigen meistens in eine bereits laufende Diskussion ein. Für das eigene Nachdenken ist es daher bereichernd, diese zur Kenntnis zu nehmen. Zudem ist es nötig, auch einen Überblick über die unterschiedlichen Themen der Systematischen Theologie zu erhalten, um das Diskussionsfeld zu kennen, auf dem man sich bewegt. Dieses Überblickswissen ist auch entscheidend, um ein spezielles Thema, mit dem man sich beschäftigt, einzuordnen. Man kann ermessen, welche weiteren Themenkreise berührt werden und welche Fragestellungen mit zu bedenken sind.

Wichtig: Es kommt keineswegs darauf an, möglichst viele theologische Gedanken aus Geschichte und Gegenwart (systematisch theologische »Kenntnisse«) – gar nur in Form kurzer memorierbarer Sätze – zu kennen, sondern auf die Genauigkeit, mit der man sich mit unterschiedlichen Gedanken beschäftigt. Es ist entscheidend, sich klar zu machen, dass der Erwerb dieser systematisch-theologischen Kenntnisse kein Selbstzweck ist, sondern immer nur der Bereicherung der eigenen Auseinandersetzung dient.

## 2. Die Veranstaltungen

Die systematisch-theologischen Veranstaltungen intendieren, die nötigen Kenntnisse zu vermitteln, die für die systematisch-theologische Arbeit notwendig sind. Das bedeutet zweierlei: Zum einen geht es darum, einen Überblick über die verschiedenen Themen der Systematischen Theologie zu vermitteln und mit wichtigen theologischen Gedanken aus Geschichte und Gegenwart vertraut zu machen. Dieser Überblick (»Überblickswissen«) ist nötig, um das Diskussionsfeld zu kennen, in dem man sich bewegt. Zum anderen geht es darum, zum eigenen Denken zu befähigen. Dies geschieht, indem anhand ausgewählter Themen in eine gemeinsame Diskussion eingestiegen wird.

Wie in den übrigen Disziplinen der Theologie werden auch in der Systematik Vorlesungen, Seminare, Proseminare und Übungen angeboten. In unterschiedlicher Weise wird hier zum systematisch-theologischen Denken eingeladen und aufgefordert.

Der Besuch von systematisch-theologischen Seminaren macht den Besuch eines entsprechenden *Proseminars* erforderlich. Ziel des Proseminars ist es, mit dem systematisch-theologischen Arbeiten vertraut zu machen und diejenigen Grundkenntnisse zu vermitteln, die für die systematisch-theologische Arbeit nötig sind. Meistens geschieht dies bereits anhand eines bestimmten Themas, in dem erste Erfahrungen mit systematisch-theologischem Arbeiten gemacht werden.

Systematisch-theologische *Vorlesungen* haben ihrem Genus gemäß keinen dialogischen Charakter (wenn gleich häufig auch Nachfragen erwünscht sind). Sie führen systematisch-theologisches Denken vor. In systematisch-theologischen Vorlesungen geht es zum einen darum, einen Überblick zu erhalten über das, was zu dem behandelten Thema bereits gedacht wurde, indem die wichtigsten Positionen zu einem Thema referiert werden, zum anderen um die Auseinandersetzung des jeweils Dozierenden mit diesem Thema.

Anders als in den Vorlesungen geht es in den systematisch-theologischen *(Haupt-)Seminaren* um einen Dialog des Dozierenden mit den Studierenden über ein spezielles Thema. Dabei wird in der Regel so vorgegangen, dass Texte zu einem Thema gemeinsam besprochen werden, um anhand dieser Texte zu eigenen Urteilen zu kommen. Anders als in der Vorlesung, wo entscheidende Positionen referiert werden, geschieht in den Seminaren somit die Auseinandersetzung mit den wichtigsten Positionen zu einem Thema anhand der gemeinsamen Arbeit an Primärtexten.

Von dieser Zielsetzung und Vorgehensweise eines Seminars unterscheidet sich eine *Übung* nicht wesentlich. Sie ist häufig dadurch gekennzeichnet, dass die in ihr behandelte Thematik speziellerer Natur ist.

## 3. Vorschläge zum Studium des Faches

Wir haben gesagt, dass es zur systematisch-theologischen Kompetenz zweierlei bedarf: erstens eines Überblicks über die verschiedenen Themen der Systematischen Theologie, zweitens einer Auseinandersetzung mit wichtigen theologischen Gedanken aus Geschichte und Gegenwart. Von hier aus kann man unterscheiden zwischen Grundkenntnissen (oder »Überblickswissen«) über Themen und entscheidenden Positionen der Systematischen Theologie und Spezialkenntnissen in einem Thema. Bei den Spezialkenntnissen geht es darum, anhand eines Themas tiefer in die Diskussion einzusteigen und durch eine eigene Auseinandersetzung mit wichtigen Positionen anhand von Primärtexten zu einem eigenständigen Urteil zu kommen. Konsequenterweise werden diese Punkte in systematisch-theologischen Examina abgeprüft. Die Prüfungen wollen sicherstellen, ob der Prüfling erstens über die entsprechenden Grundkenntnisse verfügt, sich im Gebiet der Systematischen Theologie zu orientieren und sich zweitens mit einem ausgewählten Thema selbstständig auseinander setzen kann.

Bevor konkrete Vorschläge zum Erwerb von Grund- und Spezialkenntnissen unterbreitet werden, sei auf drei Dinge hingewiesen:

Erstens: Es ist ein Missverständnis, dass es in der Systematischen Theologie darum gehe, möglichst viele Positionen zu kennen. Dies führt häufig dazu, dass versucht wird, ausschließlich mit Hilfe von Lehrbüchern zu studieren, die die wichtigsten Positionen referieren, dass aber nicht mehr anhand von Primärtexten gearbeitet wird. Lehrbücher sind notwendig für das Grundwissen und die Orientierung, systematisch-theologisches Arbeiten erfordert aber die Auseinandersetzung mit Positionen anhand von Primärtexten. Hier geht es darum zu klären, welchen Problemhorizont ein Text besitzt, welche Fragestellungen einen Text bewegen, welche Argumentationsstruktur einen Text auszeichnet, welche Antworten er präsentiert. Dies kann durch Lehrbücher nicht geschehen, denn die referieren die Positionen häufig allzu knapp. Es reicht aber nicht, Positionen nur in Form von Spitzenaussagen zu kennen, viel entscheidender ist es, die Problemhorizonte eines Textes zu beleuchten und in seine Argumentationsstruktur einzudringen.

Zweitens: Dem Erwerb der systematisch-theologischen Fähigkeiten und den dazu erforderlichen Kenntnissen dient das Studium der Theologie (nicht erst die kurze Vorbereitungszeit auf das Examen!). Zu dem Studium der Theologie gehört aber nicht nur der Besuch der angebotenen Veranstaltungen, sondern auch das Selbststudium. Das Selbststudium dient dazu, das in den Veranstaltungen Behandelte zu ergänzen und zu vertiefen. Zum Selbststudium gehört neben der Lektüre wichtiger Texte wesentlich auch die Kommunikation mit anderen Studierenden über theologische Themen.

Drittens: Im Zuge der Reglementierung des Studiums der Theologie wird der Spielraum für die eigene Gestaltung des Studienplans immer geringer. Dennoch lassen die meisten Studienordnungen der persönlichen Freiheit noch genügend Raum. Wenn im Folgenden ein Vorschlag zum Studium der Systematischen Theologie gemacht wird, so ist dieser der jeweiligen Studienordnung anzupassen.

## 3.1 Überblickswissen

Der Erwerb von Überblickswissen geschieht am besten ausgehend von Vorlesungen, die meistens umfassendere Themen behandeln, als dies in Seminaren geschieht. Allerdings ist es nicht möglich, ausschließlich durch Vorlesungen einen Überblick zu erhalten. Gerade für den Erwerb des nötigen Überblickswissens ist es daher sinnvoll, das in den Vorlesungen gehörte durch ein Selbststudium zu ergänzen. Im Blick auf die Systematische Theologie empfiehlt es sich daher, sowohl eine Einführung in die Dogmatik (die meistens auch fundamentaltheologische Fragen in Form der Prolegomena zur Dogmatik behandelt), als auch eine Einführung in die Ethik zu lesen. Dies geschieht am besten bereits in den ersten Semestern. Grund: Je schneller der nötige Überblick geschaffen ist, desto eher kann man sich auf dem Gebiet der Systematischen Theologie orientieren.

## 3.2 Spezialkenntnisse

Der Erwerb von Spezialkenntnissen geht am besten aus von dem Besuch eines Hauptseminars. Dabei ist es wichtig, darauf zu achten, dass das im Hauptseminar behandelte Thema ein solches ist, das den einzelnen wirklich interessiert. Entscheidend ist, dass die im Seminar behandelten Texte gründlich vorher gelesen werden. Wer unvorbereitet in ein Seminar geht, zieht aus diesem keinen Nutzen. Eine Vertiefung wird meistens auch dadurch gut erreicht, dass im Anschluss eine (Haupt-)Seminararbeit verfasst wird. Diese nötigt dazu, die gelesenen Texte noch einmal gründlich zu analysieren, weitere Texte hinzuzuziehen und den im Seminar geübten Umgang mit den Texten selbstständig durchzuführen. Gerade im Verfassen einer Seminararbeit zeigt sich, inwiefern es gelingt, die theologischen Gedanken in einen eigenen Gedankengang zu integrieren. Auf den kommt es an!

## III. Literatur

### 1. Zeitschriften, Lexika und Nachschlagewerke

#### 1.1 Zeitschriften

Die wichtigsten gegenwärtig erscheinenden evangelischen Fachzeitschriften, die systematisch-theologische Beiträge enthalten, sind

KuD     Kerygma und Dogma, Göttingen 1, 1955 ff.
NZSTh    Neue Zeitschrift für Systematische Theologie und Religionsphilosophie, Berlin 1, 1959 ff.
ZEE     Zeitschrift für Evangelische Ethik, Gütersloh 1, 1957 ff.
ZThK    Zeitschrift für Theologie und Kirche, Tübingen 1, 1891 ff.

Einen Überblick über die unterschiedlichen theologischen Zeitschriften und ihre Geschichte bietet F. Mildenberger, Geschichte der Theologie im 19. und 20. Jahrhundert, Stuttgart/Berlin/Köln/Mainz 1981, 239–252.

Wichtige Zeitschriften, in denen Rezensionen zu systematisch-theologischen Büchern zu finden sind:

ThLZ    Theologische Literaturzeitung, Leipzig 1, 1876 ff.
ThR     Theologische Rundschau, Tübingen 1, 1897 ff.
VF      Verkündigung und Forschung, München 1, 1940 ff.

Einen guten Überblick über neu erschienene Aufsätze aus dem Gebiet der Systematischen Theologie in den unterschiedlichen theologischen Zeitschriften, sind zu finden:

NZSTh    Neue Zeitschrift für Systematische Theologie und Religionsphilosophie.

## 1.2 Lexika

| | |
|---|---|
| RE[3] | Realenzyklopädie für protestantische Theologie und Kirche. Hg. v. A. Hauck, 24 Bde., Leipzig [3]1896–1913. |
| RGG[3] | Die Religion in Geschichte und Gegenwart. Handwörterbuch für Theologie und Religionswissenschaft. Hg. v. K. Gallig, 6 Bde., Registerbd., Tübingen [3]1957–1965. |
| RGG[4] | Religion in Geschichte und Gegenwart. Handwörterbuch für Theologie und Religionswissenschaft. Hg. v. H. D. Betz (u. a.), Tübingen [4]1998 (noch nicht abgeschlossen). |
| EKL[3] | Evangelisches Kirchenlexikon. Hg. v. E. Fahlbusch (u. a.), 5 Bde., Göttingen [3]1986–1997. |
| TRE | Theologische Realenzyklopädie. Hg. v. G. Krause/G. Müller, Berlin 1976 ff. (noch nicht abgeschlossen). |

## 2. Zur Anschaffung empfohlene Bücher

Neben Lehrbüchern, die die unterschiedlichen theologischen Gedanken und Positionen referieren, stellen Quellensammlungen – zumeist in Ausschnitten – die wichtigsten Texte zu einem Thema zusammen.

## 2.1 Lehrbücher

Wenn im folgenden Lehrbücher empfohlen werden, so sei – um möglichen Missverständnissen vorzubeugen – darauf hingewiesen, dass es natürlich zu der jeweiligen Disziplin nicht nur ein Lehrbuch auf dem Markt gibt, es gibt auch nicht nur ein Lehrbuch das empfehlenswert ist. Vielmehr unterscheiden sich die Lehrbücher hinsichtlich ihrer Schwerpunktsetzung, ihrer Darstellungsweise und ihrer Grundanliegen. Auf der anderen Seite macht es m. E. auch keinen Sinn einfach die gängigen Lehrbücher in ihrer Gesamtheit aufzulisten. Das Auflisten zu vieler Bücher führt in der Regel dazu, dass keines in die Hand genommen wird. Von daher ist im Folgenden eine (freilich höchst subjektive) Auswahl getroffen. Es empfiehlt sich, diese Lehrbücher einmal in der Bibliothek in die Hand zu nehmen, zu blättern und sich so selbst einen Überblick und ein Urteil zu verschaffen.

## Dogmatik

*W. Joest, Dogmatik, 2 Bde., Göttingen [4]1995 f.* Joests Lehrbuch beabsichtigt, dogmatisches Grundwissen über die unterschiedlichen Positionen zu den einzelnen Themen der Dogmatik zu vermitteln, andererseits zum eigenen Durchdenken und Verstehen anzuleiten. Diesem Anliegen entsprechend ist bei Joest die Behandlung jedes Einzelthemas so gegliedert, dass zunächst eine Darstellung der kirchlichen Lehrüberlieferung und ein Überblick über die moderne Diskussion des Themas gegeben wird, im Anschluss hieran wird eine eigene Interpretation vorgenommen, die in Bezug auf die Überlieferung und die gegenwärtige Diskussion eigene Überlegungen zu dem jeweiligen Problemen anstellt. Ziel dieser Interpretation ist es, zum kritischen Mit- und Nachdenken anzuregen. Allerdings ist bei Joests Lehrbuch zu beachten, dass die neueste Diskussion seit den 1990er Jahren keinen Eingang mehr gefunden hat. Dennoch hat Joests Lehrbuch m. E. bisher keinen Ersatz gefunden: Es besticht durch die Fülle des vorgestellten Materials, ihre pointierte Darstellung (ohne die Positionen nur als Grundinformation auf einen Satz zu reduzieren) und die Durchsichtigkeit der eigenen Überlegungen.

Einen ersten Einstieg zur weiterführenden Literatur zu den einzelnen Themenkreisen der Dogmatik bietet der Literaturanhang bei *W. Härle, Dogmatik, 1995 (oder spätere Auflagen).*

## Ethik

*M. Honecker, Einführung in die Theologische Ethik. Grundlagen und Grundbegriffe, Berlin/New York 1990.* Honeckers Lehrbuch zur theologischen Ethik beabsichtigt, sowohl in die Themen der theologischen Ethik einzuführen als auch zur eigenen ethischen Urteilsbildung zu befähigen. Daher werden zu den einzelnen innerhalb der Ethik gegenwärtig verhandelten Themen eine Reihe von Positionen und Argumentationen der Theoriegeschichte vorgestellt und eine (freilich recht zurückhaltende) eigene Position formuliert. Zwar greifen in Honeckers Lehrbuch auf Grund des Bemühens um Objektivität Überlegungen zur Grundlegungsproblematik der Theologischen Ethik etwas zu kurz, doch ist dieses Buch

m. E. konkurrenzlos hinsichtlich der Fülle und der Klarheit der referierten Positionen.

Um sich den Grundlegungsproblemen der Theologischen Ethik zu
widmen, sei verwiesen auf: *J. Fischer, Leben aus dem Geist. Zur Grundlegung christlicher Ethik, Zürich 1994.* In seiner Studie widmet sich Fischer
der Frage nach der angemessenen Gestalt einer Theologischen Ethik und
scheut sich dabei nicht, scheinbar Selbstverständliches in Frage zu stellen.
Dabei widmet sich Fischer auch einer hermeneutischen Erschließung des
Phänomens des Ethischen. Fischers Untersuchung gehört m. E. zu den
innovativsten Beiträgen zur Theologischen Ethik der letzten Jahre, sie sei
all denen empfohlen, die sich zu neuen Fragestellungen anregen lassen
wollen.

## Fundamentaltheologie

Es wurde bereits darauf hingewiesen, dass die Fundamentaltheologie als
Disziplin in der Evangelischen Theologie noch relativ jung ist. So gibt es
bisher erst eine ausgeführte protestantische Fundamentaltheologie: *W.
Joest, Fundamentaltheologie. Theologische Grundlagen- und Methoden-
probleme, Stuttgart/Berlin/Köln/Mainz* [2]*1978.* Allerdings ist die Fundamentaltheologie von Joest etwas veraltet, insofern fundamentaltheologische Fragestellungen gerade in den beiden letzten Jahrzehnten traktiert
worden sind.

Empfohlen sei daher ein Buch, das zwar nicht unter dem Titel »Fundamentaltheologie« rangiert, aber doch fundamentaltheologische Fragestellungen ausführlich behandelt: *O. Bayer, Theologie (HST 1), Gütersloh
1994.* Dem Aufbau der Reihe »Handbuch Systematische Theologie« entsprechend gibt Bayer nach einem Blick auf die Hauptmomente der Geschichte des Theologieverständnisses im Altertum und im Mittelalter zunächst einen Überblick über das Theologieverständnis der Reformatoren
(Luther, Calvin, Melanchthon), um in einem zweiten Teil das Theologieverständnis im 20. Jahrhundert zu erläutern durch eine Darstellung der
Konzeptionen von Paul Tillich, Werner Elert und Karl Barth. In einem
dritten Teil legt Bayer ein Theologieverständnis in gegenwärtiger Verantwortung vor. Hier werden wissenschaftstheoretische Hauptprobleme
ebenso behandelt wie bspw. Fragen nach Konstitution und Methoden

der Theologie, dem Verhältnis von Glaube und Wissen oder dem Erfahrungsbezug theologischer Aussagen.

Eine gute Orientierung auf dem Gebiet der Fundamentaltheologie ermöglicht auch: M. *Petzoldt (Hg.), Evangelische Fundamentaltheologie in der Diskussion, Leipzig 2004*. Diese Aufsatzsammlung vereinigt Beiträge von unterschiedlichen Autoren, die sich in Forschung und Lehre fundamentaltheologischen Fragestellungen widmen. Die verschiedenen Beiträge geben einen guten Überblick über die Geschichte der Disziplin, ihre unterschiedlichen Themen und gegenwärtigen Trends.

Schließlich sei an dieser Stelle eine weitere Aufsatzsammlung empfohlen: E. *Herms, Offenbarung und Glaube. Zur Bildung des christlichen Lebens, Tübingen 1992*. In den einzelnen Beiträgen geht Herms entscheidenden fundamentaltheologischen Fragestellungen nach. Die Untersuchungen von Herms gehören zu den innovativsten Beiträgen zur Fundamentaltheologie in den letzten Jahrzehnten, sie seien daher nachdrücklich empfohlen (besonders gut eignet sich für einen Einstieg der Aufsatz »Offenbarung«, a. a. O., 168–220).

## 2.2 Quellensammlungen

Primärtexte sind entscheidend, will man nicht nur anhand von Lehrbüchern Auskunft über bereits Gedachtes erhalten, sondern sich mit Gedachtem selbst auseinander setzen. Dabei kann ein Lehrbuch in der Weise sinnvoll sein, dass man ausgehend von den referierten Positionen zu den Primärtexten selbst zurückgeht und sich mit ihnen auseinandersetzt.

Zu den unterschiedlichen Themen der Systematischen Theologie gibt es Quellensammlungen, die die wichtigsten Texte zu einem Thema vorstellen. Zwei Quellensammlungen seien nachdrücklich empfohlen, da sie versuchen, größere Themenkreise mit Hilfe von Primärtexten zu illustrieren.

- E. *Hirsch, Hilfsbuch zum Studium der Dogmatik. Die Dogmatik der Reformatoren und der altevangelischen Lehre quellenmäßig belegt und verdeutscht*, Berlin/New York [4]1964.
- E. *Hirsch, Die Umformung des christlichen Denkens in der Neuzeit. Ein Lesebuch. Mit einem Nachwort und bibliographischen Anhang* hg. v. H.-M. Müller, Tübingen 1985.

# Praktische Theologie

## Von Christian Grethlein

## I. Was ist Praktische Theologie?

### 1. Entstehung der Praktischen Theologie

Praktische Theologie ist eine *Krisenwissenschaft,* die am Beginn des 19. Jahrhunderts entstand.

#### 1.1 Herausforderungen am Beginn Praktischer Theologie

Die politischen, ökonomischen und kulturellen Umbrüche des 19. Jahrhunderts stellten auch die Kirche vor eine neue Situation (Stichworte: Neuordnung des Deutschen Reichs, Bevölkerungsexplosion und Verstädterung, Kapitalismus gegen Kommunismus/Sozialismus, Historismus, Siegeszug der Naturwissenschaften, technische Erfindungen, Frauenbewegung).

Für die Theologie von besonderer Bedeutung war: Im Leben und Denken der Menschen traten Kirche, Christentum und Religion zunehmend auseinander. Die kirchliche Lehre war in ihrer Einheitlichkeit durch die Konfessionsspaltung bereits brüchig geworden. Sie konnte keine befriedigende Antwort auf die neuen vielfältigen Herausforderungen geben: die Verarmung der Arbeiter, deren Aufbegehren gegen die angeblich gottgewollte Obrigkeit, das Bemühen von Frauen um Emanzipation von ihrer angeblich schöpfungsmäßig feststehenden Unterordnung und den weite Kreise der Gebildeten umfassenden Fortschrittsoptimismus. Neue Formen christlicher, religiöser und dann auch bewusst nichtchristlicher und -religiöser Daseins- und Wertorientierung kamen auf.

Zu diesem bis heute anhaltenden Wandlungsprozess trugen u. a. historische Forschung und damit Relativierung der biblischen Botschaft, aber auch naturwissenschaftliche und technische Forschungen bei. Wie sie blendeten auch die sich etwa zeitgleich zur Praktischen Theologie etablierenden sog. Erfahrungswissenschaften Pädagogik, Psychologie und Soziologie methodisch die Beziehung Gott-Mensch aus – und feierten beachtliche Erfolge.

Eine wichtige Reaktion der wissenschaftlichen Theologie auf diese und andere tiefgreifenden Veränderungen war die Ausbildung einer neuen Arbeitsrichtung, eben der Praktischen Theologie. Schon 1811 bestimmte Friedrich Schleiermacher (1768–1834) als erster in seiner nach wie vor für das Verständnis von Evangelischer Theologie grundlegenden »Kurze[n] Darstellung des theologischen Studiums« die »praktische Theologie« als eigene Aufgabe. In § 260 (der zweiten Auflage von 1830) weist er ihr die Aufgabe der »richtigen Verfahrungsweise bei der Erledigung aller unter den Begriff der Kirchenleitung zu bringenden Aufgaben« zu.

Zwar genügte diese Bestimmung im Folgenden nicht, da die Gefahr bestand, Praktische Theologie als bloße Anwendungswissenschaft miss zu verstehen. Auch erwies sich die dominierende Ausrichtung auf die Tätigkeit der Pfarrer als zu eng (dafür gab es schon vorher die sog. Pastoraltheologie). Doch bestimmt seitdem die Hinwendung zur kirchlichen (und religiösen) Gegenwart die weitere Entwicklung praktisch-theologischen Nachdenkens.

## 1.2  Perioden praktisch-theologischer Theoriebildung

Der starke Bezug auf gegenwärtige Fragen führte – je nach Einschätzung der konkreten Situation – zu verschiedenen Neubestimmungen der Aufgabe von Praktischer Theologie. Dabei kann man folgende *sechs Perioden* unterscheiden, die jeweils zu Erkenntnissen führten, ohne die die gegenwärtige Praktische Theologie nicht arbeiten könnte: eigenes fachliches Profil, historische Tiefenschärfe, Öffnung für Fragen der Lebenswelt und empirische Methodologie.

– *Herausbildung Praktischer Theologie als eigener wissenschaftlich-theologischer Perspektive:* Die Praktische Theologie entwickelte sich historisch und systematisch aus der Pastoraltheologie, also der Theorie des Pfarrerberufs, wobei deren Anliegen die Praktische Theologie seitdem begleitet. Hier ist vor allem Carl Immanuel Nitzsch (1787–1868) von

Bedeutung, der die »Selbstbetätigung der Kirche« als wesentlichen Gegenstand praktisch-theologischer Arbeit bestimmte. Damit überwand er die pastoraltheologische, also auf den Pfarrberuf konzentrierte Engführung der Disziplin.

– *Historisch und auf den Gemeindeaufbau bezogene Ausarbeitungen Praktischer Theologie:* Die neuen Anforderungen an kirchliches Handeln betrafen direkt die Praktische Theologie: nämlich die im Zuge des Kolonialismus gegebene Missionsaufgabe, die durch die Industrialisierung herausgeforderte Diakonie und die Frage nach der angemessenen Organisation von Kirche. Praktische Theologen versuchten sie in der zweiten Hälfte des 19. Jahrhunderts durch historische Besinnung auf das Handeln der Kirche zu bearbeiten. Musterbeispiel dafür ist das – schließlich – dreibändige Lehrbuch von Ernst Christian Achelis (1838–1912), dessen historische Fülle bis heute unerreicht ist. Insgesamt kam es dabei zu einer Konsolidierung der Praktischen Theologie, zugleich drohte sie aber sich in historischen Forschungen zu verlieren, zur »unpraktischen Praktischen Theologie« zu werden.

– *Liberal-theologische Öffnung der Praktischen Theologie für Tatsachen:* Im Gegenzug zur vorhergehenden Phase bemühten sich um die Jahrhundertwende und zu Beginn des 20. Jahrhunderts die Fachvertreter um einen Zugang zur religiösen Lebenswelt der Menschen. Vor dem Hintergrund der sich etablierenden neuen Erfahrungswissenschaften sowie der komplexeren kulturellen Situation erschienen neue Forschungsrichtungen notwendig. Paul Drews (1858–1912), der wohl wichtigste Anreger in dieser Zeit, forderte z. B. Kirchenkunde, religiöse Volkskunde und religiöse Psychologie als neue praktisch-theologische Disziplinen. Dadurch gewann die Praktische Theologie eigene Forschungsgebiete außerhalb der sonstigen theologischen Disziplinen. Sie rückte in einen engen Zusammenhang zu nichttheologischen Wissenschaften wie Volkskunde, Psychologie und Pädagogik. Allerdings blieb die Aufgabe einer genauen Verhältnisbestimmung zu ihnen ungelöst.

– *Einzelne Beiträge zur Praktischen Theologie im Zuge des Rufs zur Sache:* Einen Abbruch dieser mehr an der Entdeckung moderner Lebenszusammenhänge als an theologisch korrekter Bestimmtheit interessierten Phase stellt der Ruf zur theologischen »Sache« durch Karl Barth und seine Freunde dar. In ihren Augen hatte die Katastrophe des Ersten Weltkriegs die bisherige Synthese von Evangelischer Theologie und Kultur obsolet gemacht. Die bis dahin bestehende enge Verflechtung von Thron und Altar erwies sich für sie als Irrweg. Allein das Wort Gottes – abgesehen von allem menschlichen Beiwerk – sollte wieder im Mittelpunkt von Theologie und Kirche stehen. Und die konkreten Zeitumstände schienen diesem Anliegen Recht zu geben. Die Herausforderungen der Kirche durch die Nationalsozialisten und ihre menschenverachtende Ideologie erforderten ein klares Bekenntnis. Dementsprechend konzentrierte sich jetzt die praktisch-theologische Arbeit vor allem auf die Predigtaufgabe (Homiletik). Grundsätzliche wissenschaftstheoretische Reflexionen unterblieben.

–  *Praktische Theologie als reformorientierte Handlungswissenschaft:* Nach dem Zusammenbruch des Hitler-Regimes und mit der Normalisierung der Lebensumstände in den fünfziger Jahren begannen die in der (vorletzten) »liberalen« Phase traktierten Probleme wieder an Bedeutung zu gewinnen. Vor allem die zurückgehende gesellschaftliche Akzeptanz von Kirche und die nicht mehr zu übersehende Kluft zwischen Kirche und dem Alltag der meisten Menschen stellten grundsätzliche Anfragen an Praktische Theologie. Sie waren durch bloßen Bezug auf die kirchliche Lehre nicht zu lösen. Mit der Übernahme des wissenschaftstheoretischen Paradigmas der Handlungswissenschaft gewannen die Praktischen Theologen wichtige Instrumente für empirische Forschung. Karl Fritz Daiber (geboren 1931) bemühte sich darum, die Praktische Theologie als eine Wissenschaft zu etablieren, die von der Praxis her Theorien entwickelt. Diese sollten wiederum auf Praxis handlungsorientierend wirken. Dafür ist die Bestimmung konkreter, methodisch kontrolliert bearbeitbarer Forschungsfelder wichtig. Dieser handlungswissenschaftliche Ansatz verstärkte aber das Auseinandertreten der praktisch-theologischen Unterdisziplinen mit ihren jeweils unterschiedlichen außertheologischen Bezugswissenschaften.

–  *Horizonterweiterung der Praktischen Theologie:* Mehrere Impulse führen seit dem Ende der 1980er Jahre zu einer nochmaligen Erweiterung praktisch-theologischer Forschung, wobei jetzt das Anliegen der Einheit des Fachs wieder stärker betont wird. Denn die einzelnen Forschungen, egal ob mit pädagogischer, psychologischer, soziologischer, kommunikations-, ritualtheoretischer oder betriebswirtschaftlicher Ausrichtung, sehen sich denselben Herausforderungen und Problemen gegenüber: Auf der einen Seite weiter fortschreitende Marginalisierung der Kirche als Organisation, auf der anderen Seite kulturelle Impulse nicht zuletzt im Bereich der Unterhaltungskultur, die sich religiöser Zeichen bedienen. Dazu ergeben Internationalisierung bzw. Globalisierung und Herausforderungen durch die politische Vereinigung Deutschlands neue, schwer übersehbare Problemkonstellationen.

Die meisten Praktischen Theologen konzentrieren sich deshalb auf die genaue Wahrnehmung der Lebenswelt. Die herkömmliche Begrenzung auf den Bereich der Kirche scheint dabei zunehmend eine Engführung, die durch den Ausgriff auf die Gesamtkultur überwunden werden soll.

## Quellen

F. SCHLEIERMACHER, Kurze Darstellung des theologischen Studiums zum Behuf einleitender Vorlesungen, hg. v. H. Scholz, 1973. – C. I. NITZSCH, Praktische Theologie Bd. 1–3, 1847, 1848, 1857/67. – E. CHR. ACHELIS, Lehrbuch der Praktischen Theologie Bd. 1–3, $^3$1911. – P. DREWS, Das Problem der Praktischen Theologie. Zugleich ein Beitrag zur Reform des theologischen Studiums, 1907. – K. BARTH, Das Wort Gottes als Aufgabe der Theologie (1922), abgedruckt in: J. Moltmann (Hg.), Die Anfänge der Dialektischen Theologie Bd. 1, 1961, 197–218. – K. F. DAIBER, Grundriß der Praktischen Theologie als Handlungswissenschaft. Kritik und Erneuerung der Kirche als Aufgabe, 1977.

## Literatur

CHR. GRETHLEIN/M. MEYER-BLANCK (HG.), Geschichte der Praktische Theologie im Überblick – eine Einführung, in: dies. (Hg.), Geschichte der Praktischen Theologie. Dargestellt anhand ihrer Klassiker, Leipzig 2000. – K. RASCHZOK (HG.), Zwischen Volk und Bekenntnis. Praktische Theologie im Dritten Reich, Leipzig 2000. – G. LÄMMLIN/S. SCHOLPP (HG.), Praktische Theologie der Gegenwart in Selbstdarstellungen, Tübingen 2001.

## 2. Proprium der Praktischen Theologie

Die Entstehungsgeschichte der Praktischen Theologie zeigt deutlich deren Zeitbezug. Dies kann die Gefahr mit sich bringen, sich an die jeweiligen wissenschaftlichen und kulturellen Modeströmungen zu verlieren. Das Hin und Her der genannten einzelnen Epochen könnte so gedeutet werden: etwa von der liberalen Ausweitung des Horizontes (3. Phase) zur dogmatischen Engführung (4. Phase), dann zur methodologisch interessierten Handlungsorientierung (5. Phase) bis hin zur heutigen Tendenz der Priorität von Wahrnehmung. Wohl wollender wäre eine Interpretation als Lernprozess, in der von der vorausgehenden Epoche jeweils Einsichten aufgenommen und weitergeführt werden. Dann wären – entsprechend den genannten Epochen – Bezug auf kirchliches Handeln, historische Tiefenschärfe, Wahrnehmung der gegenwärtigen Situation, theologische Verankerung im Bekenntnis, Handlungsorientierung und Interesse an allgemein kulturellen Entwicklungen wichtige Aspekte praktisch-theologischer Arbeit.

Auf jeden Fall gehört der *Zeitbezug* von Anfang konstitutiv zur Praktischen Theologie. Erst die Veränderungen im Verhältnis von Kirche, Christentum und Religion, wiederum untrennbar mit kulturellen, gesellschaftlichen, ökonomischen und technischen Umbrüchen verbunden, mach(t)en diese Disziplin notwendig. So kann man – im Anschluss an einen emphatischen Aufsatztitel von Paul Drews – als das Unverzichtbare der Praktischen Theologie konstatieren: »*Die Praktische Theologie lechzt nach Tatsachen . . .*«

Die Praktische Theologie ist also der Ort, an dem der Bezug der Theologie zur Gegenwart und zwar zur Lebenswelt der Menschen thematisch wird. Sie erforscht die Stellung von Kirche und deren Lebensäußerungen in heutiger Gesellschaft und Kultur.

Allerdings – und hier ist auf Schleiermachers Theologieverständnis zurückzugreifen – tut sie dies nicht zweckfrei und bloß deskriptiv. Vielmehr geht es der Praktischen Theologie als theologischer Disziplin darum, hiermit Einsichten zur Förderung der Kommunikation des Evangeliums bereitzustellen.

Dietrich Rössler (geb. 1927) hat dieses Anliegen – darin vielfach aufgenommen – folgendermaßen formuliert: »*Praktische Theologie ist die*

*Verbindung von Grundsätzen der christlichen Überlieferung mit Einsichten der gegenwärtigen Erfahrung zu der wissenschaftlichen Theorie, die die Grundlage der Verantwortung für die geschichtliche Gestalt der Kirche und für das gemeinsame Leben der Christen in der Kirche bildet.«*

Praktische Theologie ist also – wie die anderen theologischen Disziplinen – eine »Theorie« (griechisch: Betrachtung), keine Praxis (griechisch: Handlung).

Sie ist ebenso wie die anderen Disziplinen normativ auf die Grundsätze der christlichen Überlieferung bezogen, also die Zeugnisse der Bibel und ihre Auslegung. Das Besondere an der Praktischen Theologie ist aber, dass diese theologische Grundlage mit der gegenwärtigen Erfahrung verbunden wird. Demnach ist Praktische Theologie wesentlich eine *systematische Disziplin*. Sie verbindet in unterschiedlicher Weise gewonnene Wissensbestände.

Diese Y-förmige Grundstruktur Praktischer Theologie, erstmalig in einer »Liturgik« präsentiert, kann man sich an folgender Grafik verdeutlichen:

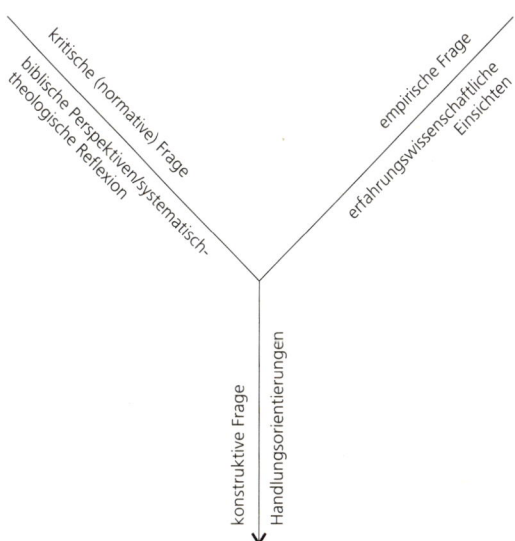

Grundstruktur Praktischer Theologie

Literatur

P. Drews, »Religiöse Volkskunde«, eine Aufgabe der praktischen Theologie, in: MPK 1 (1901). – D. Rössler, Grundriß der Praktischen Theologie, Berlin u. a. 1986 (²1994). – Chr. Grethlein, Abriß der Liturgik, Gütersloh 1989.

## 3. Stellung der Praktischen Theologie im Gesamtzusammenhang der Theologie

Die Praktische Theologie hat innerhalb der Theologie eine wichtige Aufgabe: Sie hat – wie genannt – die »Tatsachen«, also mittels empirischer Methodik die Einsichten zu gegenwärtiger Kultur und Gesellschaft in die Theologie einzubringen. Von ihrer langen Geschichte her und auch ihrem Grunddatum, dem Wirken, Sterben und Auferstehen Jesu Christi, ist christliche Theologie erst einmal historisch rückwärts gewandt. Aber das so erschlossene Handeln Gottes mit den Menschen, wie es die Bibel bezeugt, beansprucht nach wie vor Aktualität. So erfordert die historische Arbeit in der Theologie eine Gegenwartsorientierung. Ja, sie gewinnt ihren theologischen Charakter erst hierdurch. Denn ohne solchen Gegenwartsbezug würde die Auslegung der biblischen Texte zu Philologie oder Altertumskunde, die Erforschung der Kirchengeschichte zu einem Bestandteil des historischen Fachbereichs, die Arbeiten in der Systematischen Theologie zu (religions)philosophischen oder allgemein ethischen Diskursen. All dies sind wichtige Forschungsbereiche, aber eben keine theologischen.

Praktische Theologie hat hier die Aufgabe, die anderen Disziplinen an ihren theologischen Charakter, also ihre *Verantwortung für die Förderung der Kommunikation des Evangelium* zu erinnern.

Damit dies in den anderen Disziplinen geschieht, hat die Praktische Theologie die Aufgabe, die sich aus der gegenwärtigen gesellschaftlichen und kulturellen Lage für Kirche und das gemeinsame Leben der Christen ergebenden Probleme zu formulieren und zur weiteren Bearbeitung an die anderen Disziplinen weiterzugeben.

Dies sei kurz an einem Beispiel erläutert: Gegenwärtig scheint vielen Menschen die gottesdienstliche Feier am Sonntagmorgen wenig attraktiv. Entsprechend gering ist vielerorts der sonntägliche Kirchgang. Bloße Appelle an die Gemeindeglieder, regelmäßig am Sonntagsgottesdienst teilzunehmen, nützen offenkundig nichts. Um zu diesem Problem angemessen Stellung nehmen zu können, bedarf es praktisch-theologischer Reflexion:

Zum einen gilt es von kultursoziologischen, zeittheoretischen, ritualtheoretischen u. ä. Erkenntnissen aus die Situation zu erforschen. Dabei ergibt sich z. B. der interessante Befund, dass die problematische Situation vor allem auf den Sonntagsgottesdienst zutrifft. Andere liturgische Formen, etwa die Gottesdienste am Heiligabend, anlässlich von Konfirmationen, Trauungen und Bestattungen sowie bei der Einschulung erfreuen sich dagegen hoher, z. T. steigender Wertschätzung. Dieser empirische Befund deutet darauf hin, dass die Menschen nicht grundsätzlich an liturgischen Vollzügen desinteressiert sind. Es kommt vielmehr darauf an, dass sie eigene Anliegen und ihren Lebensrhythmus mit dem liturgischen Vollzug verbinden können. Dieser Befund besagt aber noch nicht, auf welches Ziel hin die liturgische Arbeit in den Gemeinden ausgerichtet werden soll. Dazu ist es im zweiten Schritt notwendig, dass die anderen theologischen Disziplinen Einsichten beisteuern. Es gilt in der Bibel Einsichten zum liturgischen Verhalten zu erheben. Dabei stellt sich z. B. heraus, dass »Liturgie« oder »Gottesdienst« keine biblischen Begriffe sind. Vielmehr wird im Alten und Neuen Testament immer wieder der Zusammenhang von Alltag und Kult betont. Kirchengeschichtliche Forschungen zu dem liturgischen Thema ergeben einen differenzierten Befund. Gottesdienst wurde in christlichen Gemeinden vielgestaltig gefeiert. Dabei begegnen interessante Verbindungen zwischen der jeweiligen Kultur mit ihrem Raum- und Zeitverständnis sowie ihren Sozialformen und der liturgischen Gestaltung. Schließlich gilt es in der Systematischen Theologie zu erforschen, welche Bedeutung dem Gottesdienst, aber auch dem Sonntag für den christlichen Glauben zukommt. Dabei tritt z. B. die Taufe als grundlegender Ritus christlichen Lebens hervor.

Praktisch-theologische Theorie wird diese verschiedenen Forschungen miteinander so zu verbinden haben, dass sich daraus handlungsorientierende Perspektiven ergeben.

Schließlich ist noch eine weitere Funktion Praktischer Theologie für die gesamte Theologie zu nennen. Praktische Theologie hat den Kontakt zu halten zu den außertheologischen Erfahrungswissenschaften. Ohne deren Forschungen und Einsichten wäre der Gegenwartsbezug theologischer Arbeit nicht auf dem heute möglichen Stand einlösbar. Und auch hier ist Gegenseitigkeit anzustreben. Auf der einen Seite gilt es – wie skizziert – Fragestellungen und Einsichten außertheologischer Disziplinen aufzunehmen. Umgekehrt sind aber auch theologische Impulse an die nichttheologischen Wissenschaften weiterzugeben und damit etwaige Verengungen zu korrigieren.

Ein klassisches Beispiel hierfür ist etwa hinsichtlich psychologischer Forschung die Frage nach den leitenden Normen, vor allem dem zu Grunde liegenden Menschenbild.

## Literatur

CHR. GRETHLEIN, Art. »Praktische Theologie III. Als akademische Disziplin«, in: RGG⁴ 6 (2003), 1563–1565.

## 4. Fragerichtung der Praktischen Theologie

Im Verbund mit den anderen theologischen Disziplinen zielt Praktische Theologie darauf, die *Kommunikation des Evangeliums* zu fördern. Dieser sich seit etwa dreißig Jahren einbürgernde Begriff ist ohne den Gegenwartsbezug Praktischer Theologie nicht zu verstehen. In früheren Dokumenten und theologischen Texten finden sich für den hiermit benannten Sachverhalt Begriffe wie Lehre, Verkündigung oder Zeugnis. Doch erweist sich der Begriff der Kommunikation des Evangeliums aus praktisch-theologischer Sicht als zutreffender:

Er trägt der rezeptionsästhetischen Erkenntnis Rechnung, dass an Verständigungsprozessen jeweils alle Kommunizierenden beteiligt sind. Das früher leitende Modell Sender – Empfänger hält empirischer Überprüfung nicht stand. Kommunikation zwischen Menschen vollzieht sich nicht einlinig. Vielmehr wirken z. B. bei Gesprächen Redende und Zuhörer gegenseitig aufeinander ein; das Lächeln beim Zuhörenden verstärkt vielleicht den Mut der Sprechenden, eigene Gedanken offen zu formulieren usw. Auch sog. Äußerlichkeiten wie Kleidung, Frisur, der jeweilige Raum, Mobiliar, eventuelle Musik u. Ä. beeinflussen nachhaltig Kommunikationsprozesse.

Dazu umfasst der Begriff »Kommunikation« sowohl verbalen als auch nonverbalen Austausch. Psychologische Forschungen machen auf die grundlegende Bedeutung nonverbaler Vollzüge für das Entstehen religiöser Einstellungen und Überzeugungen aufmerksam.

Schließlich bestimmt »Evangelium« den Inhalt dieser Kommunikation. Und zwar in doppeltem Sinn: Zum einen weist dieser Begriff – wie das Wirken Jesu durch Gespräche und Reden, beim Helfen und Heilen sowie im gemeinsamen Essen und Trinken zeigt – auf verschiedenartige Kommunikationsprozesse hin; zum anderen hält er – am deutlichsten in der literarischen Form der neutestamentlichen Evangelien – den Bezug auf das einmalige Geschehen in Jesus Christus fest.

Innerhalb der gesamttheologischen Aufgabe, die Kommunikation des Evangeliums zu fördern, liegt der Schwerpunkt praktisch-theologischer Arbeit bei der Erforschung und Gestaltung des kommunikativen Aspekts.

Zugespitzt könnte man die Praktische Theologie als eine *theologische Kommunikationswissenschaft* bezeichnen. Es geht ihr darum, die kommunikativen Bedingungen der heutigen Beschäftigung mit dem Evangelium Jesu Christi in den unterschiedlichsten Lebensbereichen zu erforschen und Vorschläge zu ihrer Verbesserung zu machen. Entsprechend dem doppelten Charakter von Evangelium darf sich die Praktische Theologie aber nicht nur auf die explizite Glaubenskommunikation beschränken. Vielmehr gilt es auch die Situationen in den Blick zu nehmen, in denen sich Fragen und Probleme stellen, die durch die Perspektive des Evangeliums lebensfördernd bearbeitet werden könn(t)en.

Literatur

W. ENGEMANN, Personen und Zeichen im Prozeß der Kommunikation des Evangeliums. Praktische Theologie als Theorie der Lebensäußerungen der Gemeinde (2001), in: ders., Personen, Zeichen und das Evangelium. Argumentationsmuster der Praktischen Theologie, Leipzig 2003, 37–50.

## 5. Gliederungen der Praktischen Theologie

Geht man die Lehrbücher der Praktischen Theologie durch, so zeigen sich immer wieder Veränderungen hinsichtlich des materialen Umfangs des Fachs, der Benennung von Einzeldisziplinen und deren Anordnung.

Drei verschiedene Formen des Aufbaus können idealtypisch rekonstruiert werden.

## 5.1 Praktische Theologie als Ensemble verschiedener Einzeldisziplinen

Nicht zuletzt bei den Beschreibungen von praktisch-theologischen Lehrstühlen und auch Ankündigungen von Lehrveranstaltungen begegnen die sog. *Disziplinen der Praktischen Theologie*. Als klassisch gelten dabei und sind auch in vielen Examensordnungen verankert:

- Kybernetik als Lehre von Aufbau und Organisation der Gemeinde;
- Homiletik als Lehre von der Predigt;
- Liturgik als Lehre vom Gottesdienst;
- Poimenik als Lehre von der Seelsorge;
- Religionspädagogik (bzw. früher: Katechetik) als Lehre von Erziehung und Unterricht.

Vor- und Nachteil liegen bei einer solchen Gliederung eng beieinander: Diese Aufteilung bezeichnet wichtige Tätigkeitsfelder der Pfarrer(innen); sie ist also durchaus präzise auf ein klares Tätigkeitsfeld konzentriert, impliziert aber die Engführung der Praktischen Theologie auf die Pastoraltheologie. Kommunikation des Evangeliums ist aber mehr als die Tätigkeit von Pfarrer(inne)n.

Dieses Defizit zeigt sich daran, dass bei dieser Einteilung Wichtiges für die Kommunikation des Evangeliums fehlt:

- Diakonik als die Lehre vom organisierten Hilfehandeln;
- Christliche Publizistik als Lehre der massenmedialen Kommunikation;
- Kirchenrecht als Lehre von der Rechtsform christlicher Religion.

Schließlich ist auch grundsätzlich die Aufteilung in Disziplinen kritisch zu hinterfragen. Denn sie führt zum einen dazu, dass wichtige Kommunikationszusammenhänge nicht ausreichend beachtet werden, wenn diese nicht eindeutig einer Disziplin zuzuordnen sind:

Die sog. Kasualien, also das segnende Handeln an prekären Übergangen im Lebenslauf (klassisch: Taufe, Konfirmation, Trauung, Bestattung; mittlerweile erweitert durch Schulanfängergottesdienste, Jubiläen, Scheidungsrituale u. Ä.), sind nur durch Kooperation der verschiedenen praktisch-theologischen Disziplinen zu bearbeiten: die Bedeutung der Kasualien für Gemeinde und christliches Lebens in der Kybernetik, die

Kasualpredigt in der Homiletik, der Kasualgottesdienst in der Liturgik, das Kasualgespräch in der Poimenik, eventueller Unterricht in der Religionspädagogik, die Fragen der Zulassung im Kirchenrecht.

Ähnliches gilt für den Kindergottesdienst. Seine Bedeutung für den Gemeindeaufbau, die Beschäftigung mit dem Evangelium, seine rituelle Ausgestaltung sowie das Begleiten von Kindern fallen in unterschiedliche Disziplinen.

Die problematische Konsequenz hieraus ist, dass sowohl in der Forschung als auch in der Lehre solche Themen nicht ihrer lebensweltlichen Bedeutung gemäß behandelt werden.

Zum anderen unterstützt die sektorale Gliederung die Tendenz einzelner Disziplinen zur Separierung, und zwar in doppelter Hinsicht:

– Einerseits kam es zur Verselbstständigung praktisch-theologischer Themen in neue theologische Disziplinen. So verselbstständigte sich die Theorie der Mission, im 19. Jahrhundert ein Kernthema der Praktischen Theologie, und wurde zur Missionswissenschaft, teilweise im Verbund mit der Religionswissenschaft. Dadurch verlor die Praktische Theologie die Aufgabe der Klärung des Umgangs mit dem religiös Fremden. Angesichts neuer Herausforderungen etwa in Form der Ausbreitung des Islam und der sich daraus ergebenden Probleme der Konvivenz erweist sich dies als problematisch. Auch für die Religionspädagogik ist vielerorts eine ähnliche Entwicklung zu beobachten. In vorliegendem Buch tritt sie als selbstständige Disziplin auf. Für die Praktische Theologie ist durch solche Aussonderung aber ein Verlust an pädagogischer Kompetenz verbunden, der angesichts der Auflösung von Selbstverständlichkeiten bei der Aneignung religiöser Praxis und damit der Aufwertung pädagogischer Arbeit gravierend ist.

– Andererseits kam es zur Überweisung von traditionell praktisch-theologischen Fragestellungen an außertheologische Disziplinen. Vielerorts wanderte das Kirchenrecht an juristische Fakultäten aus, was zu einer Unterbestimmung der rechtlichen Konstitution kirchlicher Praxis in der Praktischen Theologie führte. Auch die Religionspsychologie zog sich weitgehend in psychologische Fachbereiche zurück und wird in ihrer Bedeutung für praktisch-theologische (und auch systematisch-theologische) Theoriebildung erst langsam wieder entdeckt.

Trotz dieser Probleme kommt der genannten Einteilung in Disziplinen als Gliederungsschema der Praktischen Theologie unbestritten eine wichtige didaktische Funktion zu. Denn sie löst einzelne Handlungsformen elementarisierend aus ihren komplexen Lebenszusammenhängen und erleichtert so die Erarbeitung von Grundkenntnissen. Eine exklusive Orientierung an dieser Einteilung ist aber nicht nur forschungsmäßig problematisch, sondern verhindert auch in der Lehre und im Studium die Wahrnehmung von Zusammenhängen und wichtigen einzelnen Handlungsfeldern. Deshalb finden sich gegenwärtig nur Darstellungen von Praktischer Theologie, die die disziplinäre Unterteilung erweitern.

## 5.2 Praktische Theologie als Wissenschaft mit vielen Reflexionsperspektiven

Grundlegend für die Ablehnung der sektoralen Gliederung von Praktischer Theologie ist die »Praktische Theologie« Gert Ottos (geboren 1927). Nachhaltig kritisiert er ein in der Dogmatik ausgearbeitetes, lehrmäßiges Verständnis von Kirche als Basis für Praktische Theologie. Denn dieses verengt die Perspektive, nicht zuletzt durch die meist damit verbundene Konzentration auf die genannten pastoralen Tätigkeiten. Demgegenüber versucht Otto einen neuen Zugang zum Verständnis Praktischer Theologie, der allgemeines Interesse gefunden hat. Dabei ist grundsätzlich zu beachten, dass es ihm nicht um die Erstellung eines Systems geht – dies lehnt er ausdrücklich als lebensfern ab –, sondern um ein Gesamtverständnis des Fachs.

Praktische Theologie versteht Otto als »*kritische Theorie religiös vermittelter Praxis*«. Sie soll hinsichtlich der von ihr verfolgten Reflexionsperspektiven rekonstruiert werden. Im Einzelnen benennt er, ohne Anspruch auf Vollständigkeit:

– Perspektive: Hermeneutik – Dimensionen des Verstehens;
– Perspektive: Rhetorik – Dimensionen überzeugenden Redens;
– Perspektive: Didaktik – Dimensionen des Lernens und Lehrens;
– Perspektive: Recht – Dimensionen des Handelns;
– Perspektive: Ideologiekritik – Dimensionen kritischer Analyse;
– Perspektive: Kommunikation – Dimensionen der Verständigung;
– Perspektive: Symbolik – Dimensionen des Ausdrucks.

Dabei kommt den ersten drei Perspektiven besondere Bedeutung zu, insofern sie in allen praktisch-theologischen Arbeitsfeldern begegnen und die Ausgangspunkte für die weiteren Perspektiven bilden.

Unstrittig gelingt es Otto, durch die weit gefächerten Perspektiven auch Bereiche religiös vermittelter Praxis zu erfassen, die bei der klassischen, am pastoralen Beruf orientierten Disziplin-Einteilung vernachlässigt werden. Doch wird dafür ein hoher Preis gezahlt: Der sehr allgemein mit »religiös vermittelte Praxis« angegebene Gegenstandsbereich der Praktischen Theologie eröffnet eine Weite des Forschungsfeldes, die zumindest in methodisch geordneter Weise nicht zu bearbeiten ist.

Die hier angestrebte kritische Theorie ist eher eine religionswissenschaftliche als eine theologische Disziplin. So erweitert der Ottosche Vorschlag zum einen den Blick für praktisch-theologische Forschung. Nicht von ungefähr entstammt eine der anregendsten praktisch-theologischen Arbeiten, die die ästhetische Perspektive als grundlegend für Praktische Theologie erweist, aus Ottos Schülerkreis. Die perspektivische Sicht ermöglicht also eine Horizonterweiterung, die dem sich wandelnden Verhältnis von Kirche, Christentum und Religion sowie Lebenspraxis folgt und dem Anspruch Praktischer Theologie auf Zeitgemäßheit entspricht. Zum anderen bedarf aber gerade eine Ausweitung der Praktischen Theologie über die traditionellen Subdisziplinen hinaus einer präziseren Gegenstandsbeschreibung als sie die Formel »kritische Theorie religiös vermittelter Praxis« leistet. Heuristische Weite erfordert theologische Bestimmtheit, soll ein Verschwimmen der Horizonte verhindert werden – nicht zuletzt deshalb, weil sonst wissenschaftliche, also auch methodisch überprüfbare Arbeit unmöglich wird.

## 5.3 Praktische Theologie auf christentumstheoretischer Grundlage

Dietrich Rössler, dessen Verständnis von Praktischer Theologie bereits in I.2. vorgestellt wurde, geht von der Tatsache aus, dass die Erscheinungsformen von Religion disparat und vielgestaltig wirken. Deshalb ist es eine wichtige Aufgabe Praktischer Theologie, deren Zusammenhang zu erfassen. Dazu bedient er sich der *Theorie von der dreifachen Gestalt des neuzeitlichen Christentums*, die gleichermaßen Differenzierung und Kohärenz ermöglicht. Christentum erscheint gegenwärtig in kirchlicher,

öffentlicher und individueller Gestalt. Diese dreifache Erscheinungswei-
se ergibt zugleich die Hauptgesichtspunkte, denen die einzelnen praktisch-theologischen Themen zugeordnet werden. So folgt Rösslers Lehrbuch folgendem Aufbau:

1. Teil – Der Einzelne
    1. Kapitel – Religion
    2. Kapitel – Person
    3. Kapitel – Diakonie
    4. Kapitel – Amtshandlungen

2. Teil – Die Kirche
    5. Kapitel – Kirche
    6. Kapitel – Amt
    7. Kapitel – Predigt
    8. Kapitel – Gottesdienst

3. Teil – Die Gesellschaft
    9. Kapitel – Institution
    10. Kapitel – Beruf
    11. Kapitel – Unterricht
    12. Kapitel – Gemeinde

Es ist unschwer festzustellen, Rössler nimmt die traditionelle Einteilung
in Disziplinen auf: Predigt, Gottesdienst, Unterricht, Diakonie (einschließlich Seelsorge) und Gemeinde, dazu treten die Amtshandlungen.
Doch sind diese Tätigkeitsfelder eingebettet in grundsätzliche religions-
theoretische und pastoraltheologische Reflexionen und somit in einem
Zusammenhang verortet, der die traditionell mit der sektoralen Gliederung verbundene Separierung vermeidet. Ein genauerer Blick zeigt, dass
der Pfarrer (Person, Amt, Beruf) das einheitsstiftende Moment in dieser
Konstruktion ist. Er gewährleistet – in den Perspektiven Person, Amt und
Beruf – lebensmäßig den Zusammenhang zwischen den religionstheo-
retisch differenzierten Formen der Christentums.

    Auch hier liegen Vor- und Nachteil eng beieinander.

    Das christentumstheoretische System ermöglicht eine gute Zusammenschau von Handlungsfeldern und Aufgaben. Zugleich zeigt aber eine nähere Analyse einzelner Zuordnungen, dass es – wohl unvermeidlich – immer wieder zu Spannungen zwischen System und Lebenswelt kommt.

Die pastoraltheologische Konzentration garantiert für die praktisch-theologische Ausbildung künftiger Pfarrer(innen) erfreuliche Praxisnähe. Zugleich bringt sie aber die Vernachlässigung wichtiger Themen wie die Medien, den Kindergottesdienst usw. mit sich.

Vor allem aber bekommen die Ausführungen durch die christentums-theoretische und die pastoraltheologische Akzentuierung eine historische Ausrichtung, die einen innovativen Blick in die Zukunft vermissen lässt. Hier merkt man auch das Alter des Buchs. Neue, durch die politische Vereinigung und den DDR-Atheismus oder die zunehmende Präsenz muslimischer Menschen und Organisationen aufgeworfene Probleme kommen nicht in den Blick.

Literatur

E. Winkler, Praktische Theologie elementar. Ein Lehr- und Arbeitsbuch, Neukirchen 1997. – G. Otto, Praktische Theologie Bd. 1. Grundlegung der Praktischen Theologie, München 1986. – A. Grözinger, Praktische Theologie und Ästhetik. Ein Beitrag zur Grundlegung der Praktischen Theologie, Gütersloh 1987. – D. Rössler, Grundriß der Praktischen Theologie, Berlin u. a. 1986 (²1994).

## 6. Methoden und Arbeitsweisen der Praktischen Theologie

Entsprechend dem systematischen Charakter Praktischer Theologie, der die Rezeption von Einsichten und Forschungen außertheologischer Wissenschaften und anderer theologischer Fächer erfordert, gibt es keine spezifisch praktisch-theologische Methode oder Arbeitsweise. Vielmehr ist es eine wichtige Aufgabe praktisch-theologischer Arbeit, *für den jeweiligen Forschungsgegenstand die angemessene Methode* zu entwerfen. Dabei arbeitet sich Praktische Theologie regelmäßig an vorhandenen Methoden und Arbeitsweisen ab und modifiziert sie von ihrem speziellen Erkenntnisinteresse her.

Allerdings gibt es methodologische Schritte, die sich bei praktisch-theologischer Arbeit bewährt haben, und auch entsprechende Arbeitsweisen. Gegenwärtig betritt Praktische Theologie bei ihrer Arbeit – in durchaus wechselnder Reihenfolge – folgende fünf Ebenen, die jeweils in sich unterschiedlich methodisch ausgestaltet werden können:

## 6.1 Empirische Ebene

Entsprechend der besonderen Aufgabe Praktischer Theologie im Gesamt der Theologie ist die empirische Analyse eines Sachverhalts ein wichtiger Arbeitsschritt. Sie dient dem *Verstehen gegenwärtiger Situationen*.

Grob kann dabei zwischen sog. quantitativen und qualitativen Methoden unterschieden werden:

Quantitative Methoden versuchen, repräsentativ Gegenstände oder Einstellungen zu erheben. So ist das Führen der Statistik des Gottesdienstbesuchs eine mögliche Methode quantitativer Sozialforschung. Komplizierter als das Erheben direkt beobachtbaren Verhaltens ist das Erfragen von Einstellungen, etwa in Form eines Fragebogens. Hierzu müssen nicht nur die Fragen so verständlich gestellt werden, dass es nicht zu Missverständnissen kommt, sondern die Generierung der Fragen selbst ist eine anspruchsvolle Aufgabe. Sie setzt ein bestimmtes theoretisches Konzept und Wissen über den Befragungsgegenstand voraus. Die Fragen sind z. B. so offen zu formulieren, dass es zu Korrekturen an der zu Grunde gelegten These kommen kann, zugleich aber so präzise auszurichten, dass es ein interpretierbares Ergebnis gibt. Dazu muss die Auswahl der Befragten bestimmten Kriterien genügen, soll von Repräsentativität gesprochen werden. Mittlerweile sind die Standards der Auswertung solcher Untersuchungen durch die Möglichkeiten elektronischer Datenverarbeitung sehr hoch. Denn so können nach statistischen Verfahren die Antworten auf verschiedene Fragen miteinander korreliert und eventuelle Zusammenhänge erforscht werden. Auch die Zuverlässigkeit (Reliabilität) und Gültigkeit (Validität) der Daten kann hierdurch überprüfbar geklärt werden.

Genau umgekehrt, nämlich beim Einzelfall setzen qualitative Methoden ein. Hier geht es z. B. in Form von Auswertung einzelner Interviews darum die Tiefendimension eines Problemfeldes auszuloten. Repräsentative Aussagen sind dabei nicht zu gewinnen, dafür aber interessante Einblicke in mögliche Problemkonstellationen und -logiken. Aufwändige Interpretationsverfahren erlauben, die Ebene des auf der ersten Bedeutungsebene Kommunizierten zu überschreiten und die Tiefenstrukturen von Aussagen zu erfassen.

Entsprechend den jeweiligen Stärken und Schwächen qualitativer und quantitativer Forschung bietet es sich an, beide methodischen Zugänge miteinander zu verschränken.

Entstammen die genannten Verfahren der empirischen Sozialforschung so bieten Psychologie bzw. Psychotherapie und Betriebswirtschaft spezielle Methoden, um Fragestellungen im Bereich von Poimenik und Kybernetik sachgemäß verfolgen zu können.

In den letzten Jahren hat die Zeichentheorie (Semiotik) verstärkte Aufmerksamkeit in der Praktischen Theologie, vor allem in der Homiletik und Liturgik, aber dann auch in der Religionspädagogik auf sich gezogen. Die Allgemeinheit des hier verwendeten Zeichenbegriffs ermöglicht eine genaue Beschreibung komplexer Situationen, weil unterschiedliche Faktoren wie räumliche Konstellationen, Hörgewohnheiten und Anderes miteinander in Zusammenhang gesetzt werden können.

Schließlich bedienen sich Praktische Theologen in allerdings unterschiedlicher Weise der phänomenologischen Methode. Damit wollen sie der Tatsache Rechnung tragen, dass kirchliches Handeln und die Lebenspraxis der meisten Menschen auseinander getreten sind, und doch im Alltag »Religion« präsent ist. Heuristisch ist dieser Ansatz gewiss wertvoll; ob er aber in seiner Weite genügend theologisch bestimmt ist, wird noch diskutiert.

## 6.2 Normative Ebene

Bei der empirischen Arbeit darf nicht vergessen werden, dass diese notwendig einen normativen Rahmen voraussetzt. Die Auswahl des Forschungsgegenstandes (und damit die Vernachlässigung von anderen Fragestellungen), das Abgrenzen des Untersuchungsfeldes (und damit das Ausblenden von Anderem) sowie das Bilden der zu überprüfenden Hypothesen (und damit das Verwerfen von anderen) sind unerlässlich. Sie verdanken sich wesentlich normativen Vorentscheidungen. Dazu erfordert praktisch-theologische Forschung eine klare Begrifflichkeit.

Wichtige Gesprächspartner für Praktische Theologie sind hier sowohl die anderen theologischen Fächer als auch erfahrungswissenschaftliche Forschungen. Sie halten Gesichtspunkte, Einsichten und Konzepte bereit, die bei den unerlässlichen normativen Vorentscheidungen zu berücksichtigen sind, soll nicht die Mühe an wenig Belangvolles oder Unergiebiges verschwendet werden oder es zu unklaren Aussagen kommen.

Grundlegend ist hier das durch die Zugehörigkeit der Praktischen Theologie zur Theologie gegebene *erkenntnisleitende Interesse, die Kommunikation des Evangeliums zu fördern*. Dieses kann nur in Kooperation mit den anderen theologischen Fächern näher bestimmt werden.

## 6.3 Historische Ebene

Jeder gegenwärtige Gegenstand oder Zustand verdankt sich einer *Genese, die in historische Zusammenhänge führt*. Seine Ausblendung kann zum einen zur Vernachlässigung von Sachverhalten und Zusammenhängen führen, die vielleicht gegenwärtig etwas zurückgetreten sind, denen aber für den Forschungsgegenstand grundsätzliche Bedeutung zukommt. Zugleich steht empirische Forschung, die die historische Dimension ausblendet, in der Gefahr, die gegenwärtige Situation nur fortzuschreiben und mögliche Reformimpulse zu übersehen. Oft enthält nämlich – und hierin liegt ein Wahrheitsmoment Kritischer Theorie – die Vergangenheit Entwicklungen, Impulse o. Ä., die auf Probleme oder vielleicht mögliche Alternativen zur Gegenwart hinweisen.

Deshalb muss Praktische Theologie ihre Gegenstände auch in deren historischer Dimension wahrnehmen. Dabei ist die Kirchengeschichte ein wichtiger Gesprächspartner, besonders wenn sie sich mit der konkreten Lebenspraxis der Menschen, also der Frömmigkeits- und Sozialgeschichte beschäftigt.

## 6.4 Handlungsorientierende Ebene

Praktische Theologie hat schon – durch ihre krisenhafte Entstehungssituation geprägt – von Anfang an *handlungsorientierende Perspektiven* verfolgt. Als die direkte Übertragung und Umsetzung exegetisch oder dogmatisch Erarbeiteten nicht mehr möglich und sinnvoll für die Lösung praktischer Probleme in der kirchlichen Arbeit erschien, kam es zur Entwicklung dieser theologischen Disziplin.

Allerdings bedeutet Handlungsorientierung nicht, dass hier Rezeptwissen zur möglichst direkten Anwendung zur Verfügung gestellt wird. Eher geht es um die Erarbeitung von Gesichtspunkten und Kriterien, die dann zur Erschließung der jeweils konkreten Situation dienen sollen. Die

Unterschiedlichkeit der jeweiligen Situationen vor Ort sowie die Verschiedenheit der für religiöse Kommunikation grundlegenden Personen verbieten direkte Ratschläge, sondern erfordern ein situationsbezogenes Urteil.

Schließlich beginnt sich in der praktisch-theologischen Forschung die Etablierung eines weiteren methodischen Schritts abzuzeichnen:

## 6.5 Komparative (kultur- und religionsvergleichende) Ebene

Im Zuge der Globalisierung rücken früher ferne Formen religiöser Praxis näher bzw. eröffnen sich neue Möglichkeiten zu Kontakten mit Menschen anderer konfessioneller oder religiöser Herkunft und anderen religiösen Institutionen und Organisationen. Bernd Schröder hat am Beispiel einer religionspädagogischen Studie die entsprechende Methodologie vorangetrieben und unterscheidet *vier Arbeitsschritte des komparativen Arbeitens*:

So geht es beim Vergleich von praktisch-theologisch relevanten Handlungsfeldern und -weisen in unterschiedlichen Kontexten um die Herausarbeitung des jeweils Besonderen (idiografische Funktion) und des Gemeinsamen (generalisierende Funktion). Dazu kommt, dass ein solcher Vergleich hilft, die Schwächen und Unklarheiten des eigenen Handelns genauer zu erkennen (elenchthische Funktion). Schließlich initiieren Vergleiche einen Dialog, der zu einer gegenseitigen Horizonterweiterung beiträgt (Dialog initiierende Funktion).

### Literatur

A. BUCHER, Einführung in die empirische Sozialwissenschaft. Ein Arbeitsbuch für Theologen/Innen, Stuttgart 1994. – COMENIUS-INSTITUT MÜNSTER (HG.), Religion in der Lebensgeschichte. Interpretative Zugänge am Beispiel der Margret E., Gütersloh 1993. – M. MEYER-BLANCK, Semiotik und Praktische Theologie, in: IJPT 5 (2001), 94–133. – H.-G. HEIMBROCK, Öffnung zum Leben. Ein Forschungsbericht zur Phänomenologie in der neueren Praktischen Theologie, in: IJPT 4 (2000), 253–283. – B. SCHRÖDER, Jüdische Erziehung im modernen Israel. Eine Studie zur Grundlegung vergleichender Religionspädagogik, Leipzig 2000, 36–43.

## II. Anleitung zum Studium

Die in I.5. skizzierten Probleme der Gliederung der Praktischen Theologie finden sich im Lehrangebot wieder. Themen, die der sektoralen Gliederung folgen (etwa: Vorlesung Einführung in die Liturgik), stehen perspektivischen Zugängen gegenüber (etwa: Seminar Religion im Kino). Dazu wird Praktische Theologie meist eher in fortgeschrittenen Semestern studiert. Dies hat seinen Grund im skizzierten Verbundcharakter der Praktischen Theologie. Gewisse Kenntnisse in den anderen theologischen Fächern sind z. B. in auf Predigt und Unterricht bezogenen Lehrveranstaltungen unerlässlich. Doch bringt eine zu starke Verlagerung der praktisch-theologischen Arbeit ans Studienende das Problem mit sich, dass der für den theologischen Charakter wichtige Rückbezug der biblischen und historischen Fächer auf die Gegenwart im Bewusstsein der Studierenden zu verblassen droht. Deshalb sollten – nicht zuletzt aus Gründen der eigenen Studienmotivation – im Grundstudium ausgewählte praktisch-theologische Lehrveranstaltungen besucht werden.

### 1. Die Veranstaltungen

In der Praktischen Theologie liegt der Schwerpunkt der Lehre traditionell auf Seminarangeboten. Sie eignen sich, zumal wenn Praxisphasen hinzukommen, am besten für die Aneignung des durch den Zirkel zwischen Praxis und Theorie gespeisten praktisch-theologischen Arbeitens.

Die Vorlesungen finden meist nur zweistündig statt und geben in der Regel einen Überblick über eine Disziplin oder einen speziellen Problemzusammenhang. So können sie in das Fach einführen, aber auch vor dem Examen zu einer Bündelung und Konzentration einzelnen Wissens führen.

Die Proseminare finden häufig in den einzelnen Disziplinen statt. Vor allem in der Homiletik, meist einschließlich der Liturgik, und in der Religionspädagogik (bzw. Katechetik) werden Proseminare angeboten, die in die grundlegenden Problemstellungen und Methoden des Fachs einführen. Dabei sind oft schon die konkreten Praxisanforderungen, Erstellung einer Predigt bzw. eines Unterrichtsentwurfs im Blick. Mancherorts wird auch in Poimenik ein Proseminar angeboten.

Bei den Hauptseminaren finden sich die durch die Prüfungsordnungen vorgeschriebenen sog. Homiletischen und Religionspädagogischen Seminare in der Regel in jedem bzw. jedem zweiten Semester. Dabei wird in unterschiedlicher Weise auf die konkreten Praxisvollzüge des Predigens (und Liturgie Gestaltens) und Unterrichtens Bezug genommen. Daneben greifen Seminare wichtige Themen historischer, konzeptioneller oder didaktischer Art auf.

Eine besondere Bedeutung kommt in der Praktischen Theologie der Lehrform der Übung zu. Angefangen vom liturgischen Beten über den Einsatz bestimmter Methoden im Unterricht bis hin zum Erproben von Gesprächsführung ergeben sich aus den besonderen Praxisanforderungen vielfältige Möglichkeiten. Dabei bietet sich die Chance, die eigene Person in ihrer Wirkung auf andere zu erproben. Personale, ja spirituelle Lernvollzüge können sich anbahnen und nicht nur für die theoretische Arbeit, sondern auch die eigene Lebensführung neue Perspektiven eröffnen.

Schließlich haben Praktika eine besondere Bedeutung für die Praktische Theologie, insofern hier Studierende konkrete Erfahrungen auf Handlungsfeldern machen, die Gegenstand praktisch-theologischer Reflexion sind. Um die Praxiserfahrungen für die akademische Ausbildung fruchtbar zu machen, ist es wichtig, sich auf Praktika konzeptionell vorzubereiten, um die eigene Wahrnehmungsfähigkeit zu steigern, und die Eindrücke in der Nacharbeit, etwa bei Abfassen eines Berichts, theoretisch zu reflektieren.

## 2. Wie studiere ich Praktische Theologie?

Die universitäre Ausbildung in Praktischer Theologie verfolgt drei Ziele:
- Die *Wahrnehmungsfähigkeit* der Studierenden soll gesteigert werden. Dazu sind Grundkenntnisse aus den Erfahrungswissenschaften unerlässlich.
- Darauf basierend soll die *Urteilsfähigkeit* ausgebildet werden. Hier geht es darum, konkrete Praxisvollzüge unter den jeweiligen konkre-

ten Bedingungen auf Chancen und Grenzen hin zu reflektieren. Dabei sind klare theologische Kategorien wichtig, die im Studium der anderen theologischen Disziplinen erarbeitet und dann eventuell in der praktisch-theologischen Arbeit modifiziert werden.

– Schließlich gilt es eine gewisse *Planungsfähigkeit* zu erwerben, d. h. die Fähigkeit, ausgewählte Praxisvollzüge sachgemäß vorzubereiten.

Angesichts der in der sektoralen Aufteilung der Praktischen Theologie zum Ausdruck kommenden Pluriformität der einzelnen Handlungsfelder kann im Bereich der Praktischen Theologie auf allen drei Stufen nur exemplarisch gelernt werden. Meist stehen – entsprechend den konkreten Examensanforderungen – die konkreten Praxisvollzüge von Predigt und Unterricht im Vordergrund. Dies hat ein gewisses Recht darin, dass das Agieren im Gottesdienst und das pädagogische Handeln zentrale Dimensionen des theologischen Berufs ausmachen. Doch erfordern die hierzu notwendige Wahrnehmungs-, Urteils- und Planungsfähigkeit auch Einblicke in die lebensweltlichen Zusammenhänge, wie sie bei perspektivischen Lehrveranstaltungen exemplarisch bearbeitet werden.

### 3. Vorschläge zum Studium der Praktischen Theologie

Generelle Vorschläge zum Studium der Praktischen Theologie sind schwierig. Denn gerade in diesem Fach fallen die unterschiedlichen Vorerfahrungen ins Gewicht. Auf jeden Fall sollten aber im Grundstudium eine Überblicksvorlesung gehört und mindestens ein Proseminar besucht werden, um einen ersten Kontakt zum Fach zu bekommen und nicht zuletzt neue Perspektiven auf die anderen theologischen Fächer zu erhalten.

Im Hauptstudium sollten neben den verpflichtenden Lehrveranstaltungen nach Möglichkeit auch ausgewählte Angebote aus den Erfahrungswissenschaften studiert werden. Ein pädagogisches Hauptseminar zur Montessori-Pädagogik, eine soziologische Vorlesung zur Milieu-Bildung oder eine psychologische Übung zur Gesprächsführung sind z. B. wichtige Ergänzungen des praktisch-theologischen Studiums. Dazu erfordert die Wahrnehmungsaufgabe der Praktischen Theologie eine wachsame Zeitgenossenschaft. Das Lesen von Gegenwartsliteratur, die Beschäftigung mit zeitgenössischer Kunst, Kino- und Theaterbesuche sind unverzichtbar (und machen – vor allem gemeinsam mit Anderen – oft Spaß).

## III. Literatur

### 1. Fachliteratur

Praktische Theologie ist von ihrem speziellen Forschungsinteresse her in besonderer Weise auf »living documents« verwiesen. Die Lebenspraxis und Einstellung von Menschen, konkrete Sozial- und Organisationsformen u. Ä. sind ihre bevorzugten Gegenstände. Doch kann dies nur niveauvoll ins Werk gesetzt werden, wenn bisherige Bemühungen, aber auch Diskurse zur Theorie sowie praktische Versuche zur Kenntnis genommen werden. Dazu dient die Lektüre und Auseinandersetzung mit Fachliteratur.

### 1.1 Zeitschriften

Der größte Teil der praktisch-theologischen Diskussionen findet in Zeitschriften, und hier wiederum in den Organen der Teildisziplinen, seinen Niederschlag. Allerdings gibt es auch Zeitschriften, die das Ganze der Praktischen Theologie im Blick haben.

Einen ausführlicheren und sachlich guten Überblick über die praktisch-theologischen Zeitschriften gibt: M. Meyer-Blanck/B. Weyel, Arbeitsbuch Praktische Theologie. Ein Begleitbuch zu Studium und Examen in 25 Einheiten, Gütersloh 1999, 207–214. Bis auf die ZThK enthalten alle genannten Zeitschriften Rezensionen, informieren also auch über die aktuelle Buchproduktion.

Zeitschriften für das Gesamtgebiet

PTh    Pastoraltheologie. Wissenschaft und Praxis (früher MPTh Monatsschrift für Pastoraltheologie), Göttingen 1, 1911 ff.
PrTh    Praktische Theologie (früher ThPr Theologia Practica), Gütersloh (früher Stuttgart, dann München) 1, 1965 ff.

IJPTh    International Journal of Practical Theology, Berlin/New York 1, 1997 ff.

Praktische Theologie in allgemeinen theologischen Zeitschriften

ThLZ    Theologische Literaturzeitung, Leipzig 1, 1876 ff.
ThR     Theologische Rundschau, Tübingen 1, 1897 ff.
ZThK    Zeitschrift für Theologie und Kirche, Tübingen 1, 1891 ff.

Zeitschriften einzelner praktisch-theologischer Disziplinen

Arbeitsstelle Gottesdienst, Hannover 1, 1986 ff. (zu beziehen über: Gemeinsame
    Arbeitsstelle für gottesdienstliche Fragen der EKD, Hannover).
WzM     Wege zum Menschen, Göttingen 1, 1948 ff.
ZPT     Zeitschrift für Pädagogik und Theologie (früher EvErz Evangelischer
        Erzieher), Frankfurt a. M. 1, 1949 ff.
ZevKR   Zeitschrift für evangelisches Kirchenrecht, Tübingen 1, 1951/52 ff.

## 1.2 Lexika und Nachschlagewerke

RGG[4]  Religion in Geschichte und Gegenwart. Handwörterbuch für Theologie
        und Religionswissenschaft. Hg. v. H. D. Betz/D. S. Browning/B. Janow-
        ski/E. Jüngel, Tübingen [4]1998 ff. (noch nicht abgeschlossen).
TRE     Theologische Realenzyklopädie. Hg. v. G. Krause/G. Müller, Berlin
        1976 ff. (noch nicht abgeschlossen).
LexRP   Lexikon der Religionspädagogik, 2 Bde., Neukirchen-Vluyn 2001.

## 1.3 Wichtigste Reihen

APT     Arbeiten zur Pastoraltheologie, Göttingen 1, 1962 ff.
PThe    Praktische Theologie heute, Stuttgart 1, 1991.
APrTh   Arbeiten zur Praktische Theologie, Leipzig (früher Berlin/New York) 1,
        1992 ff.
PThK    Praktische Theologie und Kultur, Gütersloh 1, 2000 ff.

## 2. Zur Anschaffung empfohlene Bücher

Eventuelle Lücken im Lehrangebot der jeweiligen Fakultät können durch
das Studium von Literatur, am besten in Arbeitsgruppen, geschlossen
werden. Mittlerweile verfügt die Praktische Theologie über gute Studien-
und Lehrbücher, was nicht zuletzt die Prüfungsvorbereitungen erleich-

tert (und vielleicht Mut zur Lücke beim exemplarischen Studium macht). Allein fehlt ein für Studierende lesbares, aktuelles Lehrbuch zum Gesamtgebiet.

Ich empfehle, sich in dem bzw. den beiden Schwerpunktbereichen des praktisch-theologischen Studiums schon bald mit einem Lehrbuch vertraut zu machen und sich anhand dessen Zusammenhänge zu erschließen und begriffliche Urteilsfähigkeit zu erwerben. Auch hier ergänzt die folgenden knappen Hinweise die gut gelungene »Praktisch-theologische Literaturkunde« bei *M Meyer-Blanck/B. Weyel, Arbeitsbuch Praktische Theologie. Ein Begleitbuch zu Studium und Examen in 25 Einheiten, Gütersloh 1999, 199–206.*

## 2.1 Praktische Theologie allgemein

Nach wie vor einen guten Einblick in die Systematik des Fachs gibt das Lehrbuch von *D. Rössler, Grundriß der Praktischen Theologie, Berlin 1986 (²1994).* In materialer Hinsicht ist es aber in vielem nicht mehr auf dem neuesten Stand. Hier kann M. *Meyer-Blanck/B. Weyel (Hg.), Arbeitsbuch Praktische Theologie, Gütersloh 1999*, weiterhelfen. Didaktisch sehr geschickt angelegt und damit zu selbsttätigem Arbeiten anregend führt es zuverlässig in die wichtigsten Themenfelder der Praktischen Theologie ein. Auch kann es gut als Ausgangspunkt für die Erarbeitung von Schwerpunkten verwendet werden.

Für an der Geschichte der Praktischen Theologie Interessierte liegt mit *Chr. Grethlein/M. Meyer-Blanck (Hg.), Geschichte der Praktischen Theologie. Dargestellt anhand ihrer Klassiker, Leipzig 2000,* ein Werk vor, das in seinem Einleitungskapitel einen Überblick gibt und dann konkrete »Klassiker« in ihrer jeweiligen Zeit vorstellt.

## 2.2 Lehrbücher der Einzeldisziplinen

In der Homiletik führt *W. Engemann, Einführung in die Homiletik, Tübingen 2002*, praxisnah anhand vieler Beispiele in die Kunst des Predigens ein. Dabei werden sowohl kommunikationstheoretische als auch theologische Einsichten aufgenommen und zu einer konsistenten Theorie verbunden. Am Schluss steht ein gut praktikables Modell für die Predigtvorbereitung. Für historisch-biografisch Interessierte: *Chr. Albrecht/M. Weebe (Hg.), Klassiker der protestantischen Predigtlehre, Tübingen 2002.*

In der Liturgik liegt mit *Chr. Grethlein/G. Ruddat (Hg.), Liturgisches Kompendium, Göttingen 2003,* ein von verschiedenen Autoren erstellter Sammelband vor, der in die wichtigsten Themen der Liturgik historisch, empirisch und handlungsorientierend einführt. Dabei ist es das Ziel der Autoren, das Gewordensein der liturgischen Vollzüge als Chance für eine theologisch orientierte, zeitgemäße Gottesdienstgestaltung fruchtbar zu machen. Stärker liturgisch Interessierte werden bald auf: *H.-Chr. Schmidt-Lauber/M. Meyer-Blanck/K.-H. Bieritz (Hg.), Handbuch der Liturgik, Göttingen [3]2003,* stoßen.

In der Seelsorge bietet gegenwärtig *J. Ziemer, Seelsorgelehre, Göttingen 2000,* einen guten Einblick in Problemstellungen und Lösungswege. Die verschiedenen Themenbereiche poimenischer Reflexion werden in ihrer historischen und empirischen Dimension dargestellt und so ein guter Überblick über den gegenwärtigen Stand dieses Fachs vermittelt.

In der Religionspädagogik ist *Chr. Grethlein, Religionspädagogik, Berlin 1998,* das gegenwärtig umfassendste, sowohl die Geschichte des Fachs als auch die didaktischen Besonderheiten der verschiedenen Lernorte Schule, Gemeinde, Familie und Medien thematisierende Lehrbuch. Für historisch-biografisch Interessierte bietet *M. Meyer-Blanck, Kleine Geschichte der evangelischen Religionspädagogik. Dargestellt anhand ihrer Klassiker, Gütersloh 2003* eine gute Einführung.

# Religionspädagogik

## Von Friedrich Schweitzer

## I. Was ist »Religionspädagogik«?

### 1. Entstehung des Faches

Was Religionspädagogik ist und sein soll, lässt sich besonders gut anhand der Geschichte und Vorgeschichte dieses Faches erläutern. Von einem »Fach« im heutigen Sinne kann erst ab etwa dem 20. Jahrhundert gesprochen werden.

### 1.1 Vorgeschichte: Die Entstehung der religionspädagogischen Fragestellung

Auf Glaube oder Religion bezogene pädagogische Fragen finden wir bereits in der Bibel. So heißt es in 5. Mose 6,20 f.: »Wenn dich nun dein Sohn morgen fragen wird: Was sind das für Vermahnungen, Gebote und Rechte, die euch der Herr, unser Gott, geboten hat?, so sollst du deinem Sohn sagen: Wir waren Knechte des Pharao in Ägypten, und der Herr führte uns aus Ägypten mit mächtiger Hand.« Das war offenbar »schon immer« so: Kinder stellen Fragen, und Erwachsene müssen wissen, wie sie darauf antworten. In einem weiteren Schritt wird daraus dann eine eigene Aufgabe, noch später ein eigenes Amt oder sogar ein Beruf. Im Neuen Testament ist bereits ausdrücklich von »Lehrern« die Rede (1. Kor 12,28/Eph 4,11). Deren Aufgabe besteht offenbar darin, die Christen im Verstehen des Glaubens zu unterstützen und sie so im Glauben »mündig« werden zu lassen (Eph 4,14). Systematisch ausgebaut wird die Unterweisung jedoch erst in den ersten nachchristlichen Jahrhunderten. Aus dieser Zeit stammen auch die ersten uns überlieferten Darstellungen zum katechetischen Unterricht, der damals noch Unterricht für die (erwachsenen) Taufbewerber war. In seiner im 4./5. Jahrhundert entstandenen Schrift »Vom ersten katechetischen Unterricht« gibt Augustinus Ratschläge für Lehrer, die sich auf unterschiedliche Lernvoraussetzungen einstellen sollen, und bietet Hinweise dazu an, wie der Unterricht inhaltlich interessanter und lebendiger gestaltet werden kann.

Für die evangelische Tradition ist auch in religionspädagogischer Hinsicht die Reformation im 16. Jahrhundert von entscheidender Bedeutung. Dem Verständnis der Reformatoren zufolge kommt es auf den Glauben jedes Einzelnen an, und deshalb soll auch jeder Christ wirklich verstehen, worum es beim Glauben geht. Deshalb kommt es in der Reformation zu einem verstärkten Bemühen um die christliche Unterweisung – um den katechetischen Unterricht für Kinder, Jugendliche und Erwachsene sowie um die Katechetik als die Lehre von dieser Unterweisung. Besonders der Kleine Katechismus Martin Luthers (1529) steht dafür als Beispiel, aber die Reformatoren haben sich auch für den Ausbau des Schulwesens und für schulischen Religionsunterricht eingesetzt: »Vor allen Dingen sollte in den hohen und niederen Schulen die vornehmste und allgemeinste Lektion sein die Heilige Schrift und den jungen Knaben das Evangelium. Und wollte Gott, eine jegliche Stadt hätte auch eine Mädchenschule, darinnen täglich die Mägdlein eine Stunde das Evangelium hörten«, so heißt es schon 1520 in einer programmatischen Schrift an den »Christlichen Adel«. Bemerkenswerterweise sind nicht nur die Knaben angesprochen, sondern auch die Mädchen.

Anleitungen für die Gestaltung von Religions- oder Konfirmandenunterricht mit wissenschaftlichem Anspruch finden sich ab etwa dem 18. Jahrhundert. Im Hintergrund steht einerseits der damalige Pietismus, der sein Motiv der persönlichen Glaubenserneuerung auch mit katechetisch-pädagogischen Mitteln verfolgte, andererseits spielte die Herausbildung der modernen Pädagogik eine wichtige Rolle (1762 erschien der »Emile« von Jean-Jacques Rousseau, der als ein Gründungsdokument der modernen Pädagogik angesehen werden kann). Religiöse Erziehung und Bildung ist seither nicht nur ein Thema von Kirche und Theologie, sondern auch einer Pädagogik, die eigene Auffassungen davon vertritt, wie diese gestaltet werden sollen (z.B. kindgerecht, verständlich, vernunftgemäß usw.), wobei die Aufklärungspädagogen sich allerdings zum Teil überhaupt gegen religiöse Erziehung in der Kindheit aussprachen, weil erst

Erwachsene verstehen könnten, worum es beim Glauben geht. In der Auseinandersetzung mit solchen, sehr weit reichenden Anfragen, in denen sich das spezifisch moderne Selbstbewusstsein ausdrückt, werden dann zu Beginn des 19. Jahrhunderts die Grundlagen für eine moderne Katechetik oder Religionspädagogik gelegt, auf denen dieses Fach bis heute in vieler Hinsicht beruht. Vor allem der Theologe und Pädagoge Friedrich Schleiermacher kann als Begründer einer solchen Religionspädagogik angesprochen werden, wenn er in seinen berühmten »Reden über die Religion« (1799) die auch unter den Voraussetzungen von Aufklärung und Moderne durchzuhaltende Berechtigung religiöser Bildung darlegt. In dieser Sicht ist religiöse Bildung nicht einfach ein Anliegen der Kirche oder der Theologie – es geht vielmehr um eine zum Menschsein selbst gehörige Dimension, die deshalb bei aller Bildung Berücksichtigung finden muss. Für die moderne Religionspädagogik ist religiöse Erziehung ein Recht des Kindes.

### Quellen

A. Augustinus, Vom ersten katechetischen Unterricht. Neu übersetzt von W. Steinmann, bearb. v. O. Wermelinger. Schriften der Kirchenväter. Bd. 7, München 1985. – M. Luther, An den christlichen Adel deutscher Nation von des christlichen Standes Besserung (1520), in: Luther Deutsch. Die Werke Martin Luthers in neuer Auswahl für die Gegenwart Bd. 2, hg. v. K. Aland, Gütersloh ²1981, 157–170 (= WA 6, 405–415). – J.-J. Rousseau, Emile oder Über die Erziehung, hg. v. Ludwig Schmidts, Paderborn u. a. ⁵1981. – F. D. E. Schleiermacher, Über die Religion. Reden an die Gebildeten unter ihren Verächtern, hg. v. Rudolf Otto, Göttingen ⁶1967.

### Literatur

F. Schweitzer, Die Religion des Kindes. Zur Problemgeschichte einer religionspädagogischen Grundfrage, Gütersloh 1992. – Ders., Das Recht des Kindes auf Religion. Ermutigungen für Eltern und Erzieher, Gütersloh 2000.

## 1.2 Religionspädagogik als Fach (20. Jahrhundert)

Die Einrichtung von Religionspädagogik als eigenes Fach im Rahmen der Theologie und des Theologiestudiums lässt sich nicht auf ein bestimmtes Datum festlegen. Im Laufe des 19. Jahrhunderts nehmen die katechetisch-religionspädagogischen Studienanteile deutlich zu. Im Hintergrund stehen die systematische Ausgestaltung der Lehrerausbildung u. a. mit der Einrichtung entsprechender Seminare einerseits und der Ausbau der Praktischen Theologie mit eigenen Lehrstühlen andererseits. Die Aufgabe einer Vermittlung der theologischen Tradition und Wissenschaft mit der modernen Erfahrungs- und Lebenswelt war nach dem Urteil der Zeitgenossen unabweisbar geworden. Exegese, Kirchengeschichte und Dogmatik reichen seither für ein Studium der Theologie nicht mehr zu, sondern müssen durch Studien in der Praktischen Theologie und Religionspädagogik ergänzt werden (seit späterer Zeit auch durch Missionswissenschaft und Religionswissenschaft).

Um die Wende zum 20. Jahrhundert entsteht schließlich die neue Bezeichnung »Religionspädagogik« und löst weithin den älteren Begriff der Katechetik ab. Dabei ist weniger der Begriff entscheidend als das Programm einer »modernen Religionspädagogik«, das auf eine konsequente Öffnung von religiöser Erziehung und Bildung für Ansprüche der modernen Kultur und Wissenschaft – innerhalb und außerhalb der Theologie – zielt.

Die Entwicklung der Religionspädagogik im 20. Jahrhundert war im Einzelnen so wechselhaft wie die Geschichte des 20. Jahrhunderts insgesamt. Dies ändert jedoch nichts daran, dass ein – manchmal doch wieder als Katechetik bezeichnetes – Fach Religionspädagogik als unabdingbarer Bestandteil der theologischen Ausbildung für Pfarramt und Lehramt angesehen wurde und bis heute angesehen wird.

Zusammengenommen machen Geschichte und Vorgeschichte der Religionspädagogik deutlich, dass sich die Entstehung des Faches einem Grundanliegen der religiösen Tradition verdankt, das weit in die Geschichte zurückverfolgt werden kann. Zugleich ist nicht zu übersehen, dass die Religionspädagogik in ihrer heutigen Gestalt erst in den letzten zwei Jahrhunderten entstanden ist und insofern auf spezifisch moderne Herausforderungen reagiert – vor allem auf die Aufgabe einer Vermittlung zwischen Tradition und Gegenwart.

## Literatur

G. Bockwoldt, Religionspädagogik. Eine Problemgeschichte, Stuttgart u. a. 1977. – F. Schweitzer/H. Simojoki, Moderne Religionspädagogik. Ihre Entwicklung und Identität. Religionspädagogik in pluraler Gesellschaft Bd. 5, Freiburg i. Br./Gütersloh 2004.

## 2. Aufgabe und Profil der Religionspädagogik

Häufig wird bei Religionspädagogik ausschließlich oder jedenfalls an erster Stelle an den schulischen Religionsunterricht gedacht. Religionspädagogik wird dann nach dem Vorbild einer Fachdidaktik verstanden – als Didaktik des Religionsunterrichts in Entsprechung zu Geschichtsdidaktik, Englischdidaktik, Mathematikdidaktik usw. Nicht auszurotten ist dabei offenbar die Verkürzung von Didaktik auf Methodik, d. h. auf die Frage, mit Hilfe welcher (Unterrichts-)Methoden sich die – nicht von der Religionsdidaktik festzulegenden und insofern vorgegebenen – Inhalte vermitteln lassen. Von Didaktik kann aber erst die Rede sein, wenn auch die Inhalte des Unterrichts unter pädagogischen Gesichtspunkten begründet und ausgewählt werden. Darüber hinaus beruht eine Didaktik im heutigen Sinne auf einer eigenen Lehr-Lern-Forschung bzw. (empirischen) Bildungsforschung, die sich auf Prozesse des Lehrens und Lernens, aber auch auf Lernvoraussetzungen sowie auf die Überprüfung oder Evaluation des Gelernten oder des Unterrichts bezieht (stellvertretend sei als Vertreter eines solchen, in der Pädagogik weithin geteilten Verständnisses von Didaktik Wolfgang Klafki genannt).

Selbst ein weites Verständnis schulischer (Fach-)Didaktik greift aber zu kurz, wenn man sich bewusst macht, dass Religionspädagogik auch außerhalb der Schule praktiziert wird. Für den Unterricht der Kirche (Konfirmandenunterricht) stellen sich z. T. zwar ähnliche Fragen wie für den schulischen Religionsunterricht, aber dieser Unterricht hat doch ein eigenes Profil und kann in seiner heute häufig der Jugendarbeit angenäherten Form der Konfirmanden*arbeit* nicht einfach von der Schule her begriffen werden. Noch mehr gilt dies für andere Praxisfelder in der Gemeinde – angefangen bei Kindertagesstätten über die Kinder- und Jugendarbeit bis hin zur Erwachsenen- oder Altenbildung. Auch wenn diese Praxisfelder manchmal mit dem Begriff der »Gemeindepädagogik« von der Religionspädagogik unterschieden werden, bleibt auf jeden Fall richtig, dass in allen diesen Bereichen auch eine religionspädagogische

Praxis anzutreffen ist. Deshalb leuchtet es mehr ein, Religionspädagogik als eine Art Oberbegriff für verschiedene Praxisfelder in Schule und Gemeinde zu verstehen. Manchmal wird zwar befürchtet, dass dann die Unterschiede zwischen Schule und Gemeinde aus dem Blick geraten könnten, aber der Vorteil eines solchen übergreifenden Verständnisses von Religionspädagogik liegt doch auf der Hand: Nur so kann bewusst bleiben, dass es weithin dieselben Kinder und Jugendlichen sind, für die an verschiedenen Orten Angebote gemacht werden, und nur für ein solches Denken steht vor Augen, dass Abstimmung und Kooperation zwischen Lernorten unabdingbar sind. Und nicht zuletzt muss die religiöse Bildung von Personen als ein Zusammenhang verstanden werden, der sich nicht einfach nach verschiedenen Lernorten aufteilen lässt.

Auch zusammengenommen umschreiben Schule und Gemeinde aber noch nicht den gesamten Umkreis religionspädagogisch bedeutsamer Praxis. Weitere Aspekte betreffen die religiöse Familienerziehung, die Wirkung von Medien, gesellschaftliche Voraussetzungen und inzwischen auch weltweite Veränderungen, wie sie mit dem Begriff der Globalisierung verbunden werden. In diesen Fällen kann zwar nicht einfach von einer absichtlichen Erziehung oder Bildung gesprochen werden, wohl aber von Einflüssen auf die religiöse Entwicklung und Sozialisation. In einer ersten Zusammenfassung kann deshalb gesagt werden, dass sich die Religionspädagogik als Theorie bzw. in Lehre und Forschung auf alle Bereiche der religiösen Erziehung, Bildung, Entwicklung und Sozialisation in Schule, Kirche und Gesellschaft bzw. globalen Zusammenhängen beziehen muss.

Ihre spezifische Zuspitzung erhält diese Definition aber erst durch die für die Religionspädagogik konstitutive These, dass sich die Vermittlung und Aneignung der religiösen Tradition *pädagogisch* – nämlich als ein Bildungsprozess – auslegen lässt, der auch den Kriterien des modernen Bildungsverständnisses gerecht werden kann, wie es von der Erziehungswissenschaft vertreten wird. Dieser These zufolge wird die nachwachsende Generation nicht einfach durch Gewöhnung eingegliedert, durch Prägung den bestehenden religiösen Verhältnissen angepasst oder gar durch eine – pädagogisch und religionspädagogisch gleichermaßen auszuschließende – Indoktrination in diese hineingezwungen. Stattdessen geht es um einen freiheitlichen Vorgang der wechselseitigen Erschließung von Inhalt und Person, der auf Mündigkeit im Sinne zunehmender religiöser Informiertheit, eigener Orientierung und Entscheidungsfähigkeit zielt.

Die *Generationentatsache* begründet die Notwendigkeit einer Religionspädagogik, aber erst deren *pädagogische* bzw. *bildungstheoretische Auslegung* gibt ihr das spezifische Profil. Zugleich macht ein solches Verständnis religiöser Bildung nachvollziehbar, warum sich die Religionspädagogik nicht auf Kinder und Jugendliche beschränkt, sondern auch entsprechende Bildungsprozesse im Erwachsenenalter (u. a. Erwachsenenbildung) in ihr Aufgabenspektrum mit einbezieht. Bildung kann sich auf die gesamte Biografie oder Lebensgeschichte beziehen. Lebensbedeutsam wird sie in dem Maße, in dem sie sich auf die biografisch, durch die individuelle Entwicklung bestimmten Lernvoraussetzungen, Bedürfnisse und Möglichkeiten einlässt. Deshalb spielen entwicklungspsychologische Erkenntnisse sowie die Biografieforschung für die Religionspädagogik eine wichtige Rolle.

In jüngerer Zeit hat sich die Frage nach Biografie oder Lebensgeschichte als ein eigener religionspädagogischer Schwerpunkt herauskristallisiert. Darin konkretisiert sich der pädagogische bzw. bildungstheoretische Anspruch des Faches, eben weil hier gezeigt werden kann, wie religiöse Fragen und Orientierungsbedürfnisse in die Lebensgeschichten einzelner Menschen eingelagert sind und diesen also nicht einfach von außen aufgedrängt werden. Manchmal wird in diesem Zusammenhang auch dafür plädiert, statt von religiöser Erziehung lieber von *Begleitung* oder *Biografiebegleitung* zu sprechen. Eine solche Hervorhebung der dann dicht an die Seelsorge grenzenden Aufgabe der Lebensbegleitung ist sinnvoll, kann eine Verwerfung des Erziehungs- oder Bildungsbegriffes jedoch nicht begründen. Durch den Bezug auf die Generationentatsache unterscheidet sich die Religionspädagogik von der Seelsorge und schließt gleichsam aufgrund der naturgegebenen Voraussetzungen ein Gefälle ein, das nicht verschwiegen werden darf, sondern kritisch reflektiert werden muss. Der Erziehungsbegriff bedeutet keine Privilegierung der älteren gegenüber der jüngeren Generation, verweist aber zu Recht auf die mit der Generationentatsache verbundenen Unterschiede.

Literatur

W. Klafki, Studien zur Bildungstheorie und Didaktik, Weinheim 1963. – Neue Studien zur Bildungstheorie und Didaktik, Weinheim/Basel 1985. – K. E. Nipkow, Bildung als Lebensbegleitung und Erneuerung. Kirchliche Bildungsverantwortung in Gemeinde, Schule und Gesellschaft, Gütersloh 1990.– F. Schweitzer, Die Suche nach eigenem Glauben. Einführung in die Religionspädagogik des Jugendalters, Gütersloh [2]1998.

## 3. Stellung des Faches im Gesamtzusammenhang der Theologie

Religionspädagogik gehört zu den Hauptfächern der Theologie. An theologischen Fakultäten und im Rahmen des Pfarramtsstudiums wird sie als Teil der Praktischen Theologie angesehen und als eine praktisch-theologische Unterdisziplin betrieben (etwa neben Homiletik/Predigtlehre, Poimenik/Seelsorgelehre, Liturgik), im Lehramtsstudium und in Ausbildungseinrichtungen, in denen keine Praktische Theologie betrieben wird, ist sie eigenes Fach.

Die Einordnung der Religionspädagogik in die Praktische Theologie ist insofern sachgemäß, als es in beiden Fällen um die Vermittlung bzw. Aneignung der christlichen Tradition in der Gegenwart sowie um die darauf bezogene Praxis in Schule, Kirche und Gesellschaft geht. Zugleich ist die Religionspädagogik wie die Praktische Theologie insgesamt auf alle anderen theologischen Fächer oder Teildisziplinen bezogen. Dies gilt zum einen beispielsweise im Blick auf die Inhalte des Religionsunterrichts, die in der Form der von den anderen theologischen Fächern geleisteten Erschließung aufzunehmen sind: Biblische Geschichten beispielsweise können und sollen auch im Religionsunterricht nicht einfach vorbei an den Einsichten der Exegese dargeboten werden. Es gilt zum anderen auch für die Normen und Ziele, an denen sich die Religionspädagogik orientiert: Religionspädagogik kann nur dann eine theologische Disziplin sein, wenn sie ihre Normen und Ziele aus der Theologie bezieht bzw. sie theologisch begründen und ausweisen kann (ohne dass deshalb auch auf eine pädagogische Begründung dieser Ziele verzichtet werden müsste oder auch nur verzichtet werden könnte).

Solche Bestimmungen setzen voraus, dass die Religionspädagogik nicht nur im Bereich von Kirche und Gemeinde, sondern auch beim schulischen Religionsunterricht eine theologisch bestimmte Identität aufweist. In Deutschland wird dies schon durch die rechtlichen Vorgaben des Grundgesetzes verlangt. Nach dem Grundgesetz (Art. 7,3) wird der Religionsunterricht in »Übereinstimmung mit den Grundsätzen der Religionsgemeinschaften« erteilt, d. h. immer mit Bezug auf eine bestimmte christliche Konfession oder auf eine bestimmte Religion (Judentum, Islam usw.). Über das Recht einer solchen konfessionellen Bindung wird allerdings immer wieder gestritten. Nach heutigem Verständnis darf sie weder das ökumenische Lernen (etwa im evangelisch-katholischen, konfessionell-kooperativen Religionsunterricht) noch ein interreligiöses Lernen (etwa in Zusammenarbeit zwischen unterschiedlichen Formen von – sofern vorhanden: jüdischem, islamischem usw. – Religionsunterricht) verhindern. Pädagogisch lässt sich eine konfessionelle Ausrichtung von Religionsunterricht vor allem damit begründen, dass nur unter dieser Voraussetzung die für die religiöse Entwicklung und Bildung von Kindern und Jugendlichen bedeutsame Auseinandersetzung mit personal – durch Lehrerinnen und Lehrer, die für ein bestimmtes Bekenntnis stehen – repräsentierten religiösen Überzeugungen möglich ist. Das Gegenmodell einer sog. Religionskunde, die ohne jede konfessionelle oder religiöse Bindung sich allein auf die wissenschaftliche Erforschung von Religion im Sinne der Religionswissenschaft beruft, muss insofern ohne Möglichkeit einer solchen Auseinandersetzung bleiben, als die Lehrpersonen in diesem Falle zu weltanschaulicher oder religiöser Neutralität verpflichtet sind. (Damit ist ein wichtiger Unterschied zwischen Religions*unterricht* und Religions*kunde* markiert, der aber nicht einfach als Abwertung beispielsweise der auf Religion bezogenen Anteile von Ethikunterricht verstanden werden soll. Ein solcher Ethikunterricht mit religionskundlichen Anteilen ist heute unverzichtbar, schon weil ein erheblicher Anteil der Kinder und Jugendlichen nicht am Religionsunterricht teilnimmt. Es ist zu begrüßen, wenn heute zunehmend partnerschaftliche Verhältnisse zwischen dem Religions- und Ethikunterricht in der Schule angestrebt werden.)

Die Zuordnung der Religionspädagogik zur Theologie ändert jedoch nichts daran, dass religiöse Erziehung und Bildung auch als Teilbereich der

Pädagogik anzusehen sind und Religionspädagogik so gesehen zur Erziehungswissenschaft gehört. Dies kommt u. a. darin zum Ausdruck, dass Religionspädagogik an manchen Hochschulen nicht im Rahmen der Theologie, sondern als Teil der Erziehungswissenschaft betrieben wird. Eine solche Zuordnung ist durchaus sachgemäß, weil sie zum Ausdruck bringt, dass religiöse Erziehung und Bildung unverzichtbarer Bestandteil einer jeden, auf Vollständigkeit angelegten Erziehung oder Bildung darstellen. Auch eine in der sich selbst nicht religiös verstehenden Erziehungswissenschaft angesiedelte Religionspädagogik bleibt aber aus den genannten Gründen auf die Auseinandersetzung mit Fragen konfessioneller und religiöser Ausrichtung und Bindung angewiesen. Erziehungswissenschaft muss nicht selbst konfessionell oder religiös bestimmt sein, aber in Schule und Unterricht hat sie es unvermeidlich mit Menschen und mit Orientierungen zu tun, die konfessionell oder religiös ausgerichtet sind. Weiterhin kann auch die Frage, ob ein standpunktbezogener Religionsunterricht einem objektiv-neutralen Unterricht vorzuziehen sei, durchaus pädagogisch – kontrovers – erörtert werden.

Eine gewisse Sonderstellung der Religionspädagogik im Gesamtzusammenhang der Theologie ergibt sich schließlich daraus, dass der Religionsunterricht in der Schule in Zusammenarbeit zwischen Kirche und Staat erteilt und gestaltet wird. Die erwähnte Bestimmung des Grundgesetzes ist so zu verstehen, dass die Kirche zwar für die Inhalte des Religionsunterrichts verantwortlich ist (auch in dieser Hinsicht ist der Staat zu religiöser bzw. weltanschaulicher Neutralität verpflichtet, vgl. Art. 4 GG), dass der Staat jedoch die Aufsicht auch über diesen Unterricht ausübt und sich dabei an den heute allgemein akzeptierten Kriterien für Schule und Unterricht orientiert. Ein solches Zusammenwirken von Staat und Kirche bringt faktisch eine Vielzahl von Fragen mit sich (als Beispiel sei nur die Lehrplanarbeit genannt), die in dieser Form in keinem anderen Fach der Theologie anzutreffen sind.

## Literatur

K. E. Nipkow, Bildung in einer pluralen Welt, 2 Bde., Gütersloh 1998. – F. Schweitzer, Pädagogik und Religion. Eine Einführung. Grundriss der Pädagogik/Erziehungswissenschaft Bd. 19, Stuttgart 2003.

## 4. Religionspädagogik und Kirche

Soweit es um pädagogische Aufgaben in der Gemeinde geht, versteht sich von selbst, dass Religionspädagogik sich mit vielfältigen kirchlichen Erwartungen verbindet. Im Bereich der staatlichen Schule und des schulischen Religionsunterrichts hingegen ist dies keineswegs selbstverständlich. Religionslehrerinnen und -lehrer verstehen sich heute in der Regel nicht als Vertreter der Kirche, sondern eben als Lehrerinnen und Lehrer in der Schule. Durch die im letzten Abschnitt genannten Bestimmungen des Grundgesetzes (Art. 7,3) ist allerdings klar, dass die Kirche eine insbesondere inhaltliche Mitverantwortung für den schulischen Religionsunterricht wahrnehmen muss, was auch in der weithin üblichen kirchlichen Beauftragung (vocatio) für die schulischen Religionslehrerinnen und -lehrer deutlich zum Ausdruck kommt. Dies macht auch verständlich, warum kirchliche Erklärungen für den Religionsunterricht von großer Bedeutung sind, und deshalb soll auch hier auf solche Stellungnahmen eingegangen werden.

Stellungnahmen dieser Art kommen aus allen Landeskirchen, aber für bundesweite Regelungen sind die Erklärungen der Evangelischen Kirche in Deutschland (EKD) von besonderem Gewicht. Nach wie vor bedeutsam ist zunächst die Stellungnahme »Zu verfassungsrechtlichen Fragen des Religionsunterrichts« von 1971, in der erläutert wird, wie die »Grundsätze der Religionsgemeinschaften« im Sinne des Grundgesetzes nach evangelischem Verständnis aufzufassen sind. Beschrieben wird hier ein freiheitlicher Unterricht auf wissenschaftlicher Grundlage, der ausdrücklich kein Privileg der Kirche sein soll.

Die bis heute maßgebliche Grundlegung des Religionsunterrichts aus kirchlicher Sicht wird in der 1994 erschienenen EKD-Denkschrift »Identität und Verständigung. Standort und Perspektiven des Religionsunterrichts in der Pluralität« dargestellt. Neben grundsätzlichen Erwägungen enthält diese Denkschrift Vorschläge für die konfessionelle Kooperation (mit dem katholischen Religionsunterricht sowie mit anderen Formen von Religionsunterricht) und zur Einrichtung einer Fächergruppe (Religionsunterricht und Ethikunterricht). 1996 haben die katholischen Bischöfe eine parallele Darstellung veröffentlicht: »Die bildende Kraft des Religionsunterrichts. Zur Konfessionalität des katholischen Religionsun-

terrichts.« Diese Verlautbarung beschreibt in (katholisch) kirchlich maßgeblicher Weise den Religionsunterricht und enthält – im Vergleich zur
evangelischen Denkschrift gesprochen: eingeschränkte – Angebote zur
Kooperation. 1998 haben dann beide Kirchen in Form eines kleinen Falt-
blattes Formen der konfessionellen Kooperation empfohlen.

Eigene Erwähnung verdient auch die Bildungsdenkschrift der EKD, die
2003 veröffentlicht wurde: »Maße des Menschlichen. Evangelische Perspektiven zur Bildung in der Wissens- und Lerngesellschaft.« Diese Denkschrift bezieht sich nicht auf den Religionsunterricht oder auf die Religionspädagogik. Sie bietet vielmehr einen Rahmen für ein evangelisches
Erziehungs- und Bildungsverständnis angesichts der Herausforderungen
der bildungspolitischen und pädagogischen Diskussion in der Gegenwart.
Die Denkschrift plädiert für eine humane, am Menschen orientierte Gestaltung des Bildungswesens. Damit stellt sie auch eine Grundlage für die
Religionspädagogik dar.

## Literatur

EKD (Hg.), Die Denkschriften der Evangelischen Kirche in Deutschland, Bd. 4/1:
Bildung und Erziehung, Gütersloh 1987. – Identität und Verständigung. Standort
und Perspektiven des Religionsunterrichts in der Pluralität. Eine Denkschrift,
Gütersloh 1994. – Die bildende Kraft des Religionsunterrichts. Zur Konfessionalität des katholischen Religionsunterrichts. Die deutschen Bischöfe, Bonn
1996. – Die Deutsche Bischofskonferenz und die EKD (Hg.), Zur Kooperation
von Evangelischem und Katholischem Religionsunterricht, Bonn/Hannover
1998. – EKD (Hg.), Maße des Menschlichen. Evangelische Perspektiven zur Bildung in der Wissens- und Lerngesellschaft. Eine Denkschrift des Rates der EKD,
Gütersloh 2003.

## 5. Fragerichtung des Faches

Aus dem bislang Gesagten geht hervor, dass die Fragerichtung des Faches
Religionspädagogik den doppelten Schwerpunkt beim Generationenver-
hältnis einerseits und beim Bildungsanspruch des Christentums andererseits einschließt, wobei beide Schwerpunkte sich wechselseitig interpretieren. Damit ist der Kern des Faches jedenfalls in traditioneller Sicht
beschrieben. An dieser Stelle muss jedoch auf drei Erweiterungen auf-

merksam gemacht werden, die jeweils auf aktuelle Herausforderungen von Gegenwart und Zukunft reagieren:

Erstens ist die Religionspädagogik, wie sie hier vorgestellt wird, Teil der evangelischen Theologie und damit auch selbst evangelisch ausgerichtet. Zugleich muss sie jedoch *ökumenisch* arbeiten, schon weil die evangelische Theologie nicht auf ein evangelisches Kirchentum zielt, sondern sich selbst ökumenisch versteht im Sinne einer weltweiten Verständigung und Kooperation zwischen den christlichen Kirchen, dann aber auch weil besonders in der Schule konfessionell-kooperatives (evangelisch-katholisches) Arbeiten gefordert ist. Darüber hinaus lassen sich bestimmte wissenschaftliche Fragen ohne einen Vergleich zwischen den Konfessionen kaum beantworten (s. dazu noch unten, II.1).

Zweitens muss sich der Blick heute zunehmend auch auf *andere (nichtchristliche) Religionen* erweitern. Von solchen Religionen gehen in der Gegenwart auch Einflüsse auf evangelische Kinder und Jugendliche aus und werfen Fragen für diese auf: Wie ist das Christentum zu verstehen angesichts der Tatsache, dass es eine Mehrzahl von Religionen gibt? usw. Darüber hinaus werden in der Religionspädagogik Ansätze eines interreligiösen Lernens verfolgt, u. a. im Namen von Toleranz, wechselseitigem Respekt, Verständigung und eines friedlichen Zusammenlebens. Schließlich sind auch Vergleiche zwischen dem Aufwachsen in unterschiedlichen Religionen für das Verständnis des Aufwachsens im Christentum von Interesse.

Drittens beschränkt sich das Interesse von Religionspädagogik, Theologie und Kirche keineswegs auf religiöse Tradierungsleistungen. Sie teilen vielmehr auch die Sorge um das *Aufwachsen der jüngeren Generation insgesamt*, um deren Lebensbedingungen, um Erziehung und Bildung in der Gesellschaft usw. Damit rücken über die religionspädagogischen Praxisfelder im engeren Sinne das gesamte Bildungswesen sowie der gesamte Prozess des Aufwachsens in den Blick. Herkömmlicherweise wird daran beim Begriff Religionspädagogik nicht gedacht, aber es ist inzwischen doch deutlich, dass es in der Theologie einen Ort geben muss, an dem solche Fragen – unter Berücksichtigung der christlichen Anthropologie (Lehre vom Menschen) und Ethik – bearbeitet werden.

Leitend ist bei allen diesen Fragen für die Religionspädagogik die Perspektive der *praktischen* Gestaltung von Bildungsprozessen im Generationenzusammenhang. Die Praxis selbst ist in der Wissenschaft allerdings nicht direkt erreichbar. Vielmehr geht es um *theoretische* Klärungen, wie sie durch *historische, systematische* oder *empirische* Untersuchungen möglich werden. Deshalb werden die entsprechenden Bildungsprozesse in der Religionspädagogik in großer Breite hinsichtlich ihrer geschichtlichen Entwicklung, ihrer empirischen Gestalt sowie ihrer anzustrebenden Ausrichtung untersucht. Das Verhältnis von Theorie und Praxis kann dabei unterschiedlich ausgelegt werden. Manche verlangen eine enge Verzahnung, andere bestehen auf einer eher lockeren Verbindung, weil anders wissenschaftliche Forschung nicht gewährleistet werden kann. Die Erwartung, Religionspädagogik solle lediglich Rezepte oder Modelle liefern, die sich möglichst unmittelbar in Schule oder Gemeinde »umsetzen« lassen, ist mit dem wissenschaftlichen Anspruch von Religionspädagogik jedenfalls nicht vereinbar. Diese Problematik kann auch anhand des Unterschieds zwischen Religions*didaktik* und *Methodik* erläutert werden. Vielfach wird, wie bereits kritisch angemerkt, bei Religionspädagogik nur an (Vermittlungs-)Methoden gedacht, mit deren Hilfe vorab festliegende Inhalte an die Kinder und Jugendlichen »gebracht« werden sollen. Demgegenüber hat eine religionspädagogische Didaktik den Anspruch, auch auf der Ebene der Inhalte mitzubestimmen und diese anhand der Frage auszuwählen, was sie für Kinder und Jugendliche heute und in Zukunft bedeuten können.

Literatur

Religionspädagogik seit 1945. Bilanz und Perspektiven. Jahrbuch der Religionspädagogik Bd. 12, Neukirchen-Vluyn 1996. – Religionsdidaktik. Jahrbuch der Religionspädagogik Bd. 18, Neukirchen-Vluyn 2002.

## 6. Gliederungen des Faches

So wie der Begriff der *Religionspädagogik* oben als Theorie der religiösen Erziehung, Bildung, Entwicklung und Sozialisation in Schule, Gemeinde und Gesellschaft bzw. globalen Zusammenhängen ausgelegt wurde, dient er als umfassender Oberbegriff für das gesamte Fach. Zum Teil wird jedoch ein anderes terminologisches Verständnis vertreten, demzufolge die Religionspädagogik vor allem auf die Schule bezogen ist, so dass von ihr eine *Gemeindepädagogik* unterschieden werden kann. In deren Bereich fallen dann alle pädagogischen Prozesse im Bereich der (Kirchen-)Gemeinde. Zu unterstützen ist die mit dem erst seit etwa dreißig Jahren gebräuchlichen Begriff der Gemeindepädagogik verbundene Absicht, das übergreifende Bewusstsein von den pädagogischen Aufgaben in diesem Bereich zu stärken. Nachteilig wirkt sich aus, wenn dabei die Zusammenhänge zwischen Schule und Gemeinde außer Blick geraten.

Von Religions- und Gemeindepädagogik noch einmal als engerer Begriff zu unterscheiden ist die *(Religions-)Didaktik*, die als Theorie des Lehrens und Lernens aufzufassen ist. Auch sie kann sich sowohl auf den Schulunterricht wie auf den Unterricht der Kirche (Konfirmandenunterricht), aber auch auf Lehr-Lern-Prozesse etwa in der Erwachsenenbildung beziehen. Der vor allem in früherer Zeit gebräuchliche Begriff der *Katechetik* weist zum Teil Parallelen zu dem der Religionsdidaktik auf, in einem weiteren Sinne aber auch zur Religions- und Gemeindepädagogik. Im evangelischen Sprachgebrauch wird heute nur noch selten von der Katechetik gesprochen, weil diese Bezeichnung weithin mit einer verengten Frage-Antwort-Methodik und einer nur auf die Kirche bezogenen Unterweisung identifiziert wird. (Im katholischen Bereich ist der Begriff der Katechese bzw. Katechetik nach wie vor in Gebrauch und bezieht sich vor allem auf die Gemeinde.)

Ebenfalls vor allem in jüngerer Zeit ist bewusst geworden, dass über Religions- und Gemeindepädagogik hinaus auch von einer *evangelischen* oder *kirchlichen Bildungsverantwortung* zu sprechen ist. Dabei ist zum einen an Bildungseinrichtungen in kirchlicher Trägerschaft zu denken (kirchliche Schulen, sozialpädagogischen Einrichtungen, Angebote der Erwachsenenbildung usw.), die weder einfach in den Bereich der Gemeinde fallen noch sich auf religiöse Bildungsprozesse beschränken. Zum anderen geht es um die Mitverantwortung für den gesellschaftlichen Bildungsdiskurs, wie sie beispielsweise durch die o. g. Denkschriften der EKD (Evangelische Kirche in Deutschland) wahrgenommen wird. Auch in diesem Falle sind Bildung und Bildungswesen insgesamt in den Blick zu nehmen.

Eine *alternative Gliederung* des Faches orientiert sich an *unterschiedlichen Handlungsfeldern*:
- Elementarbereich: Kindergarten, Kindertagesstätten usw.
- Schule: Religionsunterricht, Schul- und Schülergottesdienste, religiöse Angebote in der Schule (Arbeitsgemeinschaften, Projekte usw., u. a. in Zusammenarbeit mit der kirchlichen Kinder- und Jugendarbeit)
- Kinder- und Jugendarbeit
- Konfirmandenunterricht/Konfirmandenarbeit
- Erwachsenenbildung
- Diakonie: Sozialpädagogik/Sozialarbeit, Bildungsangebote für Menschen mit Behinderung
- Seelsorge mit Kindern und Jugendlichen.

Diese herkömmlichen Handlungsfelder werden durch weitere, weniger trennscharf eingrenzbare Bereiche ergänzt:
- Geschlechterbezogene (Gender-)Forschung
- Biografieforschung
- Medienforschung und -pädagogik
- Religion in Kultur und Gesellschaft.

Solche Gliederungen können beim Studium orientierend wirken, etwa um dafür zu sorgen, dass bestimmte Bereiche nicht vollständig außer Acht bleiben. Zugleich ist festzuhalten, dass ein Studium der Religionspädagogik sich nicht auf einen dieser Bereiche beschränken darf. Dies gilt selbstverständlich für das Pfarramtsstudium, das schon von der späteren Berufstätigkeit her mit allen genannten Bereichen zu tun hat. Es gilt aber auch für ein Lehramtsstudium, das seinen Schwerpunkt zwar bei der schulischen Tätigkeit haben wird, aber ebenfalls Kenntnisse über andere Bereiche der religiösen Erziehung und Bildung, Entwicklung und Sozialisation einschließen muss.

Literatur

K. E. Nipkow, Bildung als Lebensbegleitung und Erneuerung. Kirchliche Bildungsverantwortung in Gemeinde, Schule und Gesellschaft, Gütersloh 1990. – G. Adam/R. Lachmann (Hg.), Gemeindepädagogisches Kompendium, Göttingen [2]1994. – Chr. Grethlein, Gemeindepädagogik, Berlin/New York 1994.

## 7. Methoden und Arbeitsweisen des Faches

Die Religionspädagogik hat keinen festen Methodenkanon ausgebildet. Die vier, oben genannten Fragerichtungen des Faches – historisch, systematisch, empirisch, praktisch – verlangen den Einsatz unterschiedlicher Arbeitsweisen:

– Methoden der historischen Forschung: Untersuchung und Auslegung geschichtlicher Quellen, z. B. Schulordnungen, Konfirmationsordnungen, Darstellungen zu religiöser Erziehung und Bildung, Auswertung von Biografien usw.

– Methoden der systematischen Klärung und Darstellung: Identifikation von Prinzipien, Theoriebildung, Bestimmung von Zielen der religiösen Erziehung und Bildung usw.

– Methoden der empirischen Forschung: Befragung/Interview, Beobachtung, statistische Verfahren usw.

– Methoden der Praxis-Forschung: Entwicklung von Lehr-/Lernstrategien, Evaluation von Praxismodellen, Untersuchungen zu Didaktik und Methodik usw.

In jüngerer Zeit finden auch *vergleichende* Methoden zunehmendes Interesse in der Religionspädagogik. Dabei kann es sich um vergleichende Untersuchungen zu verschiedenen christlichen Konfessionen handeln (etwa aus dem Bereich kooperativen – evangelisch-katholischen – Religionsunterrichts), verschiedener Religionen (religiöse Erziehung im Christentum, Judentum, Islam usw.) oder um internationale Vergleiche (Religionsunterricht in Deutschland und in England, Entwicklung von Religionspädagogik in Deutschland und in den USA usw.).

Unter der bereits genannten Voraussetzung, dass religiöse Erziehung und Bildung nicht nur von der Theologie oder von einer als Teil von Theologie verstandenen Religionspädagogik untersucht werden kann, sondern auch von der Erziehungswissenschaft oder der Psychologie, Soziologie, Kulturforschung usw., kommen auch deren Methoden und Arbeitsweisen mit ins Spiel. Es versteht sich heute weithin von selbst, dass sich die Religionspädagogik in vieler Hinsicht an Erkenntnisse aus den Sozial- und Humanwissenschaften anlehnt. Besonders zu nennen sind hier die Entwicklungspsychologie, Sozialpsychologie, Lernpsychologie

usw. sowie die Gesellschaftstheorie, Kinder-, Jugend- und Familiensozio-
logie usw. Zunehmend werden verschiedene wissenschaftliche Disziplinen übergreifende Forschungsbereiche bedeutsam – etwa die Sozialisa-
tionsforschung, die Biografieforschung, die Jugendforschung, die
geschlechterbezogene (Gender-)Forschung. Grundsätzlich gilt, dass die
Religionspädagogik für sämtliche Methoden sowie für alle nicht-theologischen Disziplinen offen sein muss, soweit diese einen religionspädagogisch bedeutsamen Erkenntnisgewinn versprechen.

Literatur

COMENIUS-INSTITUT (HG.), Religion in der Lebensgeschichte. Interpretative Zugänge am Beispiel der Margret E., Gütersloh 1993.– D. FISCHER U. A. (HG.), Religionsunterricht erforschen. Beiträge zur empirischen Erkundung von religionsunterrichtlicher Praxis, Münster u. a. 2003.

## II. Anleitung zum Studium des Faches

### 1. Die Veranstaltungen

Das Studium der Religionspädagogik gliedert sich in Proseminare (auch
Grundkurs, Einführungsveranstaltung), Seminare, Übungen, Vorlesungen, Oberseminare/Kolloquien. Häufig bietet das Proseminar die erste
Einführung in die Religionspädagogik, auf die dann das Seminar mit
Schwerpunktthemen aufbaut. Vorlesungen dienen dem allgemeinen
Überblick. Übungen bieten in der Regel Vertiefungen zu einzelnen Spezialfragen oder zur Einübung von Unterrichtsmethoden u. ä. Obersemi-
nare/Kolloquien wenden sich an Fortgeschrittene, die sich besonders für
die Religionspädagogik interessieren.

Zum Teil werden auch schon im Studium begleitete Hospitationen
(Unterrichtsbesuche), die eine Möglichkeit zu ersten eigenen – sehr zu
empfehlenden – Unterrichtsversuchen geben, Praktika u. ä. angeboten.
Manchmal sind solche praktischen Studienanteile mit den (Pro-)Semi-
naren oder mit Übungen verbunden.

Der Besuch religionspädagogischer Lehrveranstaltungen steht in der
Regel nicht am Anfang des Studiums, sondern wird häufig mit dem zwei-

ten Studienabschnitt nach der Zwischenprüfung verbunden. Dabei ist die Annahme leitend, dass die Arbeit in den religionspädagogischen Praxisfeldern bereits Kenntnisse in den anderen theologischen Fächern voraussetzt. Es kann jedoch auch umgekehrt so argumentiert werden (vor allem in der Lehrerbildung ist dies der Fall), dass die Auseinandersetzung mit religionspädagogischen (und praktisch-theologischen) Fragen das gesamte Studium begleiten und deshalb bereits im ersten Studienabschnitt einsetzen sollte. Im Einzelnen enthalten dazu die Prüfungs- und Studienordnungen entsprechende Hinweise.

## 2. Vorschläge zum Studium des Faches

Religiöse Erziehung und Bildung bezeichnen nicht nur ein Thema für das Lehramtsstudium, sondern auch für das Pfarramtsstudium. Arbeit mit Kindern und Jugendlichen, Konfirmandenunterricht und Erwachsenenbildung stellen konstitutive Bereiche der pfarramtlichen Tätigkeit dar. Zugleich kann sich die Ausbildung für diese Bereiche nicht auf die zweite Ausbildungsphase (Vikariat, Referendariat) beschränken, sondern setzt eine wissenschaftliche Auseinandersetzung mit theoretischen Fragen sowie eine Einführung in Grundlagen voraus, wie sie nur im Studium möglich sind. Deshalb sollte darauf geachtet werden (und wird zunehmend von den Prüfungsordnungen verlangt), dass im Studium auch Religionspädagogik angemessen studiert wird.

Den unverzichtbaren Kern stellt der Besuch eines Proseminars, eines Seminars und einer Vorlesung dar, ggf. erweitert durch Praxisanteile. Auf diese Weise ist gewährleistet, dass einführende, vertiefende und dem Überblick dienende Erkenntnisse erworben werden können.

Während des Studiums sollte unbedingt ein religionspädagogisches Lehrbuch (s. u.) durchgearbeitet werden. Dazu kommt, je nach besuchten Veranstaltungen, vertiefende Literatur, vor allem zur religiösen Entwicklung und Sozialisation sowie zu Methoden des Lehrens und Lernens.

## III. Literatur

### 1. Wichtigste Zeitschriften, Lexika und Reihen

Die religionspädagogische Diskussion wird zunehmend über die konfessionellen Grenzen hinweg geführt. Deshalb sind neben den evangelischen auch katholische Veröffentlichungen zu beachten.

### 1.1 Zeitschriften

Als wichtigste deutschsprachige Zeitschriften/Jahrbücher sind zu nennen:

ZPT        Zeitschrift für Pädagogik und Theologie. Der Evangelische Erzieher, Frankfurt a. M., 1, 1949 ff. (evang.).

JRPäd      Jahrbuch der Religionspädagogik, Neukirchen-Vluyn 1, 1985 ff. (konfessionsübergreifend).

KatBl      Katechetische Blätter. Zeitschrift für Religionsunterricht, Gemeindekatechese, Kirchliche Jugendarbeit, München, 1875 ff. (kath.).

RpäB       Religionspädagogische Beiträge, Mainz 1, 1978 ff. (kath.).

Als wichtigste internationale Zeitschriften sind zu nennen:

BJRE       British Journal of Religious Education, London 1, 1978 ff.

RelEd      Religious Education, London 1, 1906 ff.

JET        Journal of Empirical Theology, Leiden 1, 1988 ff.

### 1.2 Lexika

Lexikon der Religionspädagogik. Hg. v. N. Mette/F. Rickers. Neukirchen-Vluyn 2001.

Neues Handbuch religionspädagogischer Grundbegriffe. Hg. v. G. Bitter u. a., München 2002.

### 1.3 Wichtigste Reihen

RPG        Religionspädagogik in pluraler Gesellschaft, Freiburg i. Br./Gütersloh, 2002 ff.

ARPäd      Arbeiten zur Religionspädagogik, Göttingen 1, 1982 ff.

PTHe       Praktische Theologie heute, Stuttgart 1, 1991 ff.

AprTh      Arbeiten zur Praktischen Theologie, Leipzig 1, 1991 ff.

## 2. Zur Anschaffung empfohlene Literatur

2.1 Lehrbücher

Eine Anschaffungsempfehlung fällt für die Religionspädagogik schwer, da es kaum »maßgebliche« Lehrbücher gibt. Studierende sollten deshalb selbst eine Auswahl treffen, die sich am jeweiligen Inhalt, wie er im Folgenden kurz beschrieben wird, ausrichtet.

Nachfolgende Auswahl beschränkt sich auf Lehrbücher aus neuerer Zeit.

*Chr. Grethlein, Religionspädagogik, Berlin/New York 1998.* Dieses umfangreiche Werk (559 S.) bietet in seinem ersten Teil (200 S.) einen Überblick zur Entwicklung von Religionspädagogik als wissenschaftlicher Disziplin, die über weite Strecken stark an Einzelpersonen und also nicht an übergreifenden Zusammenhängen orientiert ist. Der Schwerpunkt liegt bei der Zeit seit dem 19. Jahrhundert. Die reformatorischen Grundlagen werden nicht eigens behandelt. Die weiteren Teile des Buches bieten eine Darstellung von Voraussetzungen und Praxisfeldern religiöser Sozialisation, Erziehung und Bildung.

*K. E. Nipkow, Bildung in einer pluralen Welt. Bd. 1: Moralpädagogik im Pluralismus. Bd. 2: Religionspädagogik im Pluralismus, Gütersloh 1998.* Bei diesem zweibändigen Werk (329 S., 610 S.) handelt es sich weniger um ein Lehrbuch üblichen Zuschnitts als um einen theoretischen Entwurf, der als der derzeit am weitesten reichende gelten kann. Der erste Band behandelt, in engem Gespräch mit der Erziehungswissenschaft, Fragen einer Grundlegung sowie der Ausrichtung von Moralpädagogik angesichts gegenwärtiger Herausforderungen. Der zweite Band bietet neben grundlegenden Teilen zur Religionspädagogik besonders gewichtige Kapitel zum Verhältnis zwischen den Konfessionen und Religionen (ökumenisches Lernen, interkulturelles und interreligiöses Lernen usw.), aber auch zur Gestalt von Religionsunterricht in der Schule.

*F. Schweitzer, Lebensgeschichte und Religion. Religiöse Entwicklung und Erziehung im Kindes- und Jugendalter, Gütersloh [5]2004.* Dieses in erster Auflage 1987 erschienene und 1999 revidierte und aktualisierte Buch bietet einen Überblick zu allen Fragen der religiösen Entwicklung und Sozialisation. Im Zentrum steht das Gespräch mit der Psychologie, besonders der Entwicklungspsychologie. In der Praxis des Studiums hat es sich als Einführung in die Voraussetzungen religiöser Entwicklung und Sozialisation bewährt.

*F. Schweitzer, Die Suche nach eigenem Glauben. Einführung in die Religionspädagogik des Jugendalters, Gütersloh [2]1998.* Dieses Buch versteht sich als perspektivische Einführung in religionspädagogisches Sehen und Denken unter dem Aspekt des Jugendalters. Es bietet grundlegende Darstellungen zu Jugend, Kirche und Religion sowie zu deren theoretischer Deutung in Psychologie, Soziologie, Biografieforschung und Theologie und mündet in eine überblicksweise Darstellung zu religionspädagogischen Handlungsfeldern im Jugendalter.

*G. Adam/R. Lachmann (Hg.), Religionspädagogisches Kompendium, Göttingen [6]2003.* Dieses weit verbreitete Lehrbuch ist besonders auf den schulischen Religionsunterricht bezogen und könnte deshalb auch religions*didaktisches* Kompendium heißen. Es richtet sich vor allem an Lehramtsstudierende, wird aber auch im Pfarramtsstudium eingesetzt. Der erste Teil ist Grundfragen des Religionsunterrichts gewidmet, der zweite Teil einer fachdidaktischen Umsetzung im Blick auf die einzelnen Fächer der Theologie.

*A. Schulte/I. Wiedenroth-Gabler, Theologie kompakt: Religionspädagogik, Stuttgart 2003.* Diese derzeit knappste Einführung (165 S.) wendet sich vor allem an Studienanfänger im Bereich des Lehramts. Schwerpunktmäßig behandelt werden Fragen der Religionsdidaktik. Das Buch kann einer ersten Orientierung in der Religionspädagogik dienen, nicht aber einer vertiefenden Auseinandersetzung.

*Religionsdidaktik. Jahrbuch der Religionspädagogik Bd. 18, Neukirchen-Vluyn 2002.* Die derzeit aktuellste Darstellung zu neueren Entwicklungen im Bereich der Religionsdidaktik (konfessionsübergreifend). Enthalten sind Überblicksbeiträge zur Allgemeinen Didaktik und zur Religionsdidaktik, Entfaltungen zu einzelnen Ansätzen (Bibeldidaktik, Symboldidaktik usw.), jeweils mit Praxisbeispielen.

*G. Adam/R. Lachmann (Hg.), Gemeindepädagogisches Kompendium, Göt-*

*tingen* [2]*1994*. Dieses Kompendium versteht sich als Einführung nicht in religionspädagogische, sondern in gemeindepädagogische Fragestellungen, denen der erste Teil des Buches gewidmet ist. Der zweite Teil bezieht sich auf einzelne gemeindepädagogische Handlungsfelder (Familie, Kindergarten, Kindergottesdienst usw.).

## 2.2 Quellensammlungen

Die wichtigsten religionspädagogischen Quellensammlungen sind z. Z. vergriffen und können also nicht käuflich erworben werden. Da sie in den meisten Bibliotheken greifbar sind, können sie gleichwohl benutzt werden.

*K. Wegenast (Hg.), Religionspädagogik. Bd. 1: Der evangelische Weg. Bd. 2: Der katholische Weg (Wege der Forschung 209, 603), Darmstadt 1981, 1983.* Diese beiden Bände dokumentieren die Entwicklung der Religionspädagogik im 20. Jahrhundert. Geboten werden wesentliche Texte aus allen Phasen bis etwa 1980. Besonders interessant ist die (konfessions-)vergleichende Perspektive, von der die Zusammenstellung dieser beiden Bände geprägt wird.

*K. E. Nipkow/F. Schweitzer (Hg.), Religionspädagogik. Texte zur evangelischen Erziehungs- und Bildungsverantwortung seit der Reformation. Bd. 1: Von Luther bis Schleiermacher. Bd. 2/1: 19. und 20. Jh. Bd. 2/2: 20. Jh. (Theologische Bücherei 84, 88, 89), München 1991, Gütersloh 1994.* Diese umfangreiche Quellensammlung bietet Texte zur evangelischen Religionspädagogik bzw. zum evangelischen Erziehungs- und Bildungsdenken aus fünf Jahrhunderten, beginnend mit Martin Luther. Umfangreiche Einführungen sowie ein Ausblick auf das späte 20. Jahrhundert (bis etwa 1990) runden die Bände ab.

*R. Bolle/T. Knauth/W. Weiße (Hg.), Hauptströmungen evangelischer Religionspädagogik im 20. Jahrhundert. Ein Quellen- und Arbeitsbuch, unter Mitarbeit von H. Gloy/F. Steffensky/G. Mitchell (Jugend – Religion – Unterricht. Beiträge zu einer dialogischen Religionspädagogik 8), Münster u. a. 2002.* Dem Titel entsprechend werden hier Quellentexte aus dem 20. Jahrhundert geboten, zum Teil leider in sehr kurzen Abschnitten. Besonders interessant ist die ausführliche Dokumentation zur Zeit des Nationalsozialismus. Die letzten, sich der Gegenwart annähernden Teile des Buches sind sehr stark von der speziellen Hamburger Situation geprägt und zielen auf den dort praktizierten »Religionsunterricht für alle in evangelischer Verantwortung«.

## 2.3 Bücher zur Methodik der Religionspädagogik

Eine spezielle Methodenliteratur hat sich in der Religionspädagogik kaum herausgebildet (vgl. II.1.). Allgemeine Hinweise enthalten die o. g. Lehrbücher. In jüngster Zeit haben besonders Formen der empirischen Forschung großes Interesse gefunden. Die im Folgenden genannte Literatur bezieht sich daher nur auf empirische Methoden, die – daran sei noch einmal erinnert – aber keineswegs die einzigen Methoden religionspädagogischer Forschung sind oder sein können.

*D. Fischer/V. Elsenbast/A. Schöll (Hg.), Religionsunterricht erforschen. Beiträge zur empirischen Erkundung von religionsunterrichtlicher Praxis, Münster u. a. 2003.* Dieser Sammelband geht auf die Arbeit einer Projektgruppe des Comenius-Instituts zurück. Er enthält grundlegende Beiträge zur empirischen Forschung zum Religionsunterricht sowie einzelne Darstellungen zu verschiedenen Vorgehensweisen.

*B. Porzelt/R. Güth (Hg.), Empirische Religionspädagogik. Grundlagen – Zugänge – aktuelle Projekte (Empirische Theologie Bd. 7), Münster u. a. 2000.* Dieser im Auftrag der Ständigen Sektion »Empirische Religionspädagogik« der Arbeitsgemeinschaft Katholischer KatechetikdozentInnen herausgegebene Band enthält sowohl grundlegende Beiträge als auch eine Darstellung aktueller Projekte empirisch-religionspädagogischer Forschung.

# Religionswissenschaft

## Von Christoph Bochinger

## I. Was ist Religionswissenschaft?

Die Religionswissenschaft ist eine bekenntnisunabhängige Disziplin zum Studium von Religionen einschließlich des Christentums. Damit ist sie grundsätzlich als Alternative zur Theologie konzipiert. Während die Theologie aus der Perspektive einer bestimmten Religion oder Konfession argumentiert, der die betreffenden FachvertreterInnen in aller Regel selbst angehören, identifizieren sich ReligionswissenschaftlerInnen nicht mit einer solchen Perspektive und versuchen, etwaige eigene religiöse Orientierungen aus ihrer Arbeit herauszuhalten. Die Religionswissenschaft geht von einem Nebeneinander verschiedener Religionen aus und erforscht ihre Begegnungen, Abhängigkeiten und Auseinandersetzungen innerhalb einer bestimmten Kultur oder im Austausch zwischen verschiedenen Kulturen. Es kann sich dabei sowohl um historische wie gegenwartsbezogene Fragestellungen handeln. Ein zentrales Arbeitsinstrument ist die vergleichende Methode. Die Religionswissenschaft hält sich aus der Frage heraus, ob Glaubensinhalte »wahr« oder »falsch« sind – entscheidend ist für sie, dass es Menschen gibt, die solche Glaubensinhalte für wahr halten bzw. Kulturen, in denen Religion vorkommt. Damit schlägt sie einen dritten Weg zwischen religionskritischen und theologisch-dogmatischen Umgangsweisen mit der Religion ein.

## 1. Entstehung des Faches

Zusammen mit der modernen westlichen Theologie ist auch die Religionswissenschaft ein Kind der europäischen Aufklärung. In ihrem Bemühen um den »Ausgang des Menschen aus seiner selbstverschuldeten Unmündigkeit« (Immanuel Kant) stellten die Aufklärer den Offenbarungscharakter der Religion und damit zugleich ihren unhintergehbaren, dogmatisch gegründeten Wahrheitsanspruch in Frage. Sie hatten dabei vor allem die jeweils eigene, d. h. die christliche bzw. jüdische Religion, im Blick. Die Aufklärung regte damit weitergehende Bemühungen an, die die herausgehobene Stellung von Christentum und Judentum im Vergleich zu anderen Religionen in Frage stellten und sich von der traditionellen Unterscheidung zwischen »Heidentum« und offenbarter »wahrer Religion« lösten.

Die Bemühungen gingen in zwei Richtungen: Zum einen wurde versucht, möglichst früh in der Geschichte der Menschheit eine »Urreligion« zu rekonstruieren, aus der später die Vielzahl der Religionen – einschließlich Judentum und Christentum – hervorgegangen sei. Alle Religionen wären auf diese Weise miteinander verwandt. Zum anderen gab es Versuche, die wissenschaftliche Betrachtung der Religionen nicht mehr an (konkurrierenden) Lehren, sondern an der religiösen Aktivität des Individuums festzumachen. Alle Menschen hätten nach dieser Sicht eine religiöse Anlage in sich, woraus sich zugleich auch die Entstehung der verschiedenen Religionen erklärte. Beiden Richtungen ist gemeinsam, dass sie die Religion vom Menschen und nicht mehr von Gott her in den Blick nahmen. Ihr Ziel war es, die Entstehung der Religionen unabhängig vom Gedanken göttlicher Offenbarung zu erklären.

Das Erbe der Aufklärung wurde in den modernen Wissenschaften, die sich mit Religion beschäftigen, unterschiedlich weitergeführt. Die Theologie v. a. protestantischer, aber auch jüdischer Prägung versuchte, ihre Lehren mit Rücksicht auf die aufklärerischen Einsichten neu zu formulieren. Dagegen lösten sich andere Wissenschaften wie etwa die Sprach- und Literaturwissenschaften, aber auch die Soziologie, in der Beschäftigung mit der Religion gänzlich von der theologischen Basis ab. Die Wurzeln der Religionswissenschaft, die im Lauf des 19. Jahrhunderts entstand, speisen sich sowohl aus der theologischen wie der nicht-theologischen Seite dieser Entwicklung. Aus der Theologie wirkte vor allem das Programm Friedrich Schleiermachers (1768–1834), die Religion den »Gebildeten unter ihren Verächtern« als etwas ihnen durchaus Vertrautes, eine »Provinz im Gemüt« des Menschen, nahe zu bringen. Dieser individualistische Zugang hat die Religionswissenschaft bis heute nachhaltig geprägt. Eine weitere theologische Wurzel liegt in der historisch-kritischen Bibelforschung, die die biblischen Texte in die Religionsgeschichte ihres jeweiligen Umfeldes einordnete und damit die außerbiblischen Religionen mit in den Blick nahm (s. dazu die Abschnitte zum Alten und Neuen Testament im vorliegenden Band). Manche religionswissenschaftlichen Lehrstühle, die an theologischen Fakultäten angesiedelt sind, tragen daher bis heute die Bezeichnung »Allgemeine Religionsgeschichte«. Gegenstück ist die »spezielle« Religionsgeschichte Israels und des Christentums. Deshalb wurde die »Allgemeine Religionsgeschichte« in der Anfangszeit überwiegend von den Bibelwissenschaften mit vertreten. Religionen außerhalb des biblischen Umfeldes waren dabei eher wenig von Interesse.

Der Religionsbegriff Schleiermachers und die historisch-kritische Bibelforschung bilden aber nur zwei der Wurzeln der Religionswissenschaft. Weitere Wurzeln speisen sich aus nicht-theologischen Wissenschaften. Ihre Wirkungen auf die Fachgeschichte sind insgesamt erheblich stärker als die der theologischen Seite. Anders als diese bezogen sie Religionen außerhalb des jüdischen und christlichen Kulturkreises in ihre Analysen ein oder machten sie gar zum Ausgangspunkt allgemeiner Religionstheorien. Damit legten sie den Grund für die wissenschaftliche Anwendung des Religionsbegriffs auf außereuropäische Kulturräume, die heute das »Markenzeichen« der Religionswissenschaft ausmacht.

Prägend waren zunächst – im Anschluss an die oben skizzierten Vorstöße der Aufklärungszeit – verschiedene Entwicklungstheorien der Religionsgeschichte. Gängige Versuche, die Entstehung der Religionen auf eine »natürliche« Weise aus einer Urreligion zu erklären, waren u. a. der *Sabäismus* (Entstehung der Urreligion aus einem Gestirnkult), der *Animismus* (Entstehung aus dem Glauben an das Weiterleben der Seelen nach dem Tod) sowie der *Präanimismus* oder *Dynamismus* (Entstehung aus dem Glauben an eine unpersönliche Macht). Die ursprünglichen Kultobjekte (Planeten, Seelen Verstorbener, machthaltige Gegenstände usw.) seien allmählich in verschiedenen Göttergestalten personifiziert worden. In einem späteren Schritt sei dann aus dem Polytheismus der Monotheismus entstanden, d. h. die verschiedenen Gottesvorstellungen seien auf einen einzigen Gott projiziert worden. Die Entstehung des Monotheismus im Alten Israel sei Teil dieser Entwicklung, die aber auch andernorts stattgefunden habe. Anders als in der historisch-kritischen Bibelforschung versuchte man deshalb, möglichst alte Religionsformen außerhalb des Umkreises des Alten Israel und damit unabhängig vom »Gott Abrahams, Isaaks und Jakobs« und seinen Vorformen aufzufinden. Zugleich wurden gegenwärtige Religionsformen der »Primitiven« entfernter Weltgegenden erforscht, in denen Spuren dieser Urreligion noch erhalten sein könnten.

Der aus Deutschland stammende, in Oxford lehrende Sprachwissenschaftler Friedrich Max Müller (1823–1900), der als der eigentliche Gründer der Religionswissenschaft gilt, war diesem Ansatz verpflichtet. Er sah in den Veden, den heiligen Schriften der Inder mit ihrem scheinbar unermesslichen Alter, die älteste Gestalt einer gemeinsamen »indogermanischen« Religionsgeschichte, in deren Tradition auch die Religionen des »semitischen« Typus, Judentum, Christentum und Islam, zu sehen seien. Müllers berühmter Ausspruch: »Wer eine Religion kennt, kennt keine« (in Anlehnung an einen ähnlichen Ausspruch Goethes über die Sprachen) wurde zum Wahlspruch der Religionswissenschaft. Er zielte darauf ab, durch den Vergleich unterschiedlicher Religionen zu einer differenzierteren, von theologischen »Scheuklappen« befreiten Sicht auf die Religionen – inklusive des Christentums – zu gelangen. Trotz der impliziten Kritik an der Theologie vertrat Müller eine eher positive Haltung gegenüber dem Christentum. Zugleich bemühte er sich aber um eine allgemein gültige Definition von Religion, die er ähnlich wie Schleiermacher an die Sehnsucht des Menschen nach dem Unendlichen knüpfte.

Ein anderer Gründervater der Religionswissenschaft (zugleich der Soziologie und Ethnologie) war Emile Durkheim (1858–1917). In seinem religionswissenschaftlichen Hauptwerk vertrat er ebenfalls noch die These der allmählichen Entwicklung der Religion aus einer einfachsten Urform, wenn auch mit ganz anderer Begründung: Anders als Müller definierte Durkheim die Religion im Blick auf ihre Funktion in der Gesellschaft. Wer sie allgemein gültig beschreiben wolle, müsse sie von denjenigen Vorstellungen und Funktionen her definieren, die sie schon bei den »primitivsten« Gesellschaften innehabe. Später seien weitere Vorstellungskomplexe, bis hin zum Monotheismus, hinzugekommen, aber von diesen her lasse sich nicht das Gemeinsame aller Religionen beschreiben, sondern es handele sich dabei um Spezialfälle und Sonderentwicklungen. Durkheim selbst bezeichnete sich als Atheist. Er war überzeugt, dass in der modernen Gesellschaft die Funktion der Religion durch die Wissenschaft übernommen werden könne.

Durkheim ging darin über Müller hinaus, dass er nicht nur die historische Entwicklung der Religionsgeschichte vom eigenen Kulturraum ablöste, sondern auch die Definition der Religion unabhängig davon zu bestimmen versuchte. Als Muster diente ihm die Religion der Aborigines in Australien, die man damals für die weltweit »primitivsten« Ethnien hielt. In ihren religiösen Riten und Symbolen, besonders bei den Festen, würden sich diese Ethnien, die sonst über keinerlei Gemeinschaftsstrukturen verfügten, als zusammengehörige Gesellschaft erkennen. Diese Annahmen verallgemeinerte Durkheim in zwei Thesen: *(a)* Religion hat vor allem eine Ordnungsfunktion für die Gesellschaft; *(b)* durch die Religion wird die Gesellschaft erst zur Gesellschaft, weil sie sich ihrer selbst mit Hilfe der Religion bewusst wird. Obwohl bei Durkheim nicht explizit gemacht, war sein Vorgehen durch und durch von einem vergleichenden Interesse bestimmt: Es ging ihm nicht um die Religion der Aborigines als solche, sondern mit Hilfe des Vergleichs beanspruchte er, zugleich auch die Funktion der Religion in anderen Gesellschaften (inklusive der modernen Gesellschaften Europas) beschreiben zu können.

Ähnliches gilt – wenn auch mit ganz anderen Vergleichsgegenständen – für einen weiteren Gründervater der Soziologie und zugleich der Religionswissenschaft, Max Weber (1864–1920). In seiner berühmten Protestantismusstudie ging Weber der Frage nach, warum sich der moderne Kapitalismus und die zugehörige Industrialisierung in protestantischen Gebieten in der Regel schneller entwickelte als in ähnlich strukturierten Gebieten katholischer Prägung. Seine Hauptthese besagt, dass die protestantische, insbesondere die Calvinistische Ethik dem »Geist« des Kapitalismus strukturell verwandt sei: Wie sich der religiöse Sucher im Rahmen der reformierten Theologie durch rastlose Arbeit am Reich Gottes sein Seelenheil zu versichern sucht, so arbeitet der kapitalistische Unternehmer rastlos und asketisch am Wachstum seines Kapitals. Er beendet nicht seine Arbeit, um die Früchte zu genießen, sondern steckt jeden Ertrag sofort wieder in sein Unternehmen, was erst die früher nie gekannte Kapitalanhäufung der modernen Großindustrie ermöglicht habe. Nach Webers Auffassung löste der »Geist« des Kapitalismus allmählich die überkommenen religiösen Bindungen auf, so dass ein Unternehmer durchaus nicht mehr religiös zu sein braucht, wenn sich auch seine Ideale unbewusst aus religiösen Wurzeln speisen.

Unabhängig von der viel diskutierten Frage, ob die These Webers wirklich haltbar ist, ob er den Calvinismus richtig beschrieben hat usw., ist unbestritten, dass die Protestantismusstudie die Entwicklung nicht nur der Religionssoziologie, sondern auch der Religionswissenschaft entscheidend prägte: Während bei Durkheim die Funktion der Religion als Ordnung der Gesellschaft beschrieben wird, geht es bei Weber um den subjektiven Sinn des menschlichen Handelns und seine Begründung. Er gab damit ein Modell vor, um eine Wechselwirkung zwischen religiös-theologischen Ideen der einzelnen Menschen und gesellschaftlichen Entwicklungen zu beschreiben. Nicht nur das Sein bestimmt das Bewusstsein, sondern Sein und Bewusstsein beeinflussen sich gegenseitig in der Entwicklung der Gesellschaft und des Individuums. Damit schuf Weber eine Alternative zur Religionskritik der Marxistischen Soziologie, indem er die Religion als bleibenden kreativen Faktor in der Geschichte der Menschheit anerkannte, ohne sich selbst mit ihrem Wahrheitsanspruch zu identifizieren.

Auch bei Weber spielt der Vergleich eine zentrale Rolle: Schon die Protestantismusstudie beruhte auf einer vergleichenden Grundlage, indem sie wirtschaftliche Entwicklungen in evangelischen und katholischen Gebieten auf einander bezog. Obwohl es hier um christliche Erscheinungen ging, zielte die Art und Weise seines Vergleichs nicht auf theologische, sondern auf ökonomische und soziologische Erkenntnisse ab. Später versuchte Weber, diese Erkenntnisse mit weiteren Studien über andere Religionen und Kulturräume abzusichern, v. a. über Hinduismus und Buddhismus, chinesische Religionen, Judentum und Islam. Seine Zielsetzung war es dabei, herauszufinden, warum der moderne Kapitalismus in Europa und Nordamerika und nicht z. B. in Indien oder China entstanden war, obwohl dort im Mittelalter nach seiner Einschätzung bereits bessere ökonomische und soziale Voraussetzungen existiert hatten als in Europa. Den wichtigsten Grund dafür sah er in den Religionen der betreffenden Kulturräume: Der Zerfall des mittelalterlichen Zunftwesens und der Ständeordnung, für Weber eine wichtige Voraussetzung der Industrialisierung und des modernen Kapitalismus, habe z. B. in Indien nie in ver-

gleichbarer Form stattgefunden, da das dortige Kastensystem die berufs-
ständischen Strukturen der Gesellschaft mit einer starken und dauerhaf-
ten religiösen Legitimation untermauert habe. Die Gesellschaft Indiens
sei dadurch auf dem Stand des Mittelalters stehen geblieben. Ähnlich
argumentierte Weber im Blick auf die anderen untersuchten Kulturen
und Religionen. Auf diese Weise entstand ein religionswissenschaftlicher
Großvergleich, der der Absicherung der Protestantismusstudie und ihrer
zentralen Thesen diente.

In der Generation nach Durkheim und Weber ging die Religionswissenschaft neue Wege, die sie zunächst wieder näher an die Theologie führte. Am Anfang dieser Entwicklung stand im deutschen Sprachraum das
berühmte Büchlein des Marburger Systematischen Theologen Rudolf
Otto (1869–1937) über »Das Heilige«. Zusammen mit einigen Weggefähr-
ten versuchte er im Anschluss an ein Konzept Durkheims einen neuen
Zugang zur »Religion«. Durkheim hatte beobachtet, dass in allen Religionen eine grundlegende Abgrenzung zwischen »Heiligem« und »Profa-
nem« zu finden sei (z. B. Festtage im Unterschied vom Alltag, Tempelbe-
zirke im Unterschied zu Wohn- und Arbeitsbezirken, Priesteramt im
Unterschied zum Laienstatus usw.). Während es Durkheim nicht so sehr
um die Qualität des Heiligen als solchen, sondern um die *Abgrenzung* im
Lebensvollzug der Menschen ging, versuchte Otto, das Heilige als »Kategorie sui generis« (Kategorie eigener Art) inhaltlich zu beschreiben. Er
setzte damit den funktionalen Zugängen der Religionssoziologe eine Definition entgegen, die die Religion von ihrem »Wesen« her in den Blick zu
nehmen versucht. Die Religionswissenschaft bekam damit einen Gegenstand, den man, so Otto, nur verstehen könne, wenn man seine Realität
selbst erfahren habe und ihn aufgrund dessen nicht mit anderen Kategorien vermenge. Man braucht zwar nicht Angehöriger derjenigen Religion
bzw. Konfession zu sein, die man gerade studiert, aber man muss überhaupt »religiös« sein, um seinen Gegenstand verstehen zu können. Das
bedeutet vor allem, eine gefühlshafte Intuition des Religiösen zu besitzen
(Otto schließt dabei deutlich an Schleiermacher an). Auf Seite 7 des Büch-
leins von Otto steht daher der folgende Hinweis an den Leser:

»Wir fordern auf, sich auf einen Moment starker und möglichst einseitiger religiöser Erregtheit zu besinnen. Wer das nicht kann oder wer solche Momente
überhaupt nicht kennt, ist gebeten nicht weiter zu lesen. Denn wer sich zwar auf

seine Pubertätsgefühle, Verdauungsstockungen oder Sozialgefühle besinnen kann, auf eigentümlich religiöse Gefühle aber nicht, mit dem ist es schwierig, Religionskunde zu treiben.«

Im Fahrwasser Rudolf Ottos bemühte sich die folgende Generation der Religionswissenschaft um die Ausarbeitung einer »Religionsphänomenologie«, die die Religion (im Singular) anhand ihrer vielfältigen Erscheinungsformen (im Plural) zu beschreiben versuchte. Fast alle Vertreter dieser Richtung waren im deutschsprachigen Raum angesiedelt, und die meisten waren gleichzeitig Theologen. Als Beispiele seien genannt: Gerardus van der Leeuw und Friedrich Heiler.

Ottos Zugang eröffnete ihnen einen Weg, jenseits christlich-theologischer Diskurse eine Art weltumspannender religiöser Binnenperspektive zu entwickeln. Das Mittel dazu war die vergleichende Methode. Mit ihrer Hilfe ließ sich feststellen, dass es überall »heilige« Steine, Tage, Menschen oder Lehren gab, die in vielem ähnlich, oft identisch wirkten, auch wenn die betreffenden Religionen historisch nicht erkennbar voneinander geprägt waren. Anders als in den ersten Generationen der Religionswissenschaft diente der Vergleich in der Religionsphänomenologie nun nicht mehr dazu, den natürlichen Ursprung der Religion zu erweisen, sondern – ganz im Gegenteil – es sollte ihre fundamentale Differenz zu allem Alltäglichen hervorgehoben werden. Diese Sichtweise beschränkte sich nicht auf eine einzige religiöse bzw. konfessionelle Perspektive, sondern die Religionsphänomenologen (am unbefangensten Ottos Marburger Kollege Friedrich Heiler) sahen sich als Vertreter einer neuen, universalen »Theologie«, die alle Religionen und Konfessionen umfasst.

Diese Richtung der Religionswissenschaft wurde in abgewandelter Form von dem rumänischen Religionswissenschaftler Mircea Eliade (1907–1986) weitergeführt. Eliades Idealbild der Religion wurde vor allem von den »archaischen« Religionen der Antike und heutiger »primitiver« Völker gespeist, an deren Maßstab er die übrigen Religionen maß. Entscheidend dabei ist, dass der Mensch als »homo religiosus« von Natur aus eine religiöse Anlage »im Blut« hat, die aber unter modernen Bedingungen verloren gegangen oder zumindest gefährdet ist. Dies war die Antwort Eliades auf die Religionskritik, z. B. in der Variante Sigmund Freuds, der sich darauf berief, kein entsprechendes Gefühl in sich verspüren zu können. Aus der Sicht Eliades zeigte Freud damit lediglich, dass er der Religion entfremdet war.

Die Religionsphänomenologie geriet seit den 1970er Jahren in der Religionswissenschaft immer schärfer in die Kritik. Ein Kritikpunkt bestand darin, dass fast alle Religionsphänomenologien trotz ihres umfassenden Anspruchs äußerst selektiv mit dem historischen Material umgingen. In der Regel waren entweder archaische oder moderne Phänomene im Blick. Alles was historisch dazwischen liegt, also die gesamte rekonstruierbare Geschichte der klassischen Religionen, fiel unter den Tisch, soweit es nicht den Schemata jenes »archaischen« Religionstypus entsprach. Entsprechend unscharf erwiesen sich bei näherem Zusehen auch die gebildeten Kategorien. Nicht weniger grundsätzlich ist die Kritik, dass das von Otto vertretene Ideal der Einfühlung in die Religion kein intersubjektiv überprüfbares Ergebnis hervorbringt. Das gefühlte »Heilige« könnte ja auch eingebildet sein. Sein Realitätsgehalt lässt sich daher ebenso wenig empirisch beweisen wie der Realitätsgehalt theologischer Wahrheitsansprüche.

Im Gegenzug zu dieser Entwicklung griff die Religionswissenschaft in neuerer Zeit wieder stärker auf die nicht-theologischen Gründerväter, wie auch auf neue Entwicklungen in der Soziologie und in anderen Referenzwissenschaften zurück. Im Gefolge des so genannten »Cultural Turn« in den Sozial-, Literatur- und Geschichtswissenschaften wird die Religionswissenschaft heute zumeist als eine *Kulturwissenschaft* definiert. Das bedeutet, dass Religion als eine Ausprägung von Kultur neben anderen wie z. B. Sprache, Kunst, Literatur, Arbeit, Politik, Ethnizität (Volkszugehörigkeit) usw. verstanden werden soll. Im Gegensatz zur vorigen Generation der Religionswissenschaft soll die Religion gerade nicht als »Kategorie sui generis«, sondern als ein kultureller Aspekt *unter anderen* betrachtet werden – mit den gleichen Methoden, wie sie auch auf die anderen Aspekte angewandt werden. Als überaus wirkungsvoll hat sich dabei eine Definition des Ethnologen Clifford Geertz (geb. 1926) erwiesen. Er versteht Religionen als Symbolsysteme, in denen eine allgemeine, prägende und konsensfähige Seinsordnung formuliert wird. Religion ist damit als wesentlicher Bestandteil von Kultur definiert und wird zugleich sowohl vom Vorwurf der Illusion in der klassischen Religionskritik als auch von der Konstruktion einer universalen, interreligiösen Binnenperspektive in der Religionsphänomenologie abgegrenzt.

## Literatur

E. Durkheim: Die elementaren Formen des religiösen Lebens, Frankfurt a. M. 1981 (frz. Original 1912). – M. Eliade, Die Religionen und das Heilige, Salzburg 1954. – Ders., Das Heilige und das Profane, Frankfurt a. M. 1985. – S. Freud, Das Unbehagen in der Kultur (1930), in: ders.: Studienausgabe Bd. IX, Frankfurt a. M. 1974, 191–270. – C. Geertz, Religion als kulturelles System, in: ders., Dichte Beschreibung. Beiträge zum Verstehen kultureller Systeme, Frankfurt a. M. 1983, 44–95. – F. Heiler, Erscheinungsformen und Wesen der Religion, Stuttgart 1961. – I. Kant, Beantwortung der Frage: Was ist Aufklärung? (1784), Werkverzeichnis Bd. 4, 481–494. – G. van der Leeuw, Phänomenologie der Religion, Tübingen 1933. – F. M. Müller, Einleitung in die vergleichende Religionswissenschaft, Straßburg 1874, 13 f. (engl. Original 1873). – R. Otto, Das Heilige. Über das Irrationale in der Idee des Göttlichen und sein Verhältnis zum Rationalen, München 1917. – F. D. E. Schleiermacher, Über die Religion. Reden an die Gebildeten unter ihren Verächtern, 1799. – M. Weber, Die protestantische Ethik und der »Geist« des Kapitalismus (zuerst 1904/5), Weinheim, 2. Aufl. der Neuausgabe, 1996.

## 2. Das Proprium des Faches

Im folgenden Abschnitt werden einige grundlegende Merkmale der religionswissenschaftlichen Vorgehensweise zusammengefasst:

a) Die Religionswissenschaft versucht, bei ihrer Arbeit an Religionen nicht nur die jeweils dominanten Strömungen zu erfassen, *sondern mit gleichem Recht auch abweichende Positionen und religiöse Minderheiten in das Gesamtbild einzubeziehen.* Was aus Sicht der jeweiligen Mehrheit z. B. als »Sekte« oder »Häresie« bezeichnet wird, ist in religionswissenschaftlicher Perspektive als alternative Position zu sehen und mit den gleichen Mitteln zu behandeln wie die Auffassung der Mehrheit.

b) Dabei wird *auf eine Stellungnahme zur Wahrheitsfrage bewusst verzichtet.* »Wahr« und »falsch« sind keine angemessenen Kategorien zur wissenschaftlichen Beschreibung von Religionen, zumal diese Unterscheidung in historischer Sicht oft nur dadurch zustande gekommen ist, dass sich eine bestimmte Position gegenüber anderen politisch durchgesetzt hat. Auch die »Verlierer« haben die Geschichte der Religionen oft entscheidend mitgeprägt und gehören daher dazu. Die Religionswissenschaft geht davon aus, dass die Geschichte der Religionen vielfältige, oft einander widersprechende Züge enthält. Das gilt sowohl innerhalb einer bestimmten Religion, deren Entwicklung keineswegs folgerichtig auf ein bestimmtes Ziel zuläuft, als auch für den Vergleich unterschiedlicher Religionen und ihrer Lehren. So sind z. B. im Koran und im Neuen Testament zahlreiche Aussagen über dieselben Glaubensinhalte und Sachverhalte zu finden (von der Schöpfungsgeschichte bis zum Kreuzestod Jesu), die jedoch häufig nicht übereinstimmen. Christlichen Lesern erscheint daher der Koran, weil er später entstanden ist als die Bibel, in der Regel als eine »schlechte Kopie« der Bibel. Muslime sehen das natürlich anders. Die Religionswissenschaft nimmt beide Positionen gleichermaßen ernst, indem sie versucht, in der jeweiligen Lehrsystematik die Gründe für die Abweichungen aufzufinden. Manchmal scheint es sich dabei um gegenseitige Missverständnisse zu handeln, an anderen Stellen (z. B. bei der Ablehnung des Kreuzestodes Jesu im Koran oder der Ablehnung eines zusätzlichen Propheten namens Muhammad auf der christlichen Seite) aber zweifelsohne um zentrale Glaubensinhalte der betreffenden Religion. Gerade durch den Verzicht der Religionswissenschaft auf die Beantwortung der Wahrheitsfrage wird daher etwas von der subjektiven Wahrheit der einen wie der anderen Religion erkennbar.

c) Als Konsequenz ergibt sich jedoch, dass sich die Religionswissenschaft mit theologisch zentralen Themen wie etwa der Gottesfrage nicht auf direktem Wege beschäftigen kann. *Gegenstand ihrer Arbeit sind nicht die Götter, sondern die Menschen, die an Gott oder Götter glauben, zu ihm oder ihnen beten, die Gottesfrage theologisch reflektieren usw.* Entsprechendes gilt auch für andere religiöse Vorstellungen wie z. B. die Karmalehre im Buddhismus oder die Überzeugung, dass der Koran Gottes Wort sei. Insofern kann die »Theologie« (christlich, buddhistisch, muslimisch usw.) selbst zum Gegenstand religionswissenschaftlicher Forschung werden. Zugleich befasst sich die Religionswissenschaft aber auch mit den »inoffiziellen« Dimensionen einer Religion, mit der Volksreligion, den »Laien-« und »Alltagstheologien«. Sie betrachtet nicht nur das, was im Katechismus steht, sondern alles, was die Angehörigen der betreffenden Religion tatsächlich glauben und praktizieren. Wenn etwa im Bereich des afrikanischen unabhängigen

Christentums die Charakteristika vorchristlicher Gottheiten auf die drei Personen der christlichen Trinität (Vater, Sohn, Heiliger Geist) übertragen werden, so wird dies von der Religionswissenschaft als eigenständige theologische Lehre behandelt und nicht etwa als »Verfälschung« abqualifiziert. Entsprechendes gilt auch für neue Entwicklungen in muslimischen Migrantengemeinschaften in Mitteleuropa, die nicht nur am Maßstab klassischer Theologie des islamischen Mittelalters gemessen, sondern als eigenständige Realität wahrgenommen werden.

d) Auf diese Weise hat die Religionswissenschaft eine *kritische und relativierende Funktion gegenüber der Theologie.* Sie ist aber nicht einfach Religionskritik. Denn dies würde wiederum eine (ab-)wertende Stellungnahme beinhalten. Vielmehr gehört ebenso wie der Theismus auch der Atheismus oder Agnostizismus zum Gegenstand der Religionswissenschaft. Sie versucht, die betreffenden Menschen in ihrer religiösen Orientierung (oder ihrer Ablehnung einer solchen Orientierung) ernst zu nehmen, ohne sich allerdings mit ihrem Glauben oder Unglauben selbst zu identifizieren. Salopp könnte man diese unterschiedlichen Denkvoraussetzungen so auf den Punkt bringen: Theologen »glauben« an die Existenz Gottes, atheistische Philosophen an die Nicht-Existenz Gottes und Religionswissenschaftler an die Existenz gläubiger Menschen.

e) Damit hängt ein weiterer Punkt zusammen: *Nach ihrem Selbstverständnis soll die religionswissenschaftliche Arbeit unabhängig von der religiösen Orientierung des Forschers bzw. der Forscherin sein.* Im Idealfall soll das gleiche Ergebnis herauskommen, egal ob der betreffende Forscher Angehöriger der untersuchten Religion ist, einer anderen oder keiner Religion zugehört. Dieses Ideal ist in der Praxis jedoch nicht leicht zu erreichen, da – bewusst oder unbewusst – bei jeder wissenschaftlichen Fragestellung bestimmte subjektive Werthaltungen mit einfließen und den Erkenntnisprozess beeinflussen. Daher wäre es nicht nur in der Theologie, sondern auch in der Religionswissenschaft verfehlt, von »Wertfreiheit« zu sprechen. In Anlehnung an Max Weber spricht man daher besser von »Wertbewusstheit«. Gute religionswissenschaftliche Arbeit zeichnet sich deshalb durch die fortlaufende Suche nach unbewussten eigenen Werthaltungen aus. Sie versucht, diese aufzudecken, in ihrer untergründigen Wirkung auf den Forschungsprozess genau zu beobachten und nach Möglichkeit auszuschalten. Dazu gibt es bewährte Hilfsmittel, insbesondere die Zusammenarbeit von ForscherInnen unterschiedlicher religiös-kultureller Prägung und den Vergleich scheinbar ähnlicher Traditionsbestände in verschiedenen Religionen mit dem Ziel, die Differenzen herauszuarbeiten und unbewusste Vereinnahmungen zu überwinden.

f) Aus diesem Selbstverständnis des Fachs ergeben sich einige Anforderungen an die praktische Organisation der Arbeit. So gehört es zu ihren Grundvoraussetzungen, *dass Studium und Lehre nicht an eine bestimmte Konfessionszugehörigkeit gebunden sein und dass religiöse Institutionen wie z. B. die Kirchen keinen Einfluss auf die eigene Arbeit nehmen dürfen.* Diese Anforderung steht im Gegensatz zur gängigen Praxis in der Theologie, jedenfalls in Deutschland: In theologischen Fakultäten muss z. B. bei Professorenberufungen die Zustimmung der jeweiligen Kirche eingeholt werden. Sowohl für Professoren als auch für Studierende bei der Examensanmeldung ist die Kirchenmitgliedschaft in der Regel zwingende Voraussetzung. Protestanten sind daher an einer protestantischen Fakultät weitgehend unter sich. In der Schweiz und in Österreich sind die Bedingungen z. T. grundlegend anders.

Die religionswissenschaftliche Forderung nach institutioneller Neutralität stimmt mit der Realität allerdings nur teilweise überein, weil etwa die Hälfte der Lehrstühle im deutschen Sprachraum an theologischen Fakultäten untergebracht ist (in Deutschland meistens verbunden mit Missionswissenschaft und/oder Ökumenik). So kommt es, dass man an manchen Studienorten das Fach Religionswissenschaft (oder Religionsgeschichte) nur studieren kann, wenn man der Konfession der betreffenden theologischen Fakultät angehört. Die andere Hälfte der religionswissenschaftlichen Lehrstühle ist an nicht-theologischen Fakultäten (z. B. Philosophische Fakultät, Orientwissenschaften, Kulturwissenschaften) angesiedelt, wo es solche Einschränkungen selbstverständlich nicht gibt. Diese Inkonsequenz auf der Seite der theologisch eingebunden Religionswissenschaft hat historische und politische, aber auch inhaltliche Gründe, die im folgenden Abschnitt genauer dargelegt werden. Unabhängig von ihrer organisatorischen Zuordnung sind sich jedoch die meisten FachvertreterInnen darin einig, dass die Religionswissenschaft (im Unterschied zur Missionswissenschaft und Ökumenik) als eine nicht-theologische, nicht-normative Disziplin zu verstehen ist.

## 3. Die Stellung des Fachs zur Theologie

Das Verhältnis der Religionswissenschaft zur Theologie ist anders gelagert als das der übrigen Disziplinen im vorliegenden Band. Aus der skizzierten Fachgeschichte ergibt sich, dass sie weder als Teilfach der Theologie noch als Referenzwissenschaft (wie etwa Philosophie, Soziologie oder Sprachwissenschaften) zu verstehen ist. Theologie und Religionswissenschaft sind vielmehr alternative Wissenschaften, die sich auf denselben Gegenstand, die Religion, beziehen und z. T. auch dieselben Referenzwissenschaften in Anspruch nehmen. Beide sind stark von der Aufklärung, z. T. sogar von denselben Gründervätern moderner Wissenschaft geprägt. Zwar befasst sich die Theologie ganz überwiegend nur mit *einer* Religion, dem Christentum. Umgekehrt überlässt die Religionswissenschaft – schon aus Gründen der Arbeitsteilung – das Christentum oft den Theologen. Doch verschwimmen gerade in neuerer Zeit diese Grenzlinien. So werden von der Theologie zunehmend »fremde« Religionen in ihrem Verhältnis zum Christentum in den Blick genommen. Umgekehrt wird in der Religionswissenschaft auch das Christentum stärker thematisiert als früher. Das Unterscheidende der beiden Fächer liegt daher immer weniger im Gegenstand als im Zugang: Die Theologie reflektiert die Religionsthematik letztlich aus der Perspektive der eigenen Religion bzw. Konfession – auch wenn sie dabei auf religionswissenschaftliche Befunde zurückgreift. Die Religionswissenschaft kennt eine solche Unterscheidung zwischen »Eigenem« und »Fremden« nicht.

Trotz der häufigen institutionellen Verknüpfung handelt es sich daher um zwei selbstständige Fächer, was in der Praxis oft nicht genügend beachtet wird. Das führt dazu, dass sich ReligionswissenschaftlerInnen von TheologInnen vereinnahmt oder an den Rand gedrängt fühlen, während TheologInnen sich über das »notorische Abgrenzungsbedürfnis« der kleineren, in der Öffentlichkeit aber häufig als moderner eingestuften

Konkurrenz mokieren. Wenn man jedoch berücksichtigt, dass es sich in beiden Fällen um moderne Fächer mit eigenständigen Diskursen handelt, gibt es durchaus Möglichkeiten zur fruchtbaren Zusammenarbeit. In den zwei folgenden Unterabschnitten soll die Beziehung spiegelbildlich aus der jeweiligen Fachperspektive dargestellt werden:

### 3.1 Theologie im religionswissenschaftlichen Diskurs

In der Religionswissenschaft wird das Verhältnis zur Theologie sehr unterschiedlich behandelt. Manche FachvertreterInnen sehen theologische Fragestellungen als völlig irrelevant für die eigene Arbeit an, andere halten die Bestimmung des Verhältnisses zur Theologie für zentral. Viele FachvertreterInnen haben sich nie näher mit Theologie beschäftigt (sondern z. B. neben der Religionswissenschaft noch Indologie oder Soziologie studiert), andere sind selbst zugleich TheologInnen. Manche ReligionswissenschaftlerInnen trennen in der praktischen Arbeit konsequent religionswissenschaftliche von theologischen Fragestellungen, andere sehen gerade in der Verknüpfung die eigentliche Herausforderung.

Diese Unterschiede sind nicht unbedingt deckungsgleich mit der institutionellen Zuordnung. So gibt es unter den religionswissenschaftlichen KollegInnen in theologischen Fakultäten viele, die sich im Sinne des vorliegenden Beitrags für eine eindeutige inhaltliche Trennung zwischen beiden Fächern aussprechen (bspw. Klaus Hock, Andreas Grünschloß, Gebhard Löhr). Religionswissenschaft beschränkt sich nach dieser Sicht auf die »Außenperspektive«, auch wenn sie innerhalb der Theologie angesiedelt ist. Dies schließt nicht aus, dass man gleichzeitig die eigene Religion auch in der »Binnenperspektive« behandeln, also in Personalunion zugleich TheologIn sein kann; aber beide Vorgehensweisen sind nach dieser Auffassung sorgfältig auseinander zu halten. Der Religionswissenschaftler und Theologe Fritz Stolz unterschied in diesem Sinne das »Durchdenken der Religion ›von außen‹« und das »Durchdenken der Religion ›von innen‹«.

Andere FachvertreterInnen versuchen, eine besondere *theologische* Religionswissenschaft zu begründen, deren Arbeit sich von der der nichttheologischen KollegInnen durch eine bewusste theologische Grundlage unterscheidet (bspw. Theo Sundermeier). Sie argumentieren, dass es in religiösen Fragen keinen neutralen Standort geben könne. Daher sei es ehrlicher, den theologischen Ausgangspunkt der eigenen Religionswissenschaft explizit zu machen. Diese Position wird wiederum von den meisten nicht-theologischen ReligionswissenschaftlerInnen fundamental kritisiert, weil nach ihrer Sicht gerade die Unabhängigkeit von theologischen Fragen die Voraussetzung ist, um Religionen und religiöse Sachverhalte ohne normative Scheuklappen sachgerecht studieren zu können (bspw. Burkhard Gladigow).

Trotz dieser unterschiedlichen Auffassungen gibt es innerhalb der Religionswissenschaft doch auch Gemeinsamkeiten, z. B. in der Überzeugung, dass man überhaupt eine Religion sinnvoll wissenschaftlich bearbeiten kann, der man selbst nicht angehört. Dies wird häufig von Vertretern der betreffenden Religionen in Frage gestellt. Sie argumentieren, man könne z. B. den Islam oder Buddhismus nicht verstehen, ohne selbst Muslim bzw. Buddhist zu sein. In ähnlicher Form wird dieses Argument auch von Christen geäußert, soweit sich die Religionswissenschaft mit dem Christentum beschäftigt.

Das Argument weist darauf hin, dass Religionen nicht nur äußerliche Institutionen mit einem historischen Hintergrund sind, den man auswendig lernen kann wie Vokabeln oder Jahreszahlen, sondern dass sie eine Innenseite haben, die für die existenziellen Bedürfnisse ihrer Mitglieder das Entscheidende ist. Nur ein »Insider« könne nachvollziehen, warum im Islam jedes Wort des Koran von Gott stammen soll, warum im Buddhismus alles Leben leidhaft und dennoch nicht pessimistisch zu verstehen ist, warum im Christentum das Kreuz mit dem sterbenden Jesus als Inbegriff des Lebens gesehen wird. So lautet die entsprechende Argumentation.

Die Religionswissenschaft begegnet diesem Problem, indem sie nicht nur die äußeren historischen und institutionellen Fakten einer Religion berücksichtigt, sondern auch diese Innenseite, das Selbstverständnis ihrer Mitglieder, zum Gegenstand macht, ohne aber selbst Stellung dazu zu nehmen. Daraus begründet sich ein gewisses Interesse an theologischen Fragestellungen, auch wenn man sich selbst nicht als Theologe bzw. Theologin definiert.

Es gibt noch weitere Argumente für eine kontrollierte, faire Zusammenarbeit beider Fächer: Bei genauerem Hinsehen ist die Unterscheidung zwischen Bekenntnisbindung und Bekenntnisfreiheit nicht so eindeutig, wie es auf den ersten Blick scheinen mag. Wie die anderen Beiträge im vorliegenden Band zeigen, gibt es auch in der Theologie das Bestreben, sich unabhängig von normativer Wertung mit Fragen von Religion und Religiosität zu beschäftigen. Besonders in der Alttestamentlichen Theologie steht ohnehin eine aus christlicher Perspektive »fremde« Religion im Mittelpunkt, weshalb sich manche AlttestamentlerInnen mehr der Religionswissenschaft als der Theologie zugehörig fühlen. Umgekehrt werden theologische Fragen vielerorts von ReligionswissenschaftlerInnen mit bearbeitet, soweit sich diese gleichzeitig als TheologInnen verstehen. Darüber hinaus werden auch bestimmte wissenschaftliche Methoden und Theorien von beiden Fächern gleichermaßen genutzt und nicht wenige Forschungsfelder gemeinsam bearbeitet. Die Grenzlinie zwischen bekenntnisfreien und -gebundenen Zugängen verläuft daher in der praktischen Arbeit zumeist nicht exakt zwischen Religionswissenschaft und Theologie, sondern innerhalb beider Fächer. Das ändert aber nichts an der Bedeutung dieser Grenze für die Arbeit auf beiden Seiten.

### Literatur

B. Gladigow, Gegenstände und wissenschaftlicher Kontext von Religionswissenschaft, HrwG I, 26–40 (s. Literaturangaben am Ende). – K. Hock/A. Grünschloss/G. Löhr in: G. Löhr (Hg.), Die Identität der Religionswissenschaft, Frankfurt a. M. u. a. 2000. – F. Stolz, Grundzüge der Religionswissenschaft, Göttingen 1988, 34–44. – T. Sundermeier, Was ist Religion? Religionswissenschaft im theologischen Kontext, Gütersloh 1999.

## 3.2 Religionswissenschaft im theologischen Diskurs

Auch von der Seite der Theologie wird das Verhältnis zur Religionswissenschaft sehr unterschiedlich bestimmt. Manche TheologInnen halten ihr eigenes Fach für die »bessere Religionswissenschaft« und streiten den Bedarf an einer zusätzlichen, bekenntnisfreien Wissenschaft von den Religionen neben der Theologie ab. Andere sehen die Religionswissenschaft als eine Art Theologie für Konfessionslose. Beides wird der Selbstsicht der Religionswissenschaft gleich wenig gerecht, weil dabei ihre wissenschaftliche Aufgabe verkannt wird. Viele TheologInnen halten jedoch eine methodisch abgeklärte Zusammenarbeit mit der Religionswissenschaft auch von ihrer Seite für fruchtbar. Für diese Position gibt es eine ganze Reihe von Argumenten:

Angesichts der immer stärkeren Pluralisierung der religiösen Gegenwartskultur muss die Perspektive der evangelischen und katholischen Theologie auf die Religion durch andere Perspektiven ergänzt werden. Die fortschreitende Säkularisierung entfremdet viele Menschen dem Religiösen. Zugleich werden die großen nicht-christlichen Religionen aufgrund von Migrationsbewegungen und Konversionen in Deutschland immer präsenter, und neue religiöse Entwicklungen gewinnen an Einfluss. Kirche und Theologie würden sich selbst marginalisieren, wenn sie sich diesen Herausforderungen nicht stellen würden.

Deshalb erfreuen sich Stichworte wie »interreligiöser Dialog« und »interreligiöses Lernen« in Theologie und Religionspädagogik großer Beliebtheit. Ohne eine fundierte religionswissenschaftliche Kompetenz führt solches Bemühen aber notwendig zu Missverständnissen und Vereinnahmungen. Entsprechendes gilt auch für Versuche, im binnenkirchlichen Rahmen an freie Spiritualitätsformen und esoterische Traditionen anzuknüpfen. Doch auch das Bedürfnis nach Abgrenzung, nach theologischer Standortbestimmung im Verhältnis zu anderen religiösen Traditionen und Strömungen, erfordert religionswissenschaftliche Kompetenz. Nur wer das Fremde sorgfältig studiert hat, kann das Eigene davon abgrenzen!

Dies bedingt neben den religionswissenschaftlichen auch besondere theologische Fachkenntnisse. Die dafür zuständige Disziplin ist die Theologie der Religionen. Sie wird in der Praxis sowohl von Systematischen TheologInnen als auch von theologisch eingebundenen ReligionswissenschaftlerInnen betrieben. Dabei ist jedoch der Hinweis wichtig, dass Theologie der Religionen nicht Religionswissenschaft ist. Sie ist eine spezifisch theologische Aufgabe. Auch eine pluralistische Theologie der Religionen, die den Wahrheitsanspruch des Christentums im Interesse des interreligiösen Dialogs relativiert, wird dadurch noch nicht zur Religionswissenschaft. Das wird schon daran deutlich, dass das pluralistische Miteinander unterschiedlicher Theologien in der Praxis (z. B. im Bemühen um einen interreligiösen »Religionsunterricht für alle«) an enge Grenzen stößt. Andere Religionen – selbst die nicht-westlichen Konfessionen innerhalb des Christentums – verfügen nicht über eine kompatibel strukturierte Theologie, um den Gesprächsansätzen westlicher Universitätstheologinnen »Paroli bieten« zu können. Daher benötigt die Theologie der Religionen, egal ob sie einen exklusiven, inklusiven oder pluralistischen Ansatz gegenüber anderen Religionen verfolgt, die religionswissenschaftliche Begleitung und Kritik. Diese entlastet sie zugleich von dem Zwang, sich aus Gründen der dialogischen Fairness klarer Positionierungen enthalten zu müssen.

An dieser Stelle wird der Unterschied zwischen beiden Fächern besonders deutlich: Aufgabe der Theologie ist es, die interreligiösen Herausforderungen vom Standpunkt des christlichen Glaubens zu reflektieren und darüber kompetent Auskunft zu geben; Aufgabe der Religionswissenschaft ist es, unabhängig von einem solchen Standpunkt die Logiken und Dynamiken des interreligiösen Gesprächs zu erforschen. Beides ergänzt sich und kann ggf. auch in Personalunion betrieben werden – aber nur, wenn der Unterschied beider Fragestellungen klar erkennbar bleibt.

Auch die Missionswissenschaft erfordert zwar spezifische Kompetenzen, für die die Religionswissenschaft gebraucht wird, gehört aber gleichwohl auf die Seite der Theologie. Das Christentum wäre ohne Mission nicht zu denken, auch wenn bei der Beschäftigung mit diesem Thema manche problematischen Aspekte der eigenen Religion erkennbar werden. Gerade ein aufrichtiger Dialog mit anderen Religionen setzt voraus, dass man sich dieser eigenen Hintergründe bewusst ist. Werden sie verdrängt, ist der Argwohn nicht-christlicher Gesprächspartner nur zu berechtigt, dass das Bemühen um »Dialog« lediglich eine neue, verkappte Form von Mission darstelle. Es gehört deshalb zur nötigen theologischen Selbstklärung, die missionarische Dimension des Christentums in Geschichte und Gegenwart sorgfältig zu reflektieren.

Entsprechendes gilt auch für die Ökumenik, d. h. die Beschäftigung mit der weltweiten Gemeinschaft der Christen: In früheren Missionsgebieten entstanden eigenständige Kirchen. Wenn sich die europäischen Christen der Tatsache verschließen, dass sie – nicht zuletzt als Folge ihrer eigenen Missionstätigkeit – nur noch eine Minderheit in der weltweiten Christenheit darstellen, stellen sie sich langfristig ebenso ins Abseits wie durch das Ignorieren des gegenwärtigen Religionspluralismus im eigenen Land. In Reaktion auf diese Herausforderungen hat die Missionswissenschaft und Ökumenik im Verbund mit der Religionswissenschaft als kritisches Korrektiv für eine manchmal allzu selbst bezogene, euro-zentrische Theologie eine wichtige Funktion.

Abgesehen von den genannten praktischen Aufgaben besteht daher vielleicht der größte Nutzen der Religionswissenschaft für die Theologie darin, dass sie einen gewissen Verfremdungseffekt erzeugt: Durch die Beschäftigung mit nicht-christlichen Religionen wie auch mit nicht-europäischen Christentumsvarianten wird die eigene Religion und die eigene Ausprägung des Christentums in ihren Besonderheiten und Stärken, aber auch in ihren Engführungen und Einseitigkeiten kontrastreicher und damit deutlicher erkennbar.

## 4. Fragerichtung des Fachs

Der Gegenstand der Religionswissenschaft, die »Religion«, ist ein extrem weitläufiges Thema und wird deshalb auch von vielen anderen nicht-theologischen Wissenschaften bearbeitet. Schon die Beschäftigung mit nur einer großen Religion, etwa dem Islam oder Buddhismus, erfordert die Kenntnis verschiedenster Sprachen, Kulturen und langer religionsge-schichtlicher Epochen. Entsprechendes gilt auch für verschiedene theoretische Zugänge zur Religionsthematik. So kann man Religionen als Zeichen- und Symbolsysteme analysieren (Semiotik), nach der Funktion und Bedeutung der Religion in der Gesellschaft fragen (Religionssozio-logie) oder nach den individuellen psychischen Faktoren, die mit Religion verbunden sind (Religionspsychologie). Man kann geografische Aspekte z. B. beim Pilgerwesen oder die räumliche Ausbreitung einer Religion erforschen (Religionsgeografie) und vieles mehr. Ebenso wie die verschiedenen Gegenstandsbereiche sind auch alle diese Zugänge von je eigenen Fachkulturen geprägt, die von der Religionswissenschaft jeweils übernommen oder eigenständig ausgearbeitet werden.

Die Religionswissenschaft ist daher in hohem Maß auf die arbeits-teilige Zusammenarbeit mit anderen Disziplinen angewiesen. Sie hat sich in ihrer Geschichte allmählich von dem ursprünglichen Anspruch gelöst, eine Gesamtsicht auf Religionen und Religion bieten zu können. Die meisten FachvertreterInnen konzentrieren ihre Forschung heutzutage auf eine bestimmte Religion oder Region. Sie orientieren sich dabei an Spezialwissenschaften wie z. B. Islamwissenschaft, Judaistik, Buddhologie usw. Umgekehrt werden bestimmte Teilgebiete der Religionswissenschaft von anderen Fächern mit bearbeitet, wie etwa die indische Religionsgeschichte durch die Indologie oder die Behandlung der Religionen schriftloser Völker durch die Ethnologie. Ähnliches gilt auch für Fragen der Theoriebildung. So orientieren sich manche ReligionswissenschaftlerInnen eher an der Soziologie, andere an der Geschichte und den Philologien usw.

Manche Kritiker sehen die Religionswissenschaft deshalb als ein bloßes Sammelsurium, dessen gemeinsamer Nenner allein der Verzicht auf theologische Fragestellungen sei. In der weitläufigen Zuständigkeit liegt aber auch die Chance der größeren Übersicht. Insbesondere mit Hilfe des Vergleichs können »blinde Flecke«, die durch die starke Spezialisierung einzelner Fächer auf bestimmte Religionen und fachliche Zugänge bedingt sind, aufgedeckt und überwunden werden. Dies setzt allerdings eine sorgfältige Klärung der eigenen fachtheoretischen Basis voraus. Der besondere Beitrag der Religionswissenschaft zur interdisziplinären Arbeit an der Religionsthematik liegt dann darin, die »Fäden« der einzelnen Nachbarfächer miteinander zu verknüpfen und Gemeinsamkeiten und Unterschiede der behandelten Religionen und Traditionen herauszuarbeiten. ReligionswissenschaftlerInnen sind daher häufig ausgeprägte »Netzwerker«. Oft gehören sie zu den Kollegen, die die meisten interdisziplinären Kontakte über die eigene Fakultät hinaus haben.

## 5. Gliederung des Faches

In der gegenwärtigen Religionswissenschaft gibt es zwei große Arbeitsgebiete, die sich in ihren Vorgehensweisen stark von einander abheben, aber gleichwohl gemeinsame fachtheoretische Grundlagen aufweisen: die *historische* und die *gegenwartsorientierte* Religionswissenschaft.

Das erstgenannte Arbeitsgebiet wird als *Religionsgeschichte* bezeichnet. Gegenstand ist die Geschichte einzelner Religionen und religiöser Traditionen von den Anfängen bis zur Gegenwart inklusive ihrer Begegnung und Auseinandersetzung. An den meisten Lehrstühlen gehören die sog. nicht-christlichen Weltreligionen, worunter zumeist Islam, Buddhismus und Hinduismus, gelegentlich noch das Judentum und/oder die Religionen Chinas verstanden werden, zum regelmäßigen Lehrprogramm. Eine andere Herangehensweise, die mehr die Beziehung zwischen den Religionen in den Blick nimmt, orientiert sich an geografischen Räumen, so z. B. die asiatische oder die europäische Religionsgeschichte. Die letztere bezieht auch das Christentum ein, unterscheidet sich aber von der Kirchengeschichte durch eine andere Schwerpunktsetzung. So werden die Religionen der europäischen Antike mit behandelt, wie auch die Auseinandersetzung zwischen Christentum, Judentum und Islam im Mittelalter und in der Neuzeit. Auch christliche sog. »Häresien« und »Sekten« wie z. B. die Katharer und neue religiöse Entwicklungen in der Moderne erhalten hier mehr Raum, als in der Kirchengeschichte üblich. Es geht der Europäischen Religionsgeschichte nicht vorrangig um die Frage, wie die Kirche zu dem geworden ist, was sie heute ist, sondern sie betrachtet auch nicht-kirchliche und nicht-christliche Entwicklungen mit gleichem Interesse. Entsprechendes gilt auch für andere regional begrenzte Varianten der Religionsgeschichte, etwa die Religionsgeschichte Südasiens, Westafrikas, der Karibik usw.

Die Religionsgeschichte orientiert sich in ihrer Arbeitsweise vor allem an den Methoden der historisch-philologischen Textarbeit. So werden die Heiligen Schriften der behandelten Religionen, aber auch andere schriftliche Zeugnisse wie Chroniken, Briefe usw. in der Originalsprache gelesen, übersetzt und kommentiert. Ähnlich wie in der Biblischen Theologie können auch archäologische und andere nicht-schriftliche Befunde herangezogen werden, was aber häufig nur in engem Rahmen möglich ist.

Während in früheren Zeiten die religionsgeschichtliche Forschung oft eine möglichst umfassende Gesamtdarstellung einer oder mehrerer Religionen anstrebte, werden heute aus Gründen der Genauigkeit die Grenzen zumeist sehr viel enger gezogen. Dabei wird der Maßstab des betreffenden Spezialfachs zugrunde gelegt. Wenn sich ein Religionswissenschaftler etwa mit dem klassischen Islam oder dem Hinduismus beschäftigt, muss er sich an den Qualitätsstandards der Islamwissenschaft bzw. der Indologie messen lassen. Dazu muss er u. a. die betreffenden Originalsprachen beherrschen. Auch wenn daher in der konkreten Arbeit kaum ein fachlicher Unterschied zu bemerken sein mag, ist doch die Zielsetzung der religionswissenschaftlichen Arbeit immer darauf angelegt, Vergleiche mit anderen Textbeständen und Traditionen, ja auch mit anderen Religionen zu ermöglichen.

Entsprechend gilt für die Zusammenarbeit mit historisch arbeitenden Theologen: Bei der Arbeit an einzelnen Texten, z. B. zur babylonischen Religionsgeschichte oder zum Hellenismus, orientieren sich Religionswissenschaftler wie Theologen an denselben Philologien (Altorientalistik, Gräzistik usw.). Im Einzelnen wird dabei kaum ein Unterschied erkennbar sein. Während die theologische Arbeit sich aber letztlich auf ein besseres Verständnis des Alten und Neuen Testaments richtet, kann es der Religionswissenschaft z. B. um einen systematischen Vergleich mit der indischen oder chinesischen Religionsgeschichte gehen. Da die vorgesehene Zielsetzung eines Forschungsprojekts jedoch die Art der Fragestellung mitbestimmt, unterscheiden sich beide Zugänge oft schon im Ansatz.

Die Bezeichnung »Religionsgeschichte« wird teilweise gleichbedeutend mit »Religionswissenschaft« zur Benennung des Fachs als ganzem gebraucht. So heißt die internationale Fachvereinigung »International Association for the History of Religions« (IAHR). Das hat seinen Grund darin, dass die Religionswissenschaft in früherer Zeit fast ausschließlich der historischen Arbeit verpflichtet war. Im gegenwärtigen Stadium ist die Bezeichnung eher irreführend, weil sich immer mehr FachvertreterInnen der Erforschung der religiösen Gegenwartskultur widmen und auch in diesem Bereich lehren.

Die *Erforschung der religiösen Gegenwartskultur* befasst sich mit der vielfältigen Erscheinungswelt des Religiösen in der Gegenwart. Sie kann sich auf das eigene Land oder eine ferne Region, auf Kirchenmitglieder oder Esoteriker, auf Migrantengruppen oder interreligiöse Dialogszenen, auf sog. Fundamentalisten oder religiös engagierte Eine-Welt-Gruppen beziehen. Anstelle der historisch-philologischen Arbeitsweise greift sie auf Methoden der empirischen Sozialforschung zurück, die v. a. in der Soziologie entwickelt wurden. Im Vordergrund stehen dabei derzeit qualitativ-empirische Methoden. In erzählenden und biografischen Interviews, mit teilnehmender Beobachtung und ähnlichen Verfahren werden empirische

Daten erhoben. Diese werden anschließend einem Interpretationsverfahren unterzogen, das in manchen Zügen der historisch-philologischen Arbeit an Texten vergleichbar ist. Abgesehen von dieser Methode kann sich die gegenwartsorientierte Religionswissenschaft natürlich auch an bereits vorhandenen Texten und anderen Daten orientieren, wie auch an den quantitativen Untersuchungen, die v. a. von Kirchen- und Religionssoziologie durchgeführt wurden (bspw. Klaus-Peters Jörns).

Auch im Bereich der religiösen Gegenwartskultur überschneiden sich die Arbeitsgebiete mit anderen Fächern, insbesondere Soziologie und Ethnologie. Für die Beziehung zu diesen Fächern gilt entsprechend, was oben für die Religionsgeschichte gesagt wurde: In der Regel befasst sich ein Religionssoziologe oder -ethnologe nur mit einer bestimmten religiösen Ausprägung, z. B. mit der muslimischen Migrantenkultur in Deutschland oder der Schweiz. Wenn ein Religionswissenschaftler über dieses Thema arbeitet, wird er in der Regel die Ergebnisse mit anderen Ausprägungen des Islam – oder mit ganz anderen religiösen Traditionen – vergleichend in Beziehung setzen.

In der religiösen Gegenwartskultur gibt es ebenfalls Berührungspunkte mit theologischen Fragestellungen. Insbesondere in der Praktischen, aber auch in der Systematischen Theologie werden z. B. ebenfalls empirische Methoden genutzt. Beide Wissenschaften orientieren sich wiederum an den gleichen Referenzwissenschaften (besonders der Soziologie), unterscheiden sich jedoch typischerweise in der Zielsetzung: Eine gute theologische Arbeit kann nicht bei der Empirie stehen bleiben, sondern muss theologische Schlussfolgerungen daraus ziehen und ggf. auch nach den Konsequenzen für die kirchliche Arbeit fragen. Eine gute religionswissenschaftliche Arbeit zieht andere Schlussfolgerungen. Sie interessiert sich z. B. für die Funktion von Benediktinerklöstern bei der Ausbreitung des Zen-Buddhismus in Mitteleuropa oder für die Frage, wie Kirchenmitglieder christliche und nicht-christliche religiöse Praxis kombinieren (so bspw. Edith Franke).

## Literatur

K. Engelhardt u. a. (Hg.), Fremde Heimat Kirche. Die dritte EKD-Erhebung über Kirchenmitgliedschaft, Gütersloh 1997. – U. Flick, Qualitative Sozialforschung. Eine Einführung, Reinbek [6]2002. – E. Franke, Die Göttin neben dem Kreuz. Zur Entwicklung und Bedeutung weiblicher Gottesvorstellungen bei kirchlich-christlich und feministisch geprägten Frauen, Marburg 2002. – K.-P. Jörns, Die neuen Gesichter Gottes. Was die Menschen heute wirklich glauben, München [2]1999. – H. Knoblauch, Qualitative Religionsforschung, Paderborn u. a. 2003.

## 6. Methoden und Arbeitsweisen des Faches

Im vorigen Abschnitt wurden die zwei wesentlichen Arbeitsgebiete der Religionswissenschaft vorgestellt. Trotz unterschiedlicher Anforderungen und Herangehensweisen gibt es doch eine gemeinsame fachtheoretische Basis, die in den folgenden Unterabschnitten genauer dargestellt wird:

### 6.1 Der Zugang »von unten« – Zum induktiven Charakter der Religionswissenschaft

Eine Gemeinsamkeit der verschiedenen religionswissenschaftlichen Ansätze liegt in ihrem *induktiven* Charakter: Die Religionswissenschaft schließt, ob sie sich nun mit historischen oder gegenwartsbezogenen Themen befasst, von den konkreten Daten auf allgemeine Zusammenhänge und Gesetzmäßigkeiten – nicht umgekehrt. Da die Daten in der Regel widersprüchlich und vielfältig sind, muss häufig auf allgemein gültige Aussagen ganz verzichtet werden. In solchen Fällen können nur Tendenzen beschrieben werden.

So ergibt sich z. B. bei einem genauen Studium des frühen buddhistischen Ordenswesens eine Mehrzahl von Strömungen, aus denen in vielen Fällen die ursprüngliche Lehre des historischen Buddha nicht mehr abzuleiten ist. Das gilt etwa für die Frage, welche Einstellung der Buddha gegenüber Laienanhängern und ihrer Erlösungsfähigkeit hatte, die insbesondere für Laienbewegungen im heutigen Buddhismus von vitalem Interesse ist. Denn es gibt in den überlieferten Texten sowohl Tendenzen, die die Möglichkeit zur Erlösung auf Mönche und Nonnen beschränken, als auch solche, die Laienanhänger mit einbeziehen (entsprechende Formulierungen werden dem Buddha selbst in den Mund gelegt). Diese Widersprüche sind mit unterschiedlichen Strömungen im Orden zu erklären.

Ähnliches gilt z. B. auch für die Bedeutung des Kopftuchs bei Musliminnen in Deutschland. Historisch gesehen, hat das Kopftuch als »angemessenes« Kleidungsstück erst durch islamische Reformbewegungen, den sog. Fundamentalismus, seine religiöse Bedeutung erhalten. Im Koran wird es nicht ausdrücklich vorgeschrieben, sondern es wird lediglich davon gesprochen, dass Frauen »ihre Scham bedecken« und ihre Reize nicht öffentlich zur Schau stellen sollen (S. 24,31). Was das im Einzelnen bedeutet, wurde unterschiedlich in die Praxis umgesetzt. Obwohl das Kopftuch daher mit bestimmten »fundamentalistischen« Positionen verknüpft sein kann, zeigen empirische religionswissenschaftliche Untersuchungen, dass das keinesfalls immer so ist. Für viele Musliminnen ist das Kopftuch eher ein Symbol dafür, dass sie sich überhaupt als »religiös« definieren.

Beide Beispiele zeigen, dass es in der Religionswissenschaft oft gerade nicht darum geht, eindeutige Befunde zu ermitteln, was »der« Buddhismus oder »der« Islam zu bestimmten Fragen sagt, sondern die Uneindeutigkeiten in ihrer ganzen Bandbreite möglichst genau zu umreißen – auch wenn das mit Bedürfnissen in der Öffentlichkeit kollidiert, wie z. B. dem Bedürfnis engagierter BuddhistInnen nach einem egalitären Erlösungsprinzip ihrer Religion oder dem der offenen Gesellschaft nach Schutz vor »fundamentalistischen« Bedrohungen. Hier unterscheidet sich wiederum die religionswissenschaftliche Außenperspektive grundlegend von der jeweiligen theologischen Binnenperspektive. Die Theologie der betreffenden Religion hat neben der historisch-kritischen Rekonstruktion auch immer die Aufgabe, zu bestimmen, was denn nun gelten soll. Die Religionswissenschaft verzichtet bewusst auf eine solche Festlegung, die sie den einzelnen Religionen selbst überlässt.

## Literatur

O. FREIBERGER, Der Orden in der Lehre. Zur religiösen Deutung des Sangha im frühen Buddhismus, Wiesbaden 2000. – G. KLINKHAMMER, Moderne Lebensformen islamischer Lebensführung, Marburg 2000.

## 6.2 Distanz und Nähe – Verschiedene Umgangsweisen mit dem »Gegenstand«

Der Anspruch der Religionswissenschaft, eine Außenperspektive auf ihren Gegenstand einzunehmen, wird von verschiedenen Seiten kritisiert. So steht diese Wissenschaft häufig – und manchmal auch berechtigt – im Ruf, einseitig für die Interessen sog. »Sekten«, d. h. kleiner Religionsgemeinschaften, einzutreten. Umgekehrt zieht sie auch immer wieder den Verdacht auf sich, Werkzeug einer allgemeinen Religionskritik zu sein oder aber trotz aller Wertfreiheitsbeteuerung in Wahrheit doch bestimmte christlich-abendländische Interessen gegenüber anderen Religionskulturen zu verteidigen. Von christlich-theologischer Seite ist auch häufig die Kritik zu hören, der religionswissenschaftliche Anspruch der Außenperspektive sei Augenwischerei: Gerade in religiösen Dingen könne es keine Standpunktlosigkeit geben.

Solche Vorwürfe sind in jedem Fall ernsthaft zu prüfen. Auch eine induktive Wissenschaft ist immer von bestimmten Interessen geleitet, die nicht verdrängt oder verschleiert werden dürfen. Gerade in religiösen Belangen ist mit normativ begründeten Voreinstellungen zu rechnen – sei es, dass der Forscher eigene religiöse Prägungen unbewusst auf seinen Gegenstand überträgt, sei es, dass mit der Forschung normative Ziele verfolgt werden sollen.

In der derzeitigen Religionswissenschaft gibt es verschiedene Strategien, mit diesem Problem umzugehen. Manche FachvertreterInnen überschreiten ganz bewusst die Grenzen der reinen Außenperspektive: Wenn man die religiösen Welten nicht selbst gekostet habe, könne man auch nicht »neutral« über sie reden (ähnlich äußerte sich schon Rudolf Otto). So werden im Rahmen des religionswissenschaftlichen Lehrangebots mancherorts praktische Einführungen in die Zen-Meditation angeboten. An anderen Orten wird – ebenso bewusst – in religionswissenschaftlichen Lehrveranstaltungen nach theologischen Zugängen zum interreligiösen Dialog gesucht.

Die Mehrheit der FachvertreterInnen lehnt diese Art der Grenzüberschreitung jedoch ab: Religionswissenschaftler sollen nur »die Speisekarte studieren«, nicht aber »das Menü verzehren«. Letzteres soll den jeweiligen Religionsangehörigen vorbehalten bleiben. Dabei zeichnet sich

allerdings ein Generationenwechsel ab, der vermutlich mit dem postmo-
dernen gesellschaftlichen Gesamtklima zu tun hat: Viele jüngere FachvertreterInnen haben persönlich durchaus intensive Erfahrungen mit religiösen Praktiken und Ritualen (nicht selten verschiedener religiöser
Herkunft), unterscheiden aber ihre private Aktivität konsequent von der
wissenschaftlichen Arbeit. Die Debatte der vorigen Generationen, ob
man »religiös« sein müsse (oder dürfe), um ReligionswissenschaftlerIn
zu sein, verliert dadurch an Schärfe.

### 6.3 »Wer eine Religion kennt, kennt keine« – Zur vergleichenden Methode

Wie in Abschnitt I.1 bereits skizziert, hatte die vergleichende Methode
schon immer zentrale Bedeutung für die Religionswissenschaft, die deshalb oft als »Vergleichende Religionswissenschaft« bezeichnet wird. Auch
in vielen anderen Wissenschaften spielt der Vergleich eine wichtige Rolle,
nicht zuletzt in der Theologie, wie auch in den Religionen selbst: Religionen vergleichen sich z. B. mit anderen, um sich von ihnen abzuheben
oder sie in das eigene Glaubenssystem zu integrieren. Gleichnisse, d. h.
Vergleiche zwischen alltäglichen und religiösen Sachverhalten, sind nicht
nur in der Lehre Jesu ein beliebtes Mittel, um die Bedeutung der eigenen
Lehre hervorzuheben.

So vergleicht z. B. der Buddha im berühmten Elefantengleichnis sich
selbst einem König, der Blindgeborene in seinem Palast einen Elefanten
betasten lässt (Udâna VI,4). Der »Elefant« steht für die buddhistische
Lehre (dharma), die »Blindgeborenen« sind Anhänger anderer Lehren.
Da sie noch nie mit einem Elefanten zu tun hatten, kommen sie zu völlig
falschen Schlüssen über seine Natur. Je nachdem, welches Körperteil sie
zufällig betasten, vergleichen sie ihn mit einem Palmblatt, einem Besen,
einer Säule usw. und geraten darüber in Streit. Der Zielpunkt des Gleich-
nisses ist keineswegs die Toleranz des Buddhismus gegenüber abwei-
chenden Lehren, sondern die Aussage, dass niemand von den »Blindgeborenen« etwas auch nur halbwegs Zutreffendes über den »Elefanten« zu
sagen vermag – im Gegensatz zum »König« der als einziger »sehen« kann
und daher in der Lage ist, den »Elefanten« in seiner wahren Natur zu
erkennen.

In der Religionswissenschaft dient die vergleichende Methode anderen Zwecken. Mit ihrer Hilfe wird vor allem versucht, den »hermeneutischen Zirkel« zwischen Vorverständnis und Interpretation aufzubrechen, der sich zwar nicht auflösen, jedoch bewusst machen lässt. Daher gibt es in der Religionswissenschaft schon seit langem Verfahren, um das eigene Vorverständnis fortlaufend und systematisch zu reflektieren und dadurch bedingte Fehlurteile als solche zu erkennen. Ein Beispiel dafür ist Durkheims – zu seiner Zeit revolutionärer – Versuch, die evolutionistische Stufenleiter »auf den Kopf zu stellen« und die Religion von ihrer »primitivsten« Ausprägung her zu beschreiben (s. oben, Abschnitt I.1). Schon in der Kolonialzeit benannte er klar das Problem des Eurozentrismus, der Übertragung europäischer Wertmaßstäbe auf andere Kulturen und Religionen. Warum sollte die europäische Kultur an der höchsten Stelle der Evolution stehen? Die Definition von »oben« und »unten« ist immer vom eigenen Standort abhängig. Aus buddhistischer Sicht ist z. B. eine Religion wie das Christentum, die noch den Glauben an einen personalen Gott ins Zentrum stellt, längst nicht am Ende ihres möglichen Entwicklungsweges angelangt.

Literatur

G. Löhr, »Das indische Gleichnis vom Elefanten und den Blinden und seine verschiedenen Deutungen«, ZMR 79 (1995), 290–304.

## 6.4 Ein westliches Konstrukt – Zur Definition des Religionsbegriffs

Die im vorigen Unterabschnitt skizzierte Problematik fällt auf die Religionswissenschaft zurück, wo es um ihre eigene zentrale Begrifflichkeit geht: Der Religionsbegriff stammt aus dem »Abendland«. Daher ist auch die grundlegende Zugangsweise zur Religionsthematik im Ganzen eine spezifisch abendländische. Es ist fraglich, ob z. B. Buddhismus oder Islam zu Recht als »Religionen« in diesem Sinne bezeichnet werden können oder ob dies nicht automatisch vereinnahmend und irreführend ist. Zwar gibt es auch in anderen Sprachen und Kulturräumen ähnliche Bezeichnungen (z. B. arabisch *din*, sanskrit *dharma*), sie umfassen jedoch nie exakt dasselbe Bedeutungsspektrum wie »Religion«.

Die Problematik des Religionsbegriffs wird schon seit der Gründungszeit der Religionswissenschaft kontrovers diskutiert. Dabei haben sich zwei verschiedene Herangehensweisen entwickelt, der *substanzielle* und der *funktionale* Zugang. Schon die Gründerväter Friedrich Max Müller und Emile Durkheim stehen für diese beiden Zugänge: Der erstere bemühte sich um eine allgemein gültige inhaltliche Definition der Religion (Stichwort:»Sehnsucht nach dem Unendlichen«). Funktionale Zugänge verzichten dagegen seit Durkheim auf eine solche inhaltliche Festlegung. Sie definieren die Religion anhand ihrer Funktion und Wirkung in der Gesellschaft und/oder beim Individuum. Beide Wege haben ihre Vor- und Nachteile: Für substanzielle Definitionen spricht, dass sie das Vorverständnis des betreffenden Autors zumindest offen legen. Mögliche Engführungen lassen sich auf diese Weise leichter erkennen. Funktionale Zugänge lassen es dagegen eher zu, allgemeine Beziehungen und Wechselwirkungen zwischen Religionen und Kulturen oder Gesellschaften zu beschreiben. Sie ermöglichen »weite« Religionsdefinitionen.

Gerade in der religiösen Gegenwartskultur kommt es darauf an, dass man das Phänomen »Religion« nicht zu eng definiert. So ist z. B. in unserer eigenen Gesellschaft neben dem Rückgang der traditionellen religiösen Bindungen paradoxerweise gleichzeitig ein religiöser bzw. spiritueller Boom erkennbar, etwa in der Esoterik- und der Meditationsbewegung. Da diese Bewegungen institutionell eher schwach konturiert sind, lassen sie sich mit klassischen substanziellen Religionsdefinitionen kaum erfassen, wohl aber mit funktionalen Zugängen. So hat z. B. der Ansatz des Soziologen Thomas Luckmann viel Anklang gefunden. Entgegen der klassischen Deutung der modernen »Säkularisierung«, die das allmähliche Verschwinden der Religion aus der Öffentlichkeit postulierte, spricht er von der Verlagerung des Religiösen aus den traditionellen Institutionen in andere gesellschaftliche Bereiche wie Sport, Kunst, Arbeit, Literatur usw. Die Religion sei auf diese Weise »unsichtbar« geworden, weil sie nicht mehr nur innerhalb der »Kirchenmauern« (auch im übertragenen Sinne) zu finden ist.

Auch funktionale Zugänge wie die »unsichtbare Religion« Luckmanns haben jedoch ihre eigenen Probleme: Es gibt kaum eine Handhabe zur Eingrenzung des Phänomenbereichs. Prinzipiell kann alles zur »Religion« gerechnet werden, vom Fußball-Fanclub über Greenpeace bis zur vegetarischen Ernährung. Dadurch droht der Religionsbegriff so unkonkret zu werden, dass er für die wissenschaftliche Arbeit nicht mehr zu gebrauchen ist. Die Lösung dieses Dilemmas liegt in einer Kombination aus einer allgemeinen, funktionalen Religionsdefinition mit jeweils konkreten, substanziellen Arbeitsdefinitionen für die augenblickliche Untersuchung. Wenn etwa ein Fußball-Fanclub auf seine »religiösen« Funktionen untersucht werden soll, kann diese Arbeitsdefinition auf den Gebrauch von Emblemen, gemeinschaftliche Rituale, Gesänge und ähnliches abgestellt werden. Bei Greenpeace werden dagegen eher Fragen der Weltanschauung oder Ethik, vielleicht auch der Märtyrergedanke, im Mittelpunkt stehen.

Literatur

Tн. Luckmann, Die unsichtbare Religion, Frankfurt a. M. 2000 (engl. Original 1967).

## II. Anleitung zum Studium des Faches

### 1. Die Veranstaltungen

Die Form der Lehrveranstaltungen in der Religionswissenschaft unterscheidet sich in der Regel wenig von der theologischer Fächer. So gibt es Proseminare zum Erlernen der methodischen und theoretischen Grundlagen, Hauptseminare für Fortgeschrittene zur Vertiefung, Vorlesungen mit Überblickscharakter und Spezialvorlesungen sowie Übungen, die exemplarische Fragestellungen verfolgen. Ein gutes Lehrangebot im Bereich der historischen Religionswissenschaft zeichnet sich dadurch aus, dass nicht nur wissenschaftliche Sekundärliteratur über ein bestimmtes Gebiet der Religionsgeschichte verwandt wird, sondern dass in Lektürekursen Quellentexte, nach Möglichkeit in der Originalsprache oder zumindest in einer guten Übersetzung, gelesen und interpretiert werden. Für den Bereich der religiösen Gegenwartskultur gilt Entsprechendes. Es genügt nicht, z. B. über so genannte »Sekten« nur Literatur »aus zweiter Hand« zu lesen, sondern man muss sich selbstverständlich auch mit Originaltexten beschäftigen. Inzwischen gibt es vielerorts Projektseminare zur empirischen Religionsforschung, in denen z. B. eine Übersicht religiöser Gruppen am Hochschulort erstellt wird oder selbst geführte Interviews interpretiert werden. Auch begleitete Berufspraktika und berufsqualifizierende Lehrveranstaltungen gehören an manchen Standorten inzwischen zum Lehrprogramm.

## 2. Wie studiere ich das Fach?

Für StudieninteressentInnen stellt sich zunächst die Frage, ob sie Theologie oder Religionswissenschaft studieren sollen (nähere Informationen zum Studium der Religionswissenschaft finden sich über die Web-Seiten *www.religionswissenschaft.de* und *www.dvrg.de*; für die Schweiz: *www.sgr-sssr.ch*; für Österreich: *www.univie.ac.at/oegrw*). Wer sich für das Theologiestudium entschieden hat, fragt sich vielleicht, warum er sich trotzdem auch mit Religionswissenschaft beschäftigen soll. Die Gründe dafür wurden in Abschnitt I.3 benannt. Auf das Studium bezogen, bedeutet dies: Die Beschäftigung mit der Religionswissenschaft ermöglicht es, den eigenen Glauben und das Studium der eigenen Religion im größeren Zusammenhang mit anderen Religionen zu sehen und fachgerecht mit Unterschieden und Gemeinsamkeiten umzugehen. Dafür ist gerade auch das Studium der Missionswissenschaft und Ökumenik (soweit am Hochschulort angeboten) interessant, weil in diesen Fächern brennpunktartig die Auseinandersetzung zwischen Christentum und »fremden« Religionen sowie zwischen europäischem und nicht-europäischem Christentum zum Thema wird. Abgesehen von der praktischen Notwendigkeit, für die spätere Tätigkeit als PfarrerIn oder ReligionslehrerIn eine entsprechende Kompetenz zu erwerben, besteht der persönliche Nutzen auch darin, einmal über den ›Gartenzaun‹ der eigenen Religion und ihrer Theologie zu blicken oder sich sogar beides einmal von außen anzuschauen.

Dies steht in gewissem Widerspruch zu den formalen Anforderungen in den Prüfungsordnungen der einzelnen deutschen Landeskirchen für das Pfarramt bzw. der deutschen Bundesländer für das Lehramt im Fach Religionslehre (in der Schweiz und Österreich gelten andere Voraussetzungen). Vielfach ist die Religionswissenschaft nicht als Prüfungsgegenstand verankert. Oft wird auch keine entsprechende Qualifikation im

Studium oder lediglich ein einziger Veranstaltungsnachweis zur Pflicht gemacht. Deshalb bedarf es an dieser Stelle des Studiums mehr der Eigeninitiative als in den theologischen Kernfächern. Dabei ist es durchaus lohnend, neben Lehrveranstaltungen der betreffenden religionswissenschaftlichen Professur auch Veranstaltungen anderer Fächer zu besuchen, die sich mit einzelnen Religionen (z. B. Islamwissenschaft, Indologie, Judaistik) oder deren Funktion in der Gesellschaft (z. B. Soziologie, Politikwissenschaft) beschäftigen.

Wer weitergehende religionswissenschaftliche Interessen mit dem Theologiestudium verbinden will, sollte schon bei der Wahl des Studienorts auf ein gutes religionswissenschaftliches Lehrangebot achten und dabei auch die Lehrstühle außerhalb der theologischen Fakultäten berücksichtigen. Ein Infoblatt mit den Lehrangeboten aller Standorte im deutschen Sprachraum wird regelmäßig von der Bayreuther Religionswissenschaft erstellt (im Internet zu finden unter: www.uni-bayreuth.de/departments/religionswissenschaft und unter www.religionswissenschaft.de).

## III. Literatur

Die folgenden Hinweise beschränken sich auf einige zentrale Titel. Für weitergehende Literaturhinweise sei auf die ausführlichen Angaben bei Hock 2002, Kippenberg/v. Stuckrad 2003 und Sundermeier 1999 verwiesen.

### 1. Zeitschriften und Lexika

#### 1.1 Zeitschriften

| | |
|---|---|
| ZfR | Zeitschrift für Religionswissenschaft, Marburg 1, 1993 ff. |
| Numen | Leiden 1, 1954 ff. |
| HR | History of Religions, Chicago 1, 1961/62 ff. |
| ZMR | Zeitschrift für Missions- und Religionswissenschaft, Münster 34, 1950 ff. |
| Zmiss | Zeitschrift für Mission, Stuttgart 1, 1973 ff. |

IRM     International Review of Missions, London 1, 1912 ff.

## 1.2 Lexika und Nachschlagewerke

Viele theologische Nachschlagewerke enthalten auch religionswissenschaftliche Stichworte; in deutscher Sprache sind v. a. RGG³, RGG⁴ und TRE zu nennen (genaue Literaturangaben im Beitrag zur Systematischen Theologie). Speziell religionswissenschaftlich ausgerichtet sind:

HrwG     Handbuch religionswissenschaftlicher Grundbegriffe. Hg. v. H. Cancik u. a., 5 Bde., Stuttgart 1988–2001.

MlexR     Metzler Lexikon Religion. Hg. v. C. Auffahrth u. a., 4 Bde., Stuttgart 1999–2002.

ER     The Encyclopedia of Religion. Hg. v. M. Eliade, 16 Bde., New York 1995.
Wörterbuch der Religionen. Hg. v. C. Auffarth u. a., Stuttgart 2004.

## 2. Zur Anschaffung empfohlene Lehrbücher

## 2.1 Einführungen in die Religionswissenschaft

*K. Hock, Einführung in die Religionswissenschaft, Darmstadt 2002.*
*F. Stolz, Grundzüge der Religionswissenschaft, Göttingen 1988, ²1997.*
*F. Stolz, Weltbilder der Religionen, Zürich 2001.*
*H. G. Kippenberg/K. v. Stuckrad, Einführung in die Religionswissenschaft, München 2003.*
*A. Michaels (Hg.), Klassiker der Religionswissenschaft, München ²2004.*
Zur Frage der Religionswissenschaft im Theologiestudium vgl. auch: *Th. Sundermeier, Was ist Religion? Religionswissenschaft im theologischen Kontext. Ein Studienbuch, Gütersloh 1999.*

## 2.2 Einführungen in nicht-christliche Religionen

*H. Halm, Der Islam, München 2000.*
*G. Endreß, Der Islam. Eine Einführung in seine Geschichte, München ³1997.*
*J. Maier, Das Judentum von der biblischen Zeit bis zur Moderne, München 1988.*
*P. Schreiner, Hinduismus, Frankfurt a. M. 1999.*
*A. Michaels, Der Hinduismus, München 1998.*
*H. Bechert/R. Gombrich (Hg.), Der Buddhismus. Geschichte und Gegenwart, München 2000.*
*A. Michaels/U. Luz, Buddha und Jesus, München 2002.*

# Autorenverzeichnis

*Dr. theol. Christoph Bochinger*, Jg. 1959, Professor für Religionswissenschaft mit besonderer Berücksichtigung der religiösen Gegenwartskultur an der Kulturwissenschaftlichen Fakultät der Universität Bayreuth.

Wichtigste Veröffentlichungen: Abenteuer Islam. Zur Wahrnehmung fremder Religion im Hallenser Pietismus des 18. Jahrhunderts (in Druckvorbereitung); »New Age« und moderne Religion. Religionswissenschaftliche Analysen, Gütersloh ²1995; Religionsvergleiche in religionswissenschaftlicher und theologischer Perspektive, in: H. Kaelble/J. Schriewer (Hg.), Vergleich und Transfer. Komperatistik in den Sozial-, Geschichts- und Kulturwissenschaften, Frankfurt a. M./New York 2003, 251–281; Die unsichtbare Religion in der sichtbaren Religion. Zur Alltagsreligiosität evangelischer und katholischer Christen in Oberfranken, in: M. Heimbach-Steins (Hg.), Religion als gesellschaftliches Phänomen, Münster (Bamberger Theologisches Forum Bd. 3) 2002, 27–43; Islam in Deutschland. Zum Umgang mit Vielfalt und Widersprüchlichkeiten in der religiösen Gegenwartskultur, in: M. Bergunder (Hg.), Religiöser Pluralismus und das Christentum (Festgabe für Helmut Obst), Göttingen 2001, 142–156.

Forschungsschwerpunkte: Religiöse Gegenwartskultur.

*Dr. theol. Christian Grethlein*, Jg. 1954, Professor für Praktische Theologie (mit dem Schwerpunkt Religionspädagogik) an der Evang.-Theol. Fakultät der Universität Münster.

Wichtigste Veröffentlichungen: Taufpraxis heute, Gütersloh 1988; Gemeindepädagogik, Berlin 1994; Religionspädagogik, Berlin 1998; Grundfragen der Liturgik, Gütersloh 2001; Kommunikation des Evangeliums in der Mediengesellschaft, Leipzig 2003.

Forschungsschwerpunkt: Erstellung einer Theorie christlichen Lebens unter den Bedingungen der reflexiven Moderne bei besonderer Berücksichtigung religionspädagogischer und liturgischer Gesichtspunkte.

*Dr. theol. Friedrich Wilhelm Horn*, Jg. 1953, Professor für Neues Testament an der Evang.-Theol. Fakultät der Universität Mainz.

Wichtigste Veröffentlichungen: Glaube und Handeln in der Theologie des Lukas, GTA 26, Göttingen ²1986; Das Angeld des Geistes. Studien zur paulinischen Pneumatologie, FRLANT 154, Göttingen 1992; Bilanz und Perspektiven gegenwärtiger Auslegung des Neuen Testaments, BZNW 75, Berlin/New York 1995; G. Strecker, Theologie des Neuen Testaments. Bearbeitet, ergänzt und herausgegeben von F. W. Horn, Berlin/New York 1995 (engl. Übersetzung durch E.M. Boring, Berlin/New York/Louisville 2000); Das Ende des Paulus. Historische, theologische und literaturgeschichtliche Aspekte, BZNW 106, Berlin/New York 2001.

Forschungsschwerpunkt: Register zu den Jüdischen Schriften aus hellenistisch-römischer Zeit/Kommentierung des Römerbriefs/Neutestamentliche Zeitgeschichte.

*Dr. theol. Christoph Markschies*, Jg. 1962, Professor für Ältere Kirchengeschichte an der Humboldt-Universität zu Berlin.

Wichtigste Veröffentlichungen: Gibt es eine Theologie der gotischen Kathedrale? Nochmals: Suger von Saint Denis und Sankt Dionys vom Areopag, AHAW.PH 1/1995, Heidelberg 1995; Zwischen den Welten wandern. Strukturen des antiken Christentums, Europäische Geschichte, Frankfurt a. M. 1997 (= ²2001) (Übersetzung ins Engl., Span., Ital., Japan.); Alta Trinita Beata. Gesammelte Studien zur altkirchlichen Trinitätstheologie, Tübingen 2000; Die Gnosis, C. H. Beck Wissen in der Beck'schen Reihe 2173, München 2001 (Übersetzung ins Span., Engl.); Warum hat das Christentum in der Antike überlebt? Ein Beitrag zum Gespräch zwischen Kirchengeschichte und Systematischer Theologie, Forum Theologische Literaturzeitung 13, Leipzig 2004.

Forschungsschwerpunkte: Antike christliche Trinitätstheologie, Edition der Schriften des Origenes, Christentum und antike Medizin.

*Dr. theol. Michael Roth*, Jg. 1968, Privatdozent für Systematische Theologie an der Evang.-Theol. Fakultät der Universität Bonn.

Wichtigste Veröffentlichungen: Zwischen Erlösungshoffnung und Schicksalserfahrung. Das Grundanliegen der Theologie Werner Elerts, Aachen 1997; Der Mensch als Gewißheitswesen. Franz Hermann Rein-

hold von Franks theologische Anthropologie und ihre systematische Bedeutung, Aachen 1997; Gott im Widerspruch? Möglichkeiten und Grenzen der theologischen Apologetik, Berlin/New York 2002; Sinn und Ge-
schmack fürs Endliche. Überlegungen zur Lust an der Schöpfung und
der Freude am Spiel, Leipzig 2002; Die Freizeit als Thema der theologischen Gegenwartsdeutung (Theologie – Kultur – Hermeneutik 1), Leipzig 2005 (hg. gem. mit T. Claudy).
  Forschungsschwerpunkte: Fundamentaltheologie, Hermeneutik der
Gegenwart, Fundamentalethik.

*Dr. phil. Karin Schöpflin*, Jg. 1956, Privatdozentin an der Theologischen
Fakultät der Universität Göttingen.
  Wichtigste Veröffentlichungen: Boccaccios Griselda und Hiob, in: Ro-
manistisches Jahrbuch 42 (1991), 136–149; Theater im Theater. Formen
und Funktionen eines dramatischen Phänomens im Wandel, Frankfurt
a. M. 1993; Theologie als Biographie im Ezechielbuch. Ein Beitrag zur
Konzeption alttestamentlicher Prophetie (FAT 36), Tübingen 2002; Ein
Blick in die Unterwelt (Jesaja 14), in: ThZ 58 (2002), 299–314; Jakob
segnet seinen Sohn. Genesis 49,1–28 im Kontext von Josefs- und Väter-
geschichte, in: ZAW 115 (2003), 501–523.
  Forschungsschwerpunkt: Propheten des AT. Rezeptionsgeschichte des
AT.

*Dr. rer. soc. habil. Friedrich Schweitzer*, Jg. 1954, Professor für Religions-
pädagogik/Praktische Theologie an der Evang.-theol. Fakultät der Universität Tübingen und Vorstandsvorsitzender des Comenius-Insti-
tuts/Münster; Forschung zu religiösen und moralischen Entwicklung
und Erziehung, Bildungsfragen, international-vergleichende Religionspädagogik.
  Wichtigste Veröffentlichungen: Pädagogik und Religion. Eine Einführung, Stuttgart u. a. 2003; Postmoderner Lebenszyklus und Religion. Eine Herausforderung für Kirche und Theologie, Gütersloh 2003; Religious Education between Modernization and Globalization: New
Perspectives on the United States and Germany, Grand Rapids/Michigan
2003 (gem. mit Richard R. Osmer); Religionspädagogik im 21. Jahrhundert, Freiburg i. Br./Gütersloh 2004 (hg. gem. mit Th. Schlag); Moderne

Religionspädagogik. Ihre Entwicklung und Identität, Freiburg i. Br./Gütersloh 2004 (gem. mit Henrik Simojoki).

Forschungsschwerpunkte: Theorie und Geschichte der Religionspädagogik; international-vergleichende und konfessionell-kooperative Religionspädagogik; ethische Erziehung.

# Eine umfassende Einführung in das Neue Testament

Das Arbeitsbuch stellt die Schriften des Neuen Testaments allgemeinverständlich in der Reihenfolge des Kanons dar. Der Zugang erfolgt über eine bibelkundliche Erschließung. Exegetische Hinweise dienen der Einordnung der behandelten Schrift und der Erhellung ihrer Entstehung. Anschließend werden theologische Schwerpunkte dargestellt und Hinweise zu Wirkungsgeschichte und gegenwärtiger Bedeutung gegeben – im Kirchenjahr, in der Kunst oder auch im „säkularen" Alltag.

Durch vorangestellte Thesen, eingefügte Übersichten sowie zusätzliche Informationen in einer Randspalte wird der Text didaktisch erschlossen. Mit einem Verzeichnis der wichtigsten Studienliteratur, Glossar und biblischem Personenverzeichnis.

Karl-Wilhelm Niebuhr (Hg.)
## Grundinformation Neues Testament
Eine bibelkundlich-theologische Einführung

In Zusammenarbeit mit Michael Bachmann, Reinhard Feldmeier, Friedrich Wilhelm Horn und Matthias Rein.

UTB 2108 M
2., durchgesehene und überarbeitete Auflage 2003. 419 Seiten mit 8 Abbildungen und 20 Tabellen, kartoniert
ISBN 3-8252-2108-3

Vandenhoeck & Ruprecht

# Dogmatik für Einsteiger

Theologische Dogmatik hat sich in abstrakten Begriffen verfestigt, die heute oft schwer oder gar nicht mehr verständlich sind: Schöpfung, Sünde, Rechtfertigung, Stellvertretung, Glaube und Gott haben in unserer Sprache eine andere Bedeutung, ein anderes Gewicht angenommen oder sind gar zu Fremdworten geworden. Dogmatische Arbeit muss die Großbegriffe geradezu zerbrechen, um ihren Sinn neu zu entdecken. Dieser Grundkurs behandelt die Themen des Apostolischen Glaubensbekenntnisses und die methodischen Grundprobleme der Dogmatik. Die dogmatischen Texte werden jeweils durch Wortmeditationen eingeleitet, um den Zugang zu erleichtern und als Brücke für die Praxis zu dienen. Die didaktische Aufbereitung des Stoffs umfasst zu jedem Paragraf Motto, These, ausführliche Gliederung, wichtige Texte der Tradition und einige Literaturhinweise.

Gunda Schneider-Flume
**Grundkurs Dogmatik**

Nachdenken über Gottes Geschichte

UTB 2564 M
2004. 414 Seiten, kartoniert
ISBN 3-8252-2564-X

V&R
Vandenhoeck & Ruprecht